진주정신을 찾아서

진주의 몇 가지 역사적 사실을 돌아보며

진주학총서 2

진주정신을 찾아서
진주의 몇 가지 역사적 사실을 돌아보며

2021년 12월 20일 초판 인쇄
2021년 12월 30일 초판 발행

지은이 | 김준형
교정교열 | 정난진
펴낸이 | 이찬규
펴낸곳 | 북코리아
등록번호 | 제03-01240호
주소 | 13209 경기도 성남시 중원구 사기막골로 45번길 14
　　　우림2차 A동 1007호
전화 | 02-704-7840
팩스 | 02-704-7848
이메일 | ibookorea@naver.com
홈페이지 | www.북코리아.kr
ISBN | 978-89-6324-829-5 (93900)

값 19,000원

진주학총서 2

진주정신을 찾아서

진주의 몇 가지 역사적 사실을 돌아보며

김준형 **지음**

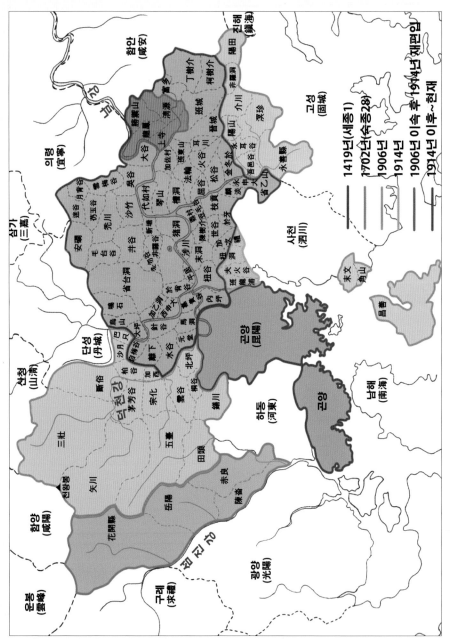

<그림 1> 진주 강역의 변천

〈그림 2〉
진주 향안 제7책

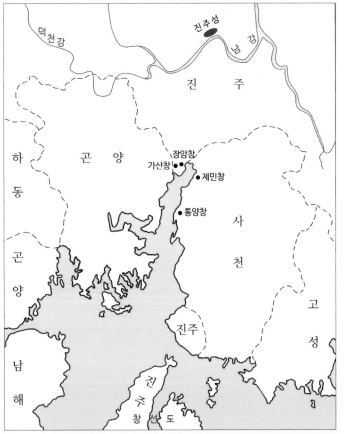

〈그림 3〉
사천만 주변의 고을과
각 창고의 위치

5

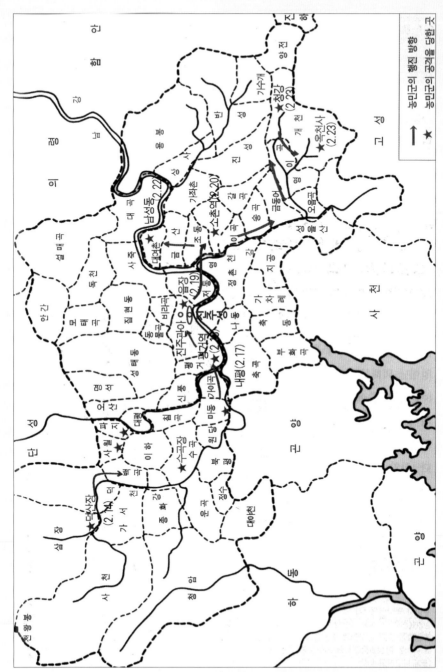

〈그림 4〉 농민군의 이동 경로

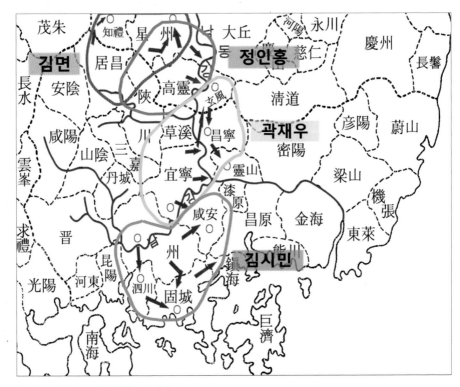

〈그림 5〉 경상우도 각 의병활동의 권역

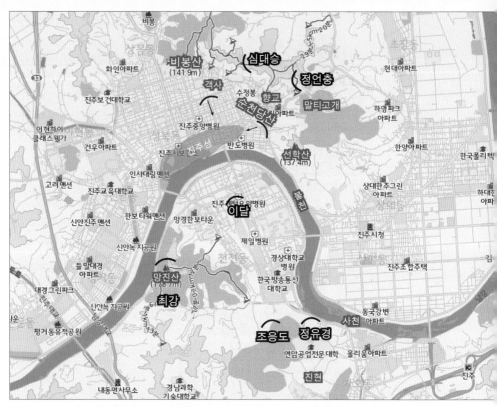

〈그림 6〉 제1차 진주성 전투에서 의병의 지원활동

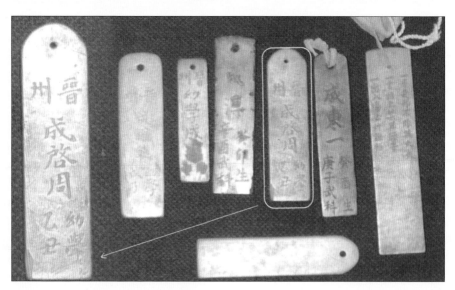

〈그림 7〉 창녕성씨 가문의 호패와 성계주의 호패

책을 펴내며

    필자가 진주에 와서 살게 된 것은 1985년 2월경이다. 경상국립대학교 역사교육과의 전임강사로 발령받아 한국사를 가르치게 되면서다. 햇수로 치면 진주에 와서 살게 된 지 37년이 되어 가다 보니 이젠 진주가 내 고향이 되어버린 느낌이다.

    그동안 진주에 살면서 진주성과 구시가지, 남강댐과 사천만 방수로 등 진주의 여러 곳을 둘러볼 수 있었다. 또 역사전공자이다 보니 진주 및 인근 시·군의 여러 곳을 찾아다니며 중요한 역사자료를 찾아내기 위해 애쓴 적이 적지 않았다. 2019년 정년퇴임하고 지금은 백수로 집에서 빈둥대는 처지이지만, 아직도 옛 버릇이 남아 기회만 있으면 여기저기 마을을 돌아다니며 새로운 자료나 정보를 얻을 수 있을까 촉각을 곤두세우기 일쑤다. 그러는 가운데 진주의 역사에 대해서도 관심을 가지게 되었다.

    그런데 진주와 관련된 역사와 문화를 연구할수록 이전에 알지 못했던 진주의 모습이 드러났다. 진주의 역사·문화가 여타 지역과는 다른 독특한 모습에 놀라기도 했다. 조선 초기에는 진주의 강역이 전국의 어느 고을보다 커서 현재 진주 영역의 두 배를 넘었지만, 이후 점차 고을의 영역이 줄어들 있다는 사실이 그 한 예다. 전국적으로 보아도 이런 변화를 보인 고을이 드물다.

진주가 신비함과 저항성을 품은 지리산을 끼고 있었고, 영역이 바다에까지 미쳤을 뿐만 아니라 토지가 비옥해서 주민의 삶이 풍요로웠다는 사실이 또 다른 예다. 이런 지리적 조건과 경남 서부지역의 중심 고을이라는 입지가 진주 주민에게 얼핏 오만스러워 보일 수도 있는 자부심과 과격하고 저항적인 성격을 배태했을 것이라는 생각이 진주의 역사·문화에 관심을 가질수록 필자의 뇌리에 더 각인되었다.

'진주정신'에 대한 이야기를 들은 것은 진주에 거주하기 시작한 초기부터다. 남명과 그 문인의 저항과 실천 정신, 진주성전투에 나타난 진주인과 논개의 저항정신, 1862년 진주농민항쟁의 선구성, 형평운동·농민운동·소년운동의 선구성 등 논자마다 각각 다른 역사상을 기반으로 진주정신을 강조하고 있어 혼란스럽기도 했다. 진주의 역사·문화와 관련해 관심을 가지던 필자도 진주정신이 표출된 사건의 하나라고 일컬어지는 '1862년 진주농민항쟁'에 대해 책을 쓰기도 했다. 그러나 '진주정신이 무엇인가'를 산뜻하게 풀어내지는 못했다.

이런 가운데 지난해 진주문화연구소 이사장인 김중섭 명예교수로부터 제안이 들어왔다. 진주정신을 주제로 하는 글을 '진주학총서 제2책'으로 내고 싶다는 것이었다. 처음에는 주저했지만, 그래도 한번 시도해보고 싶은 욕망이 있어 제안을 받아들였다. 그러나 정작 글을 쓰려고 하니 어떻게 방향을 잡아야 할지 감이 잡히지 않아 많이 고민했다. 도중에 포기하려고도 했다. 김중섭 교수의 격려로 다시 마음을 다잡고 글을 이렇게도 쓰고 저렇게도 쓰면서 고치기를 반복하다가 궁색하나마 지금의 내용으로 책을 내게 되었다.

이 글은 진주정신이 어떤 모습을 띠고 어떤 성격을 지니는가를 필자 나름의 입장에서 조심스럽게 제시해본 것이다. 이 글을 다시 살펴보아도 세상에 내놓기가 망설여진다. 그러나 이 글이 출간된 이후 다른 논자들이 이를 비판하고 새로운 시각에서 진주정신에 대해 좀 더 나은 글을 쓰는 데 조금이라도 도움이 된다면, 그것으로 만족하려 한다.

끝으로 이 책을 내는 데 여러 가지로 독려해주신 김중섭 교수에게 감사의 말씀을 전하며, 글의 내용을 꼼꼼하게 검토하고 수정해주신 북코리아의 편집진에게도 감사드린다.

2021년 12월
저자 김준형

차례

차례

머리말

'진주정신'이란 무엇일까? 이에 대해서는 논자마다 의견이 다양하다. 어떤 이는 남명의 꼿꼿한 선비정신 또는 저항정신을 이야기하고, 어떤 이는 임진왜란 때 의병활동 및 진주성 전투에서의 처절한 저항과 논개의 순국정신을 이야기한다. 또 어떤 이는 조선 후기 사회변혁운동의 단초인 1862년 농민항쟁에서 선구적 역할을 한 진주농민항쟁의 저항정신을 들기도 한다. 이와 함께 일제 강점기에 전개된 농민운동·형평운동·소년운동의 선구적 역할을 각각 진주정신의 표상으로 삼기도 한다.

이런 역사적 사실들은 그것을 이끌어낸 주체나 발현 형태, 성격에서 각각 다른 양상을 보이지만, 이 중 어느 것은 진주정신의 표출이고 어느 것은 진주정신의 표출이 아니라고 이야기할 수 없다. 모두 진주정신의 다른 형태의 표출이라고 볼 수 있을 것이다. 따라서 진주정신을 좀 더 체계적으로 설명하기 위해서는 이런 다양한 역사적 사실들에서 표출된 진주정신에 내포된 공통적인 특징을 찾아내는 것이 더욱 중요할 것이다.

혹자는 진주정신의 공통적인 특징을 '불의(不義)와 외세 침략에 대한 저항정신' 또는 '사회변혁운동에 대한 선구적 역할'로 뭉뚱그려서 설명하려 할 섯이다. 그러나 이처럼 포괄적으로 표현되는 정신은 진주에서만 나타나는 특징이 아니다. 이런 역사적 사실은 양상은 다르지만 다른 지역에서 나타나는 경우도 적지 않아서 진주지역에서만 나타난다고 할 수는 없다.

그래서 진주정신을 언급하기 전에 우선 지역마다 'ㅇㅇ정신'이라 칭해지는 지역정신에 대해 고려해볼 필요가 있다. 즉 다른 지역에서도 '광주정신'(5.18 광주항쟁에서 나타난 민주화 열망), '안동정신'(선비정신과 이를 이어받은 안동 선각자들의 독립운동 열기) 등 해당 지역의 이름을 붙여 'ㅇㅇ정신'이라 부르는 지역정신이 있기 때문이다. '남도정신' 또는 '호남정신'과 같이 더욱 너른 영역의 정신을 지칭하는 경우도 있다. 요사이에 와서 이런 용어가 각 지역에서 남발되는 듯한 느낌마저 든다. 따라서 이 용어는 진주에서만 쓰이고 있는 것은 아니다. 지역마다 해당 지역이 지닌 지리적·문화적 조건 속에서 그 지역의 특성을 응축하는 용어로 쓰고 있다.

그러면 진주정신을 내세우는 이유는 무엇인가? 진주인이 '진주정신'을 이야기하는 것은 무엇보다 '향토의 자랑거리'로 내세우거나 '향토인으로서의 긍지'를 느끼려는 의욕에서 출발한다. 물론 어느 정도의 건전한 향토애는 허용되어야 한다. 그러나 그것을 통해 진주지역과 진주인의 우월감을 지나치게 강조하게 되면, 이는 독선적이고 다른 지역에 대한 배타적 성격을 띠게 될 우려가 있다. 그런 향토애는 경계해야 한다.

필자가 진주정신을 새삼스럽게 언급하는 중요한 이유는 지역적 조건이나 특성에 맞추어 바람직한 지역사회 발전에 대한 방향과 이를 위한 동력을 모색하기 위한 방법의 하나로 진주정신에 대해 진지하게 고민해보자는 데 있다. 진주 지역사회의 바람직한 발전을 도모할 때, 진주보다 앞선 다른 지역의 발전을 그대로 모방해나간다는 것은 무리다. 그런 지역의 주민 삶이 반드시 긍정적인 것만도 아니다. 진주라는 지방 중소도시가 지니고 있는 지리적 · 사회적 조건에 맞게 주민 다수의 삶을 더 나은 방향으로 개선 · 발전시켜나가는 것이 중요하다. 그리고 이를 위한 나침반으로 진주정신을 다시 한번 되새겨보자는 것이다.

필자는 '진주정신'이 진주 주민이 오랫동안 살아오면서 형성한 그들만의 독특한 사고방식이나 행동방식과 규범을 바탕으로 발현된다고 생각한다. '진주'라는 특수한 조건하에서, 거기에서 살아오며 거기에 영향을 받고 길들여져온 진주인의 여러 집단적 행위와 사고가 여타 지역과는 다른 독특한 형태로 나타난다는 것이다. 그것은 긍정적일 수도 있고, 부정적일 수도 있다. 진주에서 나타난 독특한 역사적 사실과 인물에 대해서도 긍정적으로 평가되는 부분과 부정적으로 평가되는 부분으로 나뉜다. 이를 필자는 진주인의 기질 · 성향 또는 진주의 문화적 특질의 소산이라 표현하고 싶다.

그런데 '진주정신'이라 하면 일단 긍정적이고 바람직한 요소를 전제로 하여 이야기되는 경우가 많다. 진주정신은 진주지역뿐만 아니라 다른 지역에 모범과 표상이 되고, 같이 동참할 수 있도록 공감을 주어야 한다는 것이다. 단순히 자기 지역의 자랑거리에서 끝날 것이 아니라 새로운 사회 지향을 위한 방향과 방법이 제시됨과 동시에 다른 지역의 모범이 되고 다른 지역도 배려하는 모습을 띠어야 한다.

또 하나 염두에 두어야 할 것은 진주정신이라는 게 영원불변의 것이 아니라는 점이다. 사회가 급격하게 변화하고 진주 강역의 변화 등 지역적 조건이 변화함에 따라 진주정신은 점차 변화할 수도 있다.

우리 사회가 일찍부터 중앙집권적 체제를 유지해왔지만, 전근대사회에서는 생산력의 미약, 교통 · 통신의 저급성, 강한 자급자족성으로 촌락의 완결성이 높았기 때문에 각 지역이 독특하고 다양한 성격을 상당하게 유지해올 수 있었다. 그런데 근대 이후 사회의 급격한 변화, 문명이기의 발달로 지역마다 전통적으로 유지되어오던 문화적 · 사회경제적 특성이 소멸되고 전국적으로 획일화되어가는 경향을 보이고 있다. '자기 고장'이라는 관념도 교통 · 통신의 발달, 생활권의 확대, 인구이동의 확산에 따라 점차 희미해져가고 있다. 그것은 어느 면에서 사회발전에 따른 필연적인 현상이기도 하다.[1] 근대자본주의적 경제발전을 바탕으로 전국적인 단위로 형성된 경제체제와 민족문화가 압도적으로 영향을 미치고 있기 때문에 각 지방의 지역 특색이 점차 열어져가고 있다.

진주도 여기에서 예외일 수 없었다. 게다가 진주는 지리적 입지에서도 위상이 많이 달라졌다. 조선 시대에는 지리산과 남해를 끼고 너른 영역에 걸쳐 있던 진주가 근대로 이행하면서 영역이 옛날의 절반도 안 되는 내륙지역으로 쪼그라들었고, 한때는 경상남도의 수부(首府) 역할을 하다가 지금은 경남지역 여러 도시 중 서부지역에 치우쳐 있는 일개 중소도시 지역으로 전락한 상태다. 사회의 급속한 변화로 지역 주민의 삶의 조건도 많이 달라졌다. 그럼에도 진주지역이 지녀온 역사적 전통과 지역적 조건을 바탕으로 한 지역문화의 특색이 아예 사라진 것은 아니다.

이를 전제로 해서 필자는 과거 진주 역사에서 다양하게 표출된 진주정신을 되돌아보고, 이런 정리가 앞으로 새로운 진주정신을 어떻게 추구해나갈 것인가를 고민하는 데 보탬이 되고자 한다.

그런데 지역사회도 민족사회의 한 부분이어서 민족사회가 형성해온 역사와 문화의 영향 아래에 놓여 있다. 특히 오랜 기간 중앙집권체제가 유지되어오던 우리나라에서는 중앙의 정치 · 사회적 변화가 향촌사회의 역사상에 깊이 영향을 미쳤다. 조선왕조가 유교문화를 기본 이데올로기로 선포

---

1) 김준형, 「새로운 지역사 연구 및 향토교육을 위하여」, 『경남문화연구』 12, 경상대 경남문화연구소, 1989, 10쪽.

하고 강화해나가면서 유교문화가 향촌사회의 기본질서로 정착한 것이나, 중앙의 여러 정치적 사건(여기에는 외세의 침략도 포함된다)이 향촌사회의 권력이나 계층관계의 변화에도 영향을 준 것이 그것이다. 다만 각 지역이 지닌 조건에 따라 이에 대한 대응 양상도 다르게 나타난다.

따라서 필자는 조선왕조의 역사적 흐름 중 진주에 크게 작용한 영향이 무엇이고, 이런 영향에 대해 진주지역에서는 어떻게 대응해왔는지를 개략적으로 살펴볼 것이다. 그리고 이런 진주 역사의 흐름 속에서 진주정신은 어떤 지역적 특질을 바탕으로 어떻게 발현되었는지를 살펴볼 것이다. 조선시대를 중심으로 다루지만, 이후의 시기에 표출되는 진주정신을 알아보기 위해 근대 이후 진주의 역사 전개도 사회운동 중심으로 살펴보려고 한다. 그리고 이를 위한 전제로 진주지역이 지리적·역사적으로 지닌 조건이 어떠했으며, 이를 바탕으로 형성된 진주인의 독특한 기질·문화가 어떠했는지에 대해 먼저 살펴볼 것이다.

I

진주의 지리적·역사적 조건과 진주인의 기질

1. 진주의 행정적 입지의 변화

신라의 삼국 통일 직후인 685년(신문왕 5)에 9주 제도가 갖추어지는데, 이때 경남 서부지역 일대에 해당하는 거열주가 청주[菁州, 후에 강주(康州), 진주(晉州)로 바뀜]로 바뀌게 되었다. 이때 '청주' 또는 '강주'는 '진주'라는 고을을 지칭할 뿐만 아니라 경남 서부 일대와 경북 남부 일부 고을을 지배하는 영역으로도 기능했다. 즉 강주는 남해 · 하동 · 고성 · 함안 · 궐성(闕城, 단성) · 거제 · 천령(天嶺, 함양) · 거창 · 고령 · 강양(江陽, 합천) · 성산(星山) 등 11개 군과 사수(泗水) · 단읍(丹邑) · 의령 · 산음(山陰) 등 30개의 영현(領縣)으로 구성되어 있어 강주를 정점으로 하나의 통할권으로 묶여 있었다.[1] 진주는 한때 독자성을 유지하려는 모습도 보였다. 나말여초에 한반도가 후삼국으로 분열되어 있을 때, 강주를 중심으로 한 경남 서부지역의 세력들이 고려와 후백제의 영향력을 교대로 받으면서도 중국의 후당과 직접 교류하며 독자적 세력으로 인정받았던 것이 그 예다.[2]

이후 진주는 남부지역에서 명실상부한 거읍(巨邑)이자 계수관(界首官)의 하나로 자리 잡게 된다. 고려 시대에 들어와 5도 양계 체제가 성립되면서 경상도가 하나의 중간 행정구역으로 형성되지만, 그 과정에서 진주는 경상도 내의 중요한 계수관의 입지를 굳히고 있었다.[3] 조선 시대에 와서도 진주는 거읍으로서 중요한 역할을 하고 있었고, 강역도 상당히 넓었다.[4] 또 진주에

---

1) 『三國史記』卷34 雜志3 地理1.

2) 김준형, 「경상남도의 역사적 배경」, 『慶尙南道의 鄕土文化』上, 한국정신문화연구원, 1999, 155-156쪽.

3) 김준형, 위의 글(1999), 134-137쪽.

4) 심혜영 · 김준형, 「진주강역과 하부조직의 시기별 변화」, 『南冥學硏究』39, 경상대 남명학연구

는 진주 목사 외에도 경상우도 병영의 우병마절도사(右兵馬節度使, 약칭 우병사),
진주진(晉州鎭) 영장(營將), 소촌역(召村驛) 찰방(察訪), 바다 건너 창선도에 적량
진(赤梁鎭) 첨사(僉使), 창선목장(昌善牧場)의 감목관(監牧官) 등 독자적 기관의
장이 배치되어 있었다.[5]

  개항 이후 우리 사회에서는 서구 문물에 자극되어 여러 근대적 제도
개혁이 이루어졌다. 특히 1895년에는 갑오경장의 하나로 지방제도의 개혁
이 시도된다. 전국의 8도 체제를 23부(府) 체제로 변경하고 그 밑의 주(州)·
부(府)·군(郡)·현(縣) 등 다양한 고을의 명칭을 '군(郡)'으로 일원화한 것이
다. 경상도는 진주부·동래부·대구부·안동부로 나누어지고, 각 부에는
관찰사가 파견되었다. 그러나 친일개화파 정권이 무너진 1896년 '구본신
참(舊本新參)'이라는 취지 하에 23부제가 폐지되고, 다시 전국이 13도 체제로
개편되었다. 이때부터 경상도가 남북으로 분리되어 비로소 '경상남도(慶尙
南道)'라는 행정구역이 생겨나게 되었는데, 진주가 그 관찰부 소재지로 결정
되었다. 경상남도는 진주를 비롯해 1부 29군을 관할하게 된다. 이후 진주는
경상남도 관찰부(이후 도청) 소재지로서 기능했지만, 1925년 도청은 부산으로
이전되어버린다.[6]

  이와 함께 진주의 강역도 현격히 줄어들었다. 조선 초기 진주목의 범위
는 지방의 중심 고을이라는 위상에 걸맞게 상당히 너른 영역을 차지하고 있
었다. 서쪽으로는 섬진강을 경계로 현재의 전라남도 광양·구례와 이웃하
고 있었으며, 현재의 하동군 화개·악양·옥종·청암·적량면·하동읍과

————————
소, 2013, 224쪽.

5) 『備邊司謄錄』제245책, 철종 9년 4월 16일, "司啓曰 卽見慶尙右道暗行御史徐相雨別單 則 …
   其一 晉州一境有六衙門 各出號令 疲於奔走 而鎭營之弊尤甚."『慶尙道邑誌』晉州牧邑誌 官
   職 條에도 6개 관장이 기록되어 있음.

6) 김준형, 앞의 글(1999), 139-142쪽.

북천면 일부까지 진주 강역에 포함되어 있었다. 동쪽으로는 현재의 고성군 개천·영오·영현면, 창원시 진전면 일부 지역까지 포함되어 있었으며, 남쪽으로는 사천시 곤명·곤양·서포·진교면, 금남·축동면 일부, 구 삼천포시 일부와 남해군 창선도까지 포함되어 있었다. 남해의 해산물이 바로 진주에 들어올 수 있는 입지를 지니고 있었던 셈이다. 북쪽으로는 현재의 산청군 단성면 일부 지역과 삼장·시천면을 포함하고, 지리산 천왕봉에서 이어지는 능선을 따라 함양·산청 및 전라도 운봉현과 이웃하고 있었다.

그러나 이 강역이 조선 시대 내내 유지된 것은 아니다. 세종대에 들어와 진주의 영역은 줄어들기 시작한다. 1419년(세종 원년) 진주의 속현 중 하나인 곤명현이 세종 어태(御胎) 봉안을 계기로 진주에서 분리되면서 진주 예하의 금양부곡(金陽部曲)을 흡수하여 '곤양군(昆陽郡)'으로 독립했다. 또 1702년(숙종 28)에는 당시의 극심한 흉년으로 도적들이 발생하게 될 가능성이 커지고 섬진강 일대의 방비가 중요해지면서 적량(赤良)·진답(陳畓)·화개(花開)·악양리(岳陽里, 이때 리는 면[7]에 해당함)가 하동현에 이속되었고, 얼마 후 하동현은 부(府)로 승격되었다.[8]

이처럼 시기가 내려오면서 점차 진주의 강역이 줄어들긴 했지만, 1905년까지만 해도 진주는 상당한 영역을 차지하고 있었다. 그러다가 을사

---

7) 『晉陽誌』에 의하면, 州內 및 東·西·南·北 4개 面으로 크게 구분 지은 후 이 밑에 里가 소속되어 있었다. 리의 수는 주내 14개 리, 동면 24개 리, 서면 32개 리, 남면 28개 리, 북면 13개 리 등 모두 83개였고, 면적이나 인구는 리 간에 큰 편차가 있었다. 그러나 리 산하에는 마을에 해당하는 촌이나 동이 다수 배치되어 있어서 실제로는 면의 기능을 담당하고 있었고, 동·서·남·북면의 기능은 특수한 경우에만 기능하고 형식적인 데 그쳤다. 즉 大面과 小面이 병존하는 제도는 진주만의 독특한 면리제도라고 할 수 있지만, 인근 산청현도 비슷한 면리제도를 지니고 있었다. 이런 면리제도는 진주에서는 조선 말기까지 그 흔적이 유지된다. 그래서 조선 후기에 만들어진 여러 자료에서는 소면을 '리'로 표현하기도 하고 '면'으로 표현하기도 하는 혼란상을 보이기도 한다.

8) 심혜영·김준형, 앞의 글(2013), 221–228쪽.

늑약이 체결된 직후인 1906년 일부 군의 통폐합과 행정구역 개편이 단행되면서 진주 강역은 크게 줄어든다. 행정구역 개편으로 진주군의 75개 면 중 25개 면이 산청·하동·고성·사천·남해·함안 등 주변 고을에 이속되어 진주에는 50면 298리·동만 남게 되었기 때문이다. 1913년 10월에 들어와서 총독부는 다시 전국의 군과 면·리를 통폐합하여 그 수를 크게 줄였다. 이때 진주군도 각 면·리가 통폐합되고, 일부 지역은 주변 고을로 이속되어 영역이 다시 변했다. 진주군의 영역 중 부화곡(夫火谷)·축동면(杻洞面) 일부를 사천군으로 이속했고, 1906년 진주에서 이속된 함안군의 상사(上寺)·상봉(上奉)·하봉면(下奉面)을 다시 편입해왔다.[9] 이에 따라 진주는 이전 영역의 절반도 안 되는 구역으로 크게 축소되어 거읍의 모습은 사라진다.

앞에서도 언급했듯이 1895년 지방제도 개정으로 모든 고을을 일률적으로 군으로 칭하게 되는데, 다음 해의 지방제도 개정에서 광주(廣州)·개성(開城)·강화(江華) 등 경기 3대 주요지(樞要地)와 개항장(開港場)을 포함하는 7개 군을, 다시 1899년 3개 군을 부로 승격시켰다. 1906년 개정에서 개항장 소재지의 군들은 모두 부가 되었고, 반대로 경기 3대 주요지는 군으로 강등되었다.[10]

개항장·개시장 소재지의 고을에는 관내의 거류지(居留地)·잡거지(雜居地)에 다수의 외국인이 거주하고 외국 영사관 또는 일본 이사청(理事廳)이 있어서 다른 고을에서는 크게 문제 되지 않는 대외인(對外人) 사무가 있을 뿐 아니라 행정업무도 더욱 복잡했다. 따라서 고을의 격을 높여 직원의 정원도 늘리고, 책임자도 우수하고 노련한 자로 배치해야 할 필요성이 있었을 것이다. 실제로 각 개항장은 활발한 경제활동, 급격한 인구증가, 건물, 기타 시설

---

9) 심혜영·김준형, 위의 글(2013), 230-233쪽.

10) 孫禎睦, 『韓國地方制度·自治史研究(上): 甲午更張~日帝强占期』, 一志社, 1992, 76-77쪽.

면에서의 신기성(新奇性) 등으로 근대 도시로서의 모습을 갖추어가고 있었다.[11] 경남지역에서는 동래부와 창원부가 이런 곳에 해당했다.[12]

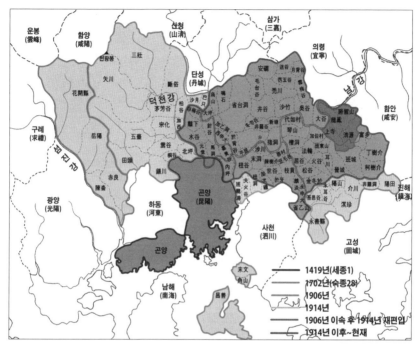

〈그림 1〉 진주 강역의 변천

물론 진주는 13도 관찰부 소재지의 하나였기 때문에 어느 정도 발전의 여지가 있었다. 13도 관찰부 소재지에는 관찰부만이 아니라 도의 중심지

11) 孫禎睦, 위의 책(1992), 77쪽.

12) 일례로 1930년 자료이긴 하지만, 항구지역인 부산·마산과 원래 이 도회지가 속해 있던 동래군
    과 창원군에 거주하는 일본인을 합하면 동래군 5만 명, 창원군 1만 명이 넘었던 것으로 나타난
    다. 같은 해안지역인 김해·통영·울산 등의 일본인 거주자 역시 상당한 숫자를 헤아린다. 이에
    비해 경남 서부 내륙지역은 일본인 거주자가 매우 적어 1천 명을 넘는 고을이 없었다. 1925년
    까지 도청 소재지 역할을 했던 진주도 일본인이 2,530명에 불과했다(沈仁暎, 「1905~1912년 경
    남 서부지역 사립학교 설립과 운영」, 경상대 사학과 석사학위논문, 2008, 8-9쪽 참조).

로서 행정 · 사법 · 재정 · 교육 등과 관련된 여러 중요한 기관이 새로 들어
선다. 경무서(警務署, 경찰서), 지방법원 및 오늘날의 세무서에 해당하는 관세
관(管稅官) 등이 그것이다. 또 1906년 각 도 관찰부 소재지마다 한 개씩의 보
통학교를 세웠다. 국내 중요 지방도시마다 우편관서와 전신전화국 등이 설
치되었는데, 각 개항장 · 개시장 소재지와 관찰부 소재지 등에는 일등 또는
이등 우체사(郵遞司)가 있었다.[13] 이런 기관들의 배치와 활동이 진주 지역사
회의 새로운 발전과 활성화에 상당한 이점을 제공할 수 있었다. 그러나 위
에서 언급했듯이 영역도 줄어들고 도청도 부산으로 이전됨에 따라 진주는
경상남도 내에서 부산(동래) · 마산(창원)에 비해 상대적으로 발전이 낙후될
수밖에 없었다.

2. 진주의 지리적 조건과 진주인의 기질

앞에서도 언급했듯이 진주 강역은 북서쪽으로는 지리산 천왕봉까지
미치고 있었다. 그래서 지리산은 진주의 역사 · 문화에서 빼놓을 수 없는 중
요한 곳이었다. 이러한 지리산을 이중환(李重煥)은 『택리지(擇里志)』에서 다음
과 같이 기술하고 있다.

지리산은 남해(南海) 쪽에 있다. 지리산은 백두산의 맥이 크게 끝난

---

13) 孫禎睦, 앞의 책(1992), 78-79쪽.

곳이므로 일명 '두류산(頭流山)'이라고도 한다. … 계곡이 서리어 뒤섞였고 깊고 크며, 또 흙이 두텁고 기름져서 온 산이 모두 살기에 알맞다. 산 안에 백 리나 되는 긴 골이 있는데, 바깥쪽은 좁으나 안쪽은 넓어서 가끔 사람이 발견하지 못한 곳이 있고, 그곳의 사람들은 나라에 조세도 바치지 아니한다.

지역이 남해에 가까우므로 기후가 따뜻하여 산중에는 대나무가 많고 또 감과 밤이 매우 많아서 저절로 열렸다가 저절로 떨어진다. 기장이나 조를 높은 봉우리 위에 뿌려두어도 무성하게 자라고, 평지에 있는 밭에도 작물을 재배한다. 그러므로 산중에는 일반 마을과 사찰들이 섞여 있다. 승려나 속인들이 대를 꺾고 감이나 밤을 주워 노력하지 않아도 살아가기에 족하고, 농민이나 장인들도 또한 크게 노력하지 않아도 풍족하게 살 수 있다. 그러므로 이 산에 사는 사람은 풍년이나 흉년이란 것을 모르고 살아서 이 산을 '부산(富山)'이라 부른다.[14]

이처럼 지리산은 영남과 호남의 여러 고을에 걸쳐 너르게 퍼져 있었고, 곳곳에 깊은 골이 형성되어 관(官)의 힘이 미치지 못하는 은밀한 곳이 많았다. 또 지리산은 주변이 매우 기름져서 여러 가지 작물이 풍성하게 자라났고, 여러 가지 생계 수단이 마련되어 있었다. 따라서 이곳은 생계가 어려운 사람들이 숨어 살기에 적합했고, 도망친 자들이나 도적들의 온상이 되기도 했다. 또 지리산에는 신라 때부터 은거하는 유명 인물들이 많았다.[15]

신라 때부터 국가에서 오악(五岳) 중의 하나인 남악(南岳)으로 지정하여

---

14) 李重煥, 『擇里志』卜居總論 山水條.

15) 김준형, 「조선시대 지리산을 중심으로 한 저항운동」, 『南冥學硏究』 31, 경상대 남명학연구소, 2011, 270-274쪽.

중시해온 지리산은 고려 · 소선 왕조의 건국 설화와 관련되어 신비화되기도 했다. 『고려사(高麗史)』에 왕건(王建)의 조상인 보육(寶育)이 출가하여 지리산에 들어가 도를 닦았다고 하는 전설이 기록되어 있고, 이승휴(李承休)의 『제왕운기(帝王韻紀)』에 지리산 천왕(天王)인 성모(聖母)의 명에 의해 도선(道詵)국사가 왕건의 할아버지 작제건(作帝建)에게 명당자리를 정해주었다고 기록되어 있는 것이 그것이다. 조선왕조 개창과 관련해서도 지리산이 이용되었다. 태조 이성계가 잠저(潛邸)에 있을 때, 어떤 사람이 문밖에 이르러 이상한 글을 바치면서 "이것을 지리산 바위 속에서 얻었다"라고 말했는데, 그 글에 "목자(木子)가 돼지를 타고 내려와서 다시 삼한(三韓)의 강토를 바로잡을 것"이라는 등의 밀이 있있나는 섯이 그것이다. 조선왕조의 정당성을 과시하기 위해 문하시랑찬성사 정도전(鄭道傳)은 이런 내용 등을 담은 「몽금척(夢金尺)」과 「수보록(受寶籙)」을 만들기도 했다.

민간에서도 일찍부터 지리산 산신인 성모가 석가의 어머니 마야부인이라고 하는 전설, 지리산에는 태을신(太乙神)이 살고 있으며 도가(道家)가 도를 대대로 전수하던 소굴이고 신선들이 모여 사는 곳이라는 전설 등과 같이 불교나 도교적인 면도 가미되어 더욱더 신비화되어 영험한 산으로 알려져 있었다. 따라서 민간인은 질병에 걸리면 으레 찾아와 기도했고 무당들도 많이 몰려들었다.[16)]

조선 초기에 유행하던 비기류(秘記類) 중에는 '지리성모(智異聖母)'라는 것이 거론되고 있었고, 지리산과 관련된 참설(讖說. 예언)들도 만들어지고 있었다. 이처럼 신비화된 지리산에는 난리를 피해 숨어 살 수 있는 곳들도 적지 않게 거론되고 있었다. 그런데 조선 중기 이후 관의 침탈이 증가하면서

---

16) 김준형, 「조선시대 지리산에 대한 다양한 인식과 이용」, 『南冥學硏究』 29, 경상대 남명학연구소, 2010, 373-385쪽.

민간인이나 승려·무당들의 불만이 고조되었다. 따라서 지리산에서는 어떤 조건이나 계기가 마련된다면, 정부나 관에 저항하는 세력이 형성될 가능성이 어느 곳보다 높았다.

실제로 예종 때 장영기(張永己)를 중심으로 한 도적 세력이 관군에 저항해 오랫동안 준동한 것 등 조선왕조 전 시기에 걸쳐 지리산을 배경으로 한 도적들의 활동이 다른 어느 산보다 활발했다. 정치적 변란이나 사회변혁을 도모하는 세력들이 지리산을 이용하려 했던 사례도 적지 않게 나타난다. 1589년(선조 22) 정여립(鄭汝立) 모반사건이나 1785년(정조 9) 문양해(文洋海) 등의 역모사건, 1870년 이필제(李弼濟)를 중심으로 한 진주변란(晋州變亂) 시도 사건 등이 대표적인 예다. 지리산을 거점으로 한 이런 도적 사건이나 저항운동 등은 진주 주민에게도 영향을 주어 다른 지역에 비해 저항운동 전반에 대한 인식과 열정이 고조될 가능성이 컸다.[17]

과격하고 저항적인 성격을 지닌 남명 조식(南冥 曺植)도 이런 지리산의 풍모에 영향을 받았던 것으로 보인다. 남명은 만년에 지리산 기슭에 위치한 덕산에서 산천재(山天齋)를 짓고 살면서 지리산의 기상을 받아들이며 학문에 정진했고, 제자들을 양성했다. 그는 덕산 시냇가의 한 정자 기둥에 쓴 시[18]에서 지리산의 풍모를 자신의 기상과 비기는 듯한 모습을 보이는데, 실제 당시와 후대의 학자들은 그를 언급할 때 "천 길 벼랑 같은 기상을 가진 이"라고 평가하는 사례가 많았다.[19]

토질 면에서 볼 때도 경상우도(右道)는 좌도(左道)에 비해 기름졌다. 특

---

17) 김준형, 앞의 글(2011) 참조.

18) 曺植, 『南冥集』 권1, 詩 題德山溪亭柱, "請看千石鍾 非大扣無聲 爭似頭流山 天鳴猶不鳴."

19) 李珥가 "근래의 처사라고 하는 이들로서 시종 절개를 보전하여 천 길 벼랑 같은 氣象을 가진 이는 조식에 비견할 만한 이가 얼마 없었다"라고 한 것도 그 예다(李珥, 『石潭日記』 卷上, 隆慶 6年 壬申條 참조).

히 지리산 주변 지역은 전국에서도 기름진 곳으로 유명했다. 이중환은 『택리지』에서 다음과 같이 이야기하고 있다.

> 나라 안에서 가장 기름진 땅은 전라도 남원·구례와 경상도의 성주·진주 등 몇 곳이다. 그곳은 논에 한 말 종자를 뿌려서 최상은 1백40말을 거두고 다음은 100말을 거두며 최하로 80말을 거두는데 다른 고을은 그렇지 못하다. 경상도에도 좌도는 땅이 모두 메마르고 백성이 가난하나 우도는 기름지다. 전라도에서는 좌도의 지리산 곁은 모두 기름지다. … 충청도에서는 내포와 차령 이남은 기름진 곳과 메마른 곳이 빈빈인데, 가장 기름진 곳노 종자 한 말을 뿌려서 60말 안팎을 거두는 곳이 많다.[20]

토지가 비옥하면 사람들도 몰려들게 된다. 특히 향촌의 지배층이라고 할 수 있는 사족층이 많이 몰려들게 된다. 특히 지리산과 남쪽 바닷가를 아우르는 너른 영역을 지닌 진주는 비옥하고 물산이 풍요로워 토착 세력과 일반 주민의 생활기반이 탄탄했다.

> 진주라는 고을은 지리산의 빼어남과 남해의 오묘함이 잘 빚어지고 조화되어 토지의 비옥하고 풍요로움과 인물의 번성함이 다른 고을에 비할 바가 아니었다.[21]
> 진양은 동방에서 육·해산물이 가장 풍성한 고을이다. 산에는 채

---

20) 李重煥, 『擇里志』 卜居總論 生利條.

21) 河演, 『敬齋集』 권2, 記 晉州鄕校四敎堂記, "晉之爲邑 智異之英 南海之精 醞釀冲融 土地之沃饒 人物之繁華 非他邑之比."

취할 수 있는 넉넉함이 있고 들에는 밭 갈아 얻는 이득이 있어 해마다
육 · 해산물로 나라에 바치는 것이 영남 여러 고을이 내는 것의 반이
나 차지한다. 이 고을에서 태어난 인물 중 도덕과 문장이 풍성하여 나
라에 보탬이 되는 자가 자못 많다.[22)]

위의 인용문에서 하연(河演, 1376~1453)과 이첨(李詹, 1345~1405)이 언급했
듯이, 이런 풍요로움을 바탕으로 진주에서는 조정에 참여해서 이름을 날린
인물들도 많이 배출되고 있었다. 조선 초기부터 하륜(河崙) · 하연 · 정척(鄭
陟) · 강희맹(姜希孟) · 강맹경(姜孟卿) · 류순정(柳順汀) 등 명공거경(名公巨卿)이
배출되었고, 그 외에도 전국적으로 알려진 인물들이 진주에서 많이 나왔다.
조선 전기 한때 "조정의 삼공육경(三公六卿)의 반은 진주 출신이고 영남 인물
의 반이 진주에서 나온다"라고 언급될 정도로 이곳은 주목받는 중요한 지역
이었다.[23)]

　이처럼 진주는 지리적으로 토지가 비옥해서 주민의 삶이 풍요로웠고
호사스러움을 자랑했다. 이중환은 『택리지』에서 다음과 같이 이야기했다.

좌도는 땅이 메마르고 백성이 가난하여 비록 군색하게 살아도 문
학 하는 선비가 많다. 우도는 땅이 기름지고 백성이 부유하나, 호사하
기를 좋아하고 게을러서 학문에 힘쓰지 않는 까닭으로 훌륭한 인물
이 적다. … 진주는 지리산 동쪽에 있는 큰 고을이며, 장수와 정승이

---

22) 李詹, 『雙梅堂篋藏集』권22, 雜著 晉陽評, "晉陽 東方之陸海也 山有山伐之饒 野有畝獲之利
歲出水土物以貢國者 居嶺南諸州之半 人物之生於是邑 道德之豊 文章之盛 有補於國者 尤
多焉".
23) 『晋陽誌』권4, 古跡 官家大路條, "國初吾州人才盛 三公六卿 半是州人 入翰林十二郎 幷出一時
當時有嶺南人才 半在晉陽之語."

될 민한 인재가 많이 나왔다. 땅이 기름지고 또 강과 산의 경개가 있으므로 사대부는 넉넉한 살림을 자랑하며, 저택과 정자 꾸미기를 좋아하여 비록 벼슬은 못 했으나 한가로이 노니는 공자(公子)라는 명칭이 있다.[24]

그런데 위의 인용문에서 이중환은 경상좌도와 우도를 비교하면서 우도는 땅이 척박하고 백성이 가난하지만 문학 하는 선비가 많은 데 반해, 우도는 땅이 비옥하고 백성이 부유하지만 학문에 게으르고 호사함을 좋아한다고 표현하고 있다. 물론 진주는 예외적으로 장수와 정승이 될 만한 인재가 많이 나왔다고 하면서도 진주의 사대부를 "벼슬은 못 했으나 한가로이 노니는 공자"라고 표현한 것은 자칫 학문에 힘쓰지 않았다는 것과 연결될 우려가 있다. 그러나 이것은 실제로 인조반정과 무신난을 거친 이후 경제적으로 상당히 넉넉했던 진주 사족이 벼슬에 나가는 것을 꺼렸던 조선 후기의 상황과 관련되는 것이다.

조선 시대에 어느 지역보다 유교문화가 성한 영남에서 이런 유교문화의 발전을 선도한 곳은 좌도의 안동과 우도의 진주였다. 조선 초기의 『세종실록지리지(世宗實錄地理志)』에 의하면, 진주는 "토지가 비옥하고 기후가 온난하며 풍속이 부유하고 화려함을 숭상한다"라고 한 데 반해 안동은 "토지가 척박하고 풍속이 근검을 숭상하고 농상에 힘쓴다"라고 기록되어 있다.[25] 그런데 조선 후기에 가면 안동을 중심으로 한 좌도와 진주를 중심으로 한 우도의 풍속 차이는 퇴계학파(退溪學派)와 남명학파(南冥學派)의 학풍과 연관되

---

24) 李重煥, 『擇里志』八道總論 慶尙道.

25) 『世宗實錄地理志』晉州牧, "厥土肥 風氣暖 俗尙富麗"; 安東大都護府, "厥土堉 俗尙勤儉 務農桑."

면서 좀 더 구체적으로 언급된다. 이 점은 영조 28년 이조판서 조재호(趙載浩)가 왕에게 경상좌 · 우도의 풍속을 비교해서 아뢰는 것에서 잘 나타난다. 즉 그는 "좌도의 풍속은 자기 분수에 만족하고 검약하며 곤궁한 것을 잘 견뎌내어서 비록 관장(官長)의 폭정(暴政)이 있더라도 밑의 사람들이 문제 삼지 않고 감히 원망하고 미워하지 않는데, 우도의 풍속은 절의(節義)를 숭상하고 호사함과 부유함을 자랑하며 관장을 대함에 꺼리거나 두려워하지 않아 그 주민들을 다스리기 어렵다"라고 언급하고 있다.[26]

그런데 경상좌 · 우도의 풍속을 비교할 때, 우도의 대표적인 곳으로 진주를 거론하는 경우가 적지 않다. 영조 6년 도승지 박문수(朴文秀)가 왕에게 진주에 대해 "토양이 비옥한 곳이 많고 생리가 매우 두터워 자고로 양반과 상한(常漢)이 다투어 부유함과 호사스러움을 능사로 삼고 서로 허물을 적발하는 것을 숭상하고 다투어 논쟁하는 것이 습속화되어 다스리기 어려운 고을이라 칭해졌습니다"[27]라고 말한 것도 그 예다. 박문수의 언급을 그대로 받아들일 수는 없지만 진주에서는 양반 사족뿐만 아니라 상한, 즉 일반 평민도 살림이 넉넉해 부유함을 자랑하는 경우가 많았을 뿐만 아니라 이런 여유로움을 바탕으로 주민의 기질도 호사함을 일삼고 남의 허물을 적발하거나 다투어 논쟁하기를 좋아했음을 암시해준다. 진주 주민이 진주가 지닌 지리적 조건을 바탕으로 사족 양반이나 평민을 물론하고 저항적이며 과격하고 싸우기 좋아하는 기질이 있었음을 전적으로 부정하기는 어려울 것으로 보인다.

---

26) 『承政院日記』제1085책, 英祖 28년 8월 20일, "吏判曰 … 左道之俗 則安分守拙 儉約固窮 故其 官長雖有暴戾之政 在下者有口無言 不敢怨惡矣 右道之俗 則崇尙節義 而矜誇豪富 視官長無 畏憚之心 故其民難治也."

27) 『承政院日記』제716책, 英祖 6년 12월 20일, "文秀曰 晉州 卽嶺南下道之中 其邑地方甚廣 北 至咸陽之智異 南薄泗川之大海 其間土壤多沃 生理甚厚 自古兩班常漢 競以富豪爲能事 故習 尙互相摘疵 爭辨爲俗 自古號爲難治."

3. 진주 사족의 경제적 기반과 성향

진주지역에는 다른 고을과 마찬가지로 일찍이 고려 초기부터 토성(土姓)을 분정받아 진주목에 대한 영향력을 행사하던 성씨가 있었다. 『세종실록지리지』에는 진주목의 토성으로 정(鄭)·하(河)·강(姜)·소(蘇) 씨가, 입주후성(立州後姓)으로 류(柳)·임(任)·강(康) 씨가 소개되고 있다. 이 성씨들이 진주목의 토착 성씨에 해당하는 것이라 할 수 있는데, 이 중 소·임·강(康) 씨는 조선 시대로 오면서 다른 곳으로 이주해버린다. 이와는 달리 하·강(姜)·성 씨 일부는 진주에 세거하면서 중앙에 관료로 진출하는 등 진주지역의 유력 사족 가문으로 성장해가고 있었다.

이 중 일부 가문은 하공진(河拱辰)이나 강민첨(姜民瞻)의 예에서 보듯이 이미 고려 전기부터 중앙에 관료로 진출해 사족 가문이 된 경우도 있기는 했지만, 일부 가문의 경우에는 고려 후기나 말기에 향리에서 사족으로 진출하고 있었다. 그리하여 조선 초기에는 이들 성씨가 조정에 진출하여 주요 관직을 차지하는 경우가 많았다.[28]

그런데 하·강·정 씨에는 각각 서로 조상이 연결되지 않는 여러 갈래의 계보가 있어서 서로 가문이 달랐던 것 같다. 즉 진주하씨의 경우, 문하시랑 하공진을 시조로 하는 시랑공파(侍郎公派), 사직 하진(河珍)을 시조로 하는 사직공파(司直公派), 하성(河成)을 시조로 하는 단계공파(丹溪公派) 등이 있었다. 이 중 단계공파는 일찍 다른 곳으로 옮겨가 버려 조선 중기 이후 진주에는 시랑공파와 사직공파만 남아 있었다.

진양정씨의 경우에도 크게 보면, 고려 통합에 기여했다는 영절공 정

---

28) 李樹健, 『嶺南士林派의 形成』, 嶺南大出版部, 1979, 114-121쪽.

예(英節公 鄭藝)를 시조로 하는 영절공파[菁川君派 또는 忠莊公派], 첨정 정중공(鄭仲恭)을 시조로 하는 첨정공파(僉正公派), 호장 정자우(鄭子友)를 시조로 하는 호장공파(戶長公派, 殷烈公派), 고려 말 문하시랑평장사 정헌(鄭櫶)을 시조로 하는 문하시랑파[門下侍郎派, 이 중 사간 정온(鄭溫)을 시조로 하는 우곡공파(愚谷公派), 감찰어사 정택(鄭澤)을 시조로 하는 어사공파(御史公派)로 갈림], 중추부사를 지낸 정장(鄭莊)을 시조로 하는 공대공파(恭戴公派), 지후 정신(鄭侁)을 시조로 하는 지후공파(祗侯公派) 등 6파로 갈린다. 진양강씨도 은렬공 강민첨의 후손인 은렬공파(殷烈公派)와 박사 강계용(姜啓庸)의 후손인 박사공파(博士公派, 御史公派)로 나뉜다.

　　토착 성씨 외에 고려 말 이후 진주로 새로 들어와 정착한 성씨도 많았다. 고려 말 이후 16세기 이전까지를 보면, 전의이[全義李, 경상우도절제사 이승간(李承幹)], 울산김[蔚山金, 김국로(金國老)], 남원양[南原梁, 병마첨절제사 양역(梁嶧)], 파평윤[坡平尹, 원평군 윤목(尹穆)], 하동정[河東鄭, 참판 정양(鄭穰)], 전주최[全州崔, 최자경(崔子涇) 형제], 창녕성[昌寧成, 성우(成祐)], 밀양손[密陽孫, 손수령(孫壽齡)], 청주한[清州韓, 한승리(韓承利)], 김해허[金海許, 허문손(許文孫)], 의령남[宜寧南, 남기(南蒔)], 문화유[文化柳, 유사(柳泗)], 창녕조[昌寧曹, 조숙기(曺淑沂)], 태안박[泰安朴, 박상덕(朴尙德)], 임천조[林川趙, 조지서(趙之瑞)], 고성이[固城李, 이황(李滉)], 고령신[高靈申, 신필(申泌)]씨 등이 진주에 들어와 정착했다. 16세기에 들어와서도 여양진[驪陽陳, 진식(陳寔)], 장수황[長水黃, 황항(黃恒)], 재령이[載寧李, 이침(李琛) 형제], 수원백[水原白, 백유량(白惟良) 형제], 화순최[和順崔, 최영경(崔永慶) 형제], 함안조[咸安趙, 조종도(趙宗道)], 남평문[南平文, 문할(文劼)]씨 등이 진주에 이거했고, 17세기에도 해주정[海州鄭, 정문익(鄭文益)과 조카], 연일정[延日鄭, 정훤(鄭暄)], 광주안[廣州安, 안창한(安彰漢)]씨[29] 등이 진주에 이거했다. 이들은 진주의 토착 성씨와 결혼해서 들어오는 경우가 많았고, 정계의 혼란을 피해 은거하거나 진주 인근에서 관직을

---

29)　이상 [ ] 안의 인물은 해당 성씨의 진주 입향조를 의미함.

지낸 것을 계기로 정착하는 경우도 적지 않았다.[30]

위에서도 언급했듯이 진주에서는 이미 조선왕조 초기부터 하륜을 비롯해 조정에서 중요하게 활약한 인물이 많이 배출되었다. 게다가 진주의 사족이 연대해서 장악하고 있던 유향소는 상당한 경제적 기반까지 갖추고 있었다. 이로(李魯)의 『용사일기(龍蛇日記)』에는 임진왜란 당시 진주 세가대족(世家大族)들이 쌀을 지리산에 감추어두고 환곡을 갚지 않아서 초유사 김성일(金誠一)이 이들 중 우두머리 10여 명을 본보기로 징치하려 하자, 이로가 이를 말리며 했던 말이 기록되어 있다.

> 진주의 도호(土豪) 습관은 갑자기 고치기가 어려우니 그 유래가 먼 때문입니다. 국초에 하륜은 태종조의 공신으로서 향소(鄕所, 유향소)나 향교에 모두 전속된 속리(屬里)를 두도록 청하여 향교에는 옥봉리(玉峯里)와 저동리(猪洞里)를, 향소에는 중안리(中安里)와 대안리(大安里)를 사패(賜牌)하여 그 부세와 공물을 거두어 쓰게 하였습니다. 정양(鄭穰)은 찬성(贊成)으로 와서 좌수(座首)가 되었습니다. 상신(相臣)과 장신(將臣)은 대대로 고을의 실권을 잡아서 비록 후손이라고 할지라도 옛날 습관은 그대로 남아 있습니다. 이제신(李濟臣)이 목사가 되어 사패를 빼앗아 불태우고 그 전속 동리를 모두 빼앗은 다음 토호의 옥사(獄事)를 일으켜서 거실(巨室) 10여 집을 묶어 가두기 10여 년에 재산을 탕진하여 원망하는 소리가 한길에 깔렸습니다.[31]

---

30) 김준형, 「鄕案入錄을 둘러싼 경남 서부지역 사족층의 갈등: 晉州鄕案을 중심으로」, 『조선시대 사학보』 33, 2005, 161-177쪽.

31) 李魯, 『龍蛇日記』 60葉.

여기에서 주목되는 점은 세종대 의정부 찬성(종1품)을 지낸 정양이 진주로 돌아와 좌수의 직을 맡는 등 고관을 지냈던 자들이 유향소에 참여하고 향권(鄕權)을 장악하고 있었다고 하는 점이다. 이로 보아 진주의 일반 재지사족뿐만 아니라 사마시에 합격한 자나 관직을 지낸 자도 유향소에 적극적으로 참여하여 영향력을 행사하고 있었음을 알 수 있다. 게다가 태종이 하륜에게 진주 중안리의 상당한 토지를 하사하자, 하륜은 이를 진주의 유향소에 소속시킴으로써 유향소의 경제적 기반도 상당히 갖추어졌다.[32]

사실 하륜이 왕으로부터 하사받은 토지와 노비를 유향소에 기부한 것과 관련하여 황윤석(黃胤錫, 1729~1791)의 『이재난고(頤齋亂藁)』에는 기이한 전설이 기록되어 있다. 즉, 태종의 총애를 받던 영의정 하륜이 자격 면에서 하자가 있어서 진주 향안(鄕案)에 입록되지 못한다는 것을 알고 태종이 진주에서 향안을 가져오도록 하여 향안 첫머리에 자신의 이름을 쓰고 다음에 하륜의 이름을 썼다는 것이다.[33] 현재 진주 연계재(蓮桂齋)에는 이와 관련된 것으로 '태종대왕교서(太宗大王敎書)'라는 표지가 붙어있는 향안이 보관되어 있다. 물론 이것은 당시에 작성된 향안이 아니라 조선 말기에 옛날 일을 회상하며 다시 작성한 것으로 보이는데, 태종의 이름은 없고 하륜의 이름만 기재되어 있다. 그리고 뒷장에는 하륜이 명나라에 가서 고명(誥命)과 인장(印章)을 받아오는 데 기여한 공로에 대한 사실과 태종의 시, 태종의 교서 등이 실려 있다.[34]

---

32) 『晋陽誌』(필사본, 규장각 소장) 叢談條.

33) 黃胤錫, 『頤齋亂藁』(정문연 활자본) 제3책 庚寅日歷 3월 27일조(111쪽), "故雖士夫顯于朝廷者 非世居 則不得錄 或言河崙 旣貴極人臣 而鄕人以其有累 不許入錄晉州鄕案 太宗聞之曰 安有一國大臣 而不得入於下邑鄕案者乎 特命行下本州 以鄕案上來 上親題姓諱於首 而次題河崙姓名 以故晉州鄕案 至今莊護 事體最重 當時相傳 弘文錄易 鄕案錄難 今亦蕩然 不復存 故事矣."

34) 『(진주)鄕案』(진주 연계재 소장) 제7책 참조(그림 2).

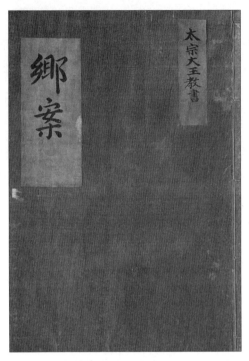

〈그림 2〉 진주 향안 제7책

이로 보아 하륜이 향안에 입록된 것을 보답하기 위해 자신이 하사받은 토지·노비 등을 유향소에 기부한 것으로 추측된다. 이처럼 진주 출신의 고관들이 많아 그들과 깊은 유대관계를 맺고 있던 지역 사족의 영향력은 어느 고을보다 컸을 텐데, 경제적 기반도 갖추어지니 그 위세는 대단할 수밖에 없었다. 그래서 진주는 어느 고을보다 수령이 다스리기 어려운 난치(難治)고을로 지목되고 있었다.

그래서 위의 인용문에서 언급되었듯이 1578년(선조 11) 조정에서는 강직한 인물인 이제신을 목사로 파견하여 토호들의 무단을 징치하도록 했다. 이제신은 진주 목사로 부임해서 현감을 지낸 류성(柳誠) 등 일부 진주 사족을 징치하고, 유향소에 소속되어 있던 토지를 빼앗고 왕의 교지를 넣는 함을 불태워버렸다. 그러자 진주의 사족과 향리들이 반발하여 목사의 병부(兵符)를 훔치는 사건이 벌어졌다. 이 사실이 조정에 알려져 여러 명의 사족과 향리들이 징치당했지만,[35] 사족의 반발과 이들과 연결되어 있던 조정 관료들의 비호로 결국 이제신은 더 버티지 못하고 목사를 사임하고 말았다.[36]

진주가 난치고을이라는 관념은 조선 후기에도 그대로 이어진다. 조정의 관료들이 진주가 웅읍(雄邑, 거읍)이라서 물산이 많고 지역이 넓어 본디 다스리기 어려우니 강명하고 풍력(風力)이 있는 수령이 아니면 토호들을 다스리기 어렵다는 것을 강조하는 경우가 적지 않았다.[37] 1752년(영조 28) 진주 향교의 유생이 도둑을 다스린다는 명목으로 향교 노비를 사사로이 난타하자 이 때문에 노비의 아비가 향교 문에 목을 매고 죽은 사건도 이런 모습을 잘 보여준다.

당시 경상도 관찰사였던 조재호(趙載浩)가 진주에 명령하여 형리로 하여금 해당 유생을 잡아들여 형을 가하고 유배 보내자, 유생 백여 인이 진주진 영장에게 정문(呈文)을 올려 형리가 향교 문을 부수고 유생을 잡아간 것을 문제 삼았다. 그래서 영장에게 형리에 대해서도 형을 가하도록 지시했는데, 이런 조치에도 불구하고 유생들은 영장을 침욕하고 관찰사에게도 정문을 올려 형리를 극형에 처하라고 요구하며 관찰사마저 굴복시키려 했다. 그래서 조재호가 진주인은 수령을 굴복시키는 것을 능사로 삼고 있고 자신이 관

---

35) 『宣祖實錄』권12, 11년 7월 丁卯.

36) 『宣祖修正實錄』권13, 11년 11월 戊申條 및 『宣祖實錄』권13, 12년 3월 辛未條 참조. 李濟臣, 『淸江集』附錄上 咸鏡北道兵馬節度使兼鏡城都護使淸江李公神道碑銘(崔岦撰) 참조.

37) 『備邊司謄錄』孝宗 8년 2월 12일(備邊司郎廳 啓), "晉州 物衆地大 素稱難治 而近因數 殘弊已甚 人皆厭避 所當極擇差送"; 『承政院日記』顯宗 4년 8월 23일(司諫院 啓), "晉州 卽嶺南雄邑 物衆地大 素稱難治 苟非剛明有風力之人 無以折制土豪."

찰사로 있는 동안 주민이 올린 의송은 모두 수령을 고소하는 것이었다고 토로할 정도였다.[38] 이처럼 조정의 관리들 입장에서는 진주의 사족이 과격하고 저항적이어서 다스리기 어려운 존재로 비친 경우가 많았다.

---

38) 『承政院日記』제1085책, 英祖 28년 8월 20일, "吏判(趙載浩)曰 … 其地之人 以務勝官長爲能事 臣到任後 百姓來呈議送者 盡是訴其官長者 故臣捉治其甚者若干人矣 晉州鄕校儒生 私自以治盜之刑 亂打其校奴 校奴之父 自縊於鄕校之門而死 臣聞極驚駭 發關於晉州 定刑吏捉致其儒生 刑問一次後發配矣 厥儒輩聚會百餘人 呈文於營將朴銑 執言以爲 刑吏打破校門 縛齋儒爲名 渠雖齋儒 渠旣濫刑於聖殿之庭 其汚穢聖殿已極矣 … 故臣分付營將 使之刑推厥吏後牒報矣 多士猶不知止 侵辱營將 無所不至云 而固不欲與之相較 故又以加刑一次後放送之意分付矣 厥儒又呈議送於臣 而多有侵辱之語 至以刑吏等亟正邦刑爲請 一唱群起 必欲與臣角勝 士習之可惡 莫此爲甚 故臣沒數捉來於營門 一日之內 皆刑推一次矣."

II

조선 시대
진주의
역사

1. 남명학파의 발전·침체와 진주 사족의 대응

1) 남명학파의 발전과 침체

조선왕조의 통치이념으로 자리를 굳힌 성리학은 집권·재야 사대부 또는 관학(官學)과 사학(私學)의 공동 노력에 의해 주자(朱子)의 『경전집주(經傳集註)』·『가례(家禮)』 및 『소학(小學)』을 매개로 성리학의 실천윤리가 강조되면서 점차 정착·보급되어갔다. 16세기 후반에 접어들면서 성리학은 이기심성학(理氣心性學)과 예학(禮學)을 바탕으로 한 도학(道學)의 이론적 심화 과정에 들게 된다. 동시에 16세기 후반에는 각종 사화(士禍) 과정을 거쳐온 사림세력이 정계를 장악하면서 정파가 분열되었고, 인맥·지연·학설상으로도 점차 유파가 생기면서 동서분당(東西分黨)과 함께 영남학파(嶺南學派)와 기호학파(畿湖學派)로 대별되어갔다. 회재 이언적(晦齋 李彦迪), 퇴계 이황(退溪 李滉), 남명 조식(南冥 曺植)의 학통을 포괄하는 영남학파와 율곡 이이(栗谷 李珥), 우계 성혼(牛溪 成渾)을 영수로 한 기호학파가 그것이다. 퇴계와 남명은 각각 경상좌도와 우도를 대표하여 영남학파의 2대 산맥인 퇴계학파와 남명학파를 형성했다.[1]

이 중 경상우도를 대표하는 남명은 '경의(敬義)'와 반궁실천(反躬實踐)을 강조했고, 방약무인하고 호탕한 기상도 있었다. 그는 여러 차례의 상소에서 솔직하고 과격한 언사로 척신(戚臣)정치의 폐해와 서리(胥吏)의 횡포를 지

---

1) 李樹健, 『嶺南學派의 形成과 展開』, 一潮閣, 1995, 327-328쪽.

적하고 획기적인 변통과 잘못된 세도를 만회해야 한다고 직간(直諫)했다. 이같은 상의(尙義)·주기(主氣)적인 현실 대응 자세는 그의 문인들에게도 이어졌다.[2]

동갑인 남명과 퇴계는 서로 만난 적은 없지만, 서신과 그들의 문인을 통해 어느 정도 교유관계를 유지하고 있었다. 남명의 문인 중에는 오건(吳健)·정탁(鄭琢)·정구(鄭逑)·김우옹(金宇顒)·김면(金沔)·배신(裵紳) 등 퇴계의 문인을 겸하는 인물도 적지 않았다. 그러면서도 서로가 지향하는 바의 차이점 때문에 상대를 은근히 비판하는 태도를 보이기도 했다. 남명은 퇴계와 기대승(奇大升) 사이의 '사단칠정(四端七情) 논쟁'에 대해 "이름을 훔치고 세상을 속이는 행위"라고 비판했다. 반면에 주자학에 철저한 입장인 퇴계는 남명을 "기이(奇異)한 것을 숭상한다"라든지, "노장(老莊)에 물들어 있다"라든지, "고고하게 굴고 세상을 깔본다"라고 비판했다. 바로 퇴계의 이 비판이 후대에 가서 양 학파 간의 대립을 첨예하게 만들었고, 특히 남명을 이단으로 모는 경향의 단초가 되었다.[3]

남명의 문인은 전국에 걸쳐 존재했지만, 경상우도 지역 출신들이 압도적으로 많았다. 그중에서도 진주 출신들이 다수를 점하고 있었다.[4] 게다가 남명학파의 총본산이라 할 수 있는 덕천서원(德川書院)이 진주에 있어서 진주가 남명학파의 중심지 역할을 하고 있었다.

퇴계학파와 남명학파는 동서분당이 이루어질 때만 하더라도 같은 동인 입장에서 협조관계를 이루고 있었지만, 이후 정여립(鄭汝立) 모반사건으

---

2) 이수건, 위의 책(1995), 331~332쪽.

3) 이수건, 위의 책(1995), 381~384쪽.

4) 진주 출신으로는 崔永慶·河沆·趙宗道·李俊民·趙瑗·河晉寶·河應圖·李瀞·柳宗智·愼公弼·孫天祐·成汝信·河天澍·陳克敬·河洛·梁應龍·金勵·李郁 등이 있었다(뒤의 〈표 3〉 참조).

로 인한 기축옥사(己丑獄事)를 계기로 달라진다. 이 모반사건에 연루되어 남명의 수제자인 최영경(崔永慶) 등이 투옥되어 죽게 되었고, 김우옹이 귀양 갔으며, 정인홍(鄭仁弘)도 장령에서 물러나는 등 남명학파 인물들이 수난을 당하게 되었다. 이때 정인홍은 같은 동인의 입장에 있으면서도 서인 정철(鄭澈)과 함께 이 사건 조사 담당자로 임한 퇴계학파의 유성룡(柳成龍)이 미온적인 입장을 취한 것에 반감을 갖게 되었고, 이것이 남북분당의 한 요인이 되었다.

기축옥사로 위축되었던 남명학파 인물들은 임진왜란이 일어나자 각 지역에서 의병장으로 활약하여 큰 전과를 올렸다. 1592년 4월 13일 왜병이 부산을 침입한 이후, 관군의 방어선이 곳곳에서 무참히 깨지고 왜병이 급속히 북상하면서 선조는 북쪽 의주까지 피난하는 일이 벌어졌다. 이런 상황에서 4월 말경 곽재우(郭再祐)의 의병활동을 시작으로 경남 서부지역에서는 정인홍과 김면 등이 의병을 조직해 방어활동을 전개하는 움직임이 여러 곳으로 확산되어갔다. 의령 · 창녕 · 영산 방면의 곽재우, 거창 · 지례 · 성주 방면의 김면, 합천 · 고령 · 성주 방면 정인홍의 활동과 진주성을 중심으로 한 김시민(金時敏)과 연대한 진주 부근의 의병활동이 그것이다. 이들은 독자적인 방어활동을 하면서도 때로는 연대하면서 왜병의 호남 진출을 체계적이고 효과적으로 막아냈다.[5] 이를 계기로 전국 곳곳에서 의병활동이 일어났고, 이것이 왜병의 조선 공략에 적지 않은 타격을 입히게 되었다. 이후에 벌어진 제1차 진주성 전투에서도 의병들의 외부 지원활동은 눈부셨다. 그리고 이듬해 벌어진 제2차 진주성 전투에서는 다른 지방에서 들어온 의병들

---

5) 이상은 『慶南文化硏究』 제17호(경상대학교, 1995)에 실린 김해영, 「郭再祐의 義兵活動 事蹟에 대한 一考察」; 정현재, 「慶尙右道 壬辰義兵의 戰跡 검토」; 김준형, 「진주 주변에서의 왜적 방어와 의병활동」 참조.

과 함께 많은 신주지역 수민이 압도적인 숫자인 왜병의 공격에 끈질기게 항거하다가 장렬하게 전사했다. 이런 과정에서 많은 전력을 상실한 왜병은 호남을 지속적으로 장악하는 것을 포기할 수밖에 없었다.[6]

임진왜란 때의 의병활동을 계기로 이후 남명학파 인물들이 정계에 중요한 세력으로 등장하기 시작했고, 급기야 광해군대에 가면 남명의 제자인 정인홍을 중심으로 한 대북 세력이 정계를 장악하게 된다.[7] 그러나 대북정권의 이른바 '폐모살제(廢母殺弟)'와 명·후금에 대한 중립정책이 빌미가 되어 1623년 서인이 주도하는 인조반정이 일어나게 된다. 이에 대북정권은 무너지고 정인홍 및 이 정권에 참여한 남명학파는 대대적으로 숙청되었다. 이후 남명학파는 상당히 침체될 수밖에 없었다. 정인홍에 대한 비판 분위기 때문에 남명학파는 남명학통을 잇는 정통의 맥을 정인홍 대신에 정구(鄭逑)에게 이어가려고 했다. 정구는 남명의 제자이면서 동시에 퇴계의 제자였고, 당시 남인을 영도하고 있었다. 따라서 남명학파는 대거 남인화되어갔다. 그러나 경남 서부지역 사림이 모두 남인화되어간 것은 아니다. 뒤에 언급하듯이 남명학파 내의 분열·대립으로 일부는 서인·노론화되어갔다.

게다가 1728년(영조 4) 노론정권을 뒤엎기 위해 일어난 무신난(戊申亂)에 다시 정희량(鄭希亮)을 비롯한 우도의 사족이 깊이 개입함으로써 우도의 사족은 큰 타격을 입는다.[8] 무신난이 일어난 직후 사태 진압에 대한 논의 과정에서 영남 하도(下道)[9]에서 변란이 일어난 원인이 언급되는데, 영의정 이광좌(李光佐)는 하도가 의기(義氣)를 강조하면서도 이치를 제대로 밝히지 않은

---

6) 지승종, 「16세기말 晉州城戰鬪의 배경과 전투상황에 관한 연구」, 『慶南文化硏究』 17, 1995.

7) 이수건, 위의 책(1995), 387-389쪽.

8) 李在喆, 「18세기 慶尙右道 士林과 鄭希亮亂」, 『大丘史學』 31, 1986, 60-67쪽.

9) 경상도를 낙동강을 기준으로 동쪽은 좌도, 서쪽은 우도로 나누는데, 上道와 下道도 포함된 고을이 약간 차이 나지만 좌도·우도의 구분과 비슷하다.

채 의기를 행하다가 도리어 불의에 빠진 데서 찾았다. 즉 "조식의 학문과 기상이 천 길 벼랑 같으면서도 규정된 법식에 맞지 않았다"라고 하면서 "대체로 하도 사람은 모두 조식의 관습을 사모하여 호사스럽고 기절(氣節)을 숭상하며 이치를 살피는 것이 밝지 않아 그 끝에 가서는 스스로 악역(惡逆)의 죄과에 빠지고 만다"라고 했다.[10] 이조판서 조재호도 영남 좌·우도 풍속의 차이를 말하면서 "우도에서는 조식과 같이 기절만을 숭상하여 호걸스러운 선비, 절의가 높은 인물이 나오기도 하지만, 그 경향이 잘못되어 폐단으로 되면서 최영경·정인홍·정희량 같은 인물이 나왔다"라고 보았다.[11]

이처럼 경상 좌도의 남인과는 달리, 구심점이 약화된 채로 남인·노론으로 분화되어가면서 다른 지역 사람들의 경계의 대상이 되어버린 경남 서부지역 사람들은 전반적으로 침체해갈 수밖에 없었다. 조선 후기 중앙정계 진출의 관문이라고 할 수 있는 문과(文科)·생진과(生進科) 급제자 수를 살펴볼 때, 진주권이 경상도의 다른 지역과는 다른 양상을 보이는 점에서 이를 어느 정도 짐작할 수 있다.

다음 〈표 1〉을 보면, 조선 전기에는 진주나 진주권 고을 출신의 문과 급제자 수가 안동·상주·경주권 지역의 급제자 수에 못지않은데, 후기로 가면 진주권 지역의 급제자 수가 감소하는 데 반해 나머지 권역의 급제자 수는 늘어나고 있다. 특히 안동·상주 출신의 급제자 수는 급격히 늘어나고 있다. 생진과에서는 진주권 지역의 급제자 수가 어느 정도 늘어나지만, 나머지 권역 급제자의 급격한 신장세와는 상당한 차이를 보인다.

---

10) 『承政院日記』 제659책, 영조 4년 4월 3일.

11) 『承政院日記』 제1085책, 영조 28년 8월 20일.

구분		진주권		안동권		상주권		경주권	
		진주	기타 (21)	안동	기타 (14)	상주	기타 (12)	경주	기타 (20)
문과	전기	52	184	47	133	62	200	15	113
	후기	39	105	182	264	146	261	50	124
생진과	전기	34	220	42	117	12	137	17	105
	후기	56	283	287	317	84	410	71	241

2) 남명학파의 당파적 분열

앞에서 남명학파의 침체와 분열을 언급했지만, 남명학파의 분열은 침체 이전부터 이미 시작되고 있었다. 1604년 『남명집(南冥集)』 갑진본(甲辰本) 발간 때 그것을 주도한 정인홍과 정구 사이의 심각한 대립이 그것이다. 갑진본의 서문(序文)과 행장(行狀) 및 부록 끝의 발문(跋文)은 정인홍이 썼다. 그리고 남명이 이정(李楨)과의 절교의 원인이 된 '하종악(河宗岳) 후처(後妻) 사건'을 언급하고 있는 「자강(子强)과 자정(子精)에게 보내는 편지」의 말미에도 정인홍이 이 사건의 배경에 대한 상세한 해설을 첨부해서 퇴계를 공개적으로 비판했다. 이 때문에 다음 해부터 3년에 걸쳐 유생들이 통문을 돌리고 정인홍을 공격하는 상소운동을 전개하는 등 반발이 거세게 일어났다.[13]

---

12) 김준형, 「조선후기 진주지역 司馬所의 연혁과 성격」, 『남명학연구』 22, 경상대 남명학연구소, 2006, 377-378쪽의 〈표 1〉 인용. 표의 '기타'는 해당 권역에 속한 나머지 고을을 지칭하며, ( ) 안의 숫자는 해당 고을 수를 표시한 것이다.

13) 吳二煥, 「南冥集板本考(1): 來庵刊本을 중심으로」, 『韓國思想史學』 1, 韓國思想史學會, 1987,

남명·퇴계 양 문하에 출입하던 정구로서는 퇴계에 대한 비판내용이 『남명집』에 수록되는 것이 곤혹스러웠을 것이다.

그 후 임해군(臨海君)의 옥사를 두고도 정구가 전은설(全恩說)을 강력하게 주장하여 정인홍의 할은설(割恩說)[14]과 대립함으로써 두 사람 간의 관계는 본격적으로 악화된다. 분열은 정인홍 문하에서도 나타난다. 정온(鄭蘊)·문경호(文景虎)·강대수(姜大遂)·조응인(曺應仁) 등 일부 문인은 정인홍에게 그의 명성에 빌붙어 정권을 농단하던 이이첨(李爾瞻)과의 관계를 끊도록 요구했다. 특히 정온은 영창대군 피살의 부당함을 주장하는 「갑인봉사소(甲寅封事疏)」를 올림으로써 대북정권으로부터 탄압을 받았고, 그의 상소에 동조한 문인들도 처벌되었다.[15]

그러나 진주 사림 일부가 서인으로 갈려나오는 데 결정적 계기가 된 것은 1651년(효종 2) 『남명집』 임술본(壬戌本) 훼판(毁板) 사건이다. 임술본은 인조반정이 일어나기 직전에 만들어진 것으로 갑진본을 약간 증보한 것에 지나지 않았다. 퇴계를 공개적으로 비판하는 글 등 정인홍의 여러 가지 글이 그대로 남아 있어서 번번이 말썽을 일으키고 있었다. 이 때문에 진주 인근 사림들 사이에서는 전면적인 개판(改板) 여부를 놓고 논란이 있어왔다.

그러다가 1651년 가을 덕천서원 제사가 끝난 후 하자혼(河自渾)·이집(李集) 등 젊은 사람들이 남아 있다가 의논을 거치지 않은 채 정인홍과 관련된 부분을 판각에서 파내는 행동을 감행했다. 새로 원장이 된 윤승경(尹承慶)이 해당자들을 원록(院錄)에서 삭제하는 벌을 내리고 원래의 판각을 복원

181-188쪽.

14) 광해군의 친형인 임해군의 반란 모의에 대한 처벌을 두고 형제의 의리를 감안해야 한다는 주장[全恩說]과 법대로 강하게 처벌해야 한다는 주장[割恩說]이 대립했다.

15) 李在喆, 위의 글(1986), 38-40쪽.

하는 것으로 수습하려 하자, 훼판을 감행했던 측에서 통문을 돌려 윤승경을 정인홍을 옹호하는 대북 잔당으로 몰아 축출해버렸다. 사건이 확산되자 당시 진주 목사였던 이상일(李尙逸)이 개입하여 양측을 징계하도록 했고, 한몽삼(韓夢參)·조정립(曺挺立)·하홍도(河弘度) 등이 차례로 원장을 맡아 수습에 임하면서 대립상황은 소강상태로 접어들었다.[16]

그런데 1665년(현종 6) 다시 최백년(崔栢年) 등이 윤승경·하명(河洺)·하달한(河達漢)을 대북 잔당으로 고발하는 통문을 돌리는 사건이 일어났다. 최백년은 여러 유림과 함께 이전의 임술본 훼판 문제를 들어 이들이 정인홍을 비호하기 때문에 개판이 이루어지지 않고 있다고 하여 성균관에까지 통문을 돌렸다. 이것이 문세가 뇌어 위의 3인은 성균관으로부터 부황(付黃: 유생 명부의 해당자 이름 위에 누런 쪽지를 붙이는 벌)의 처벌을 받게 되었다. 하명은 임술본 간행을 주도했던 하징(河憕)의 사손이었고, 정인홍의 독자 윤(沇)의 장인인 하진보(河晉寶)의 종증손이었으며, 하달한은 하징의 조카였다. 이런 인척관계 때문에 그들은 정인홍을 옹호하는 세력으로 몰린 것이다.

하명 등은 훼판 사건 당시 진주 목사였던 이상일의 주선으로 송시열(宋時烈) 등을 찾아가서 이 문제의 해결을 부탁하여 부황의 처벌에서 벗어나게 되었다. 그뿐만 아니라 임술본 개판 작업의 방향이 여러 가지로 논란이 일어나고 있던 상황에서 당시 유림계의 종장으로 추앙되던 송시열로부터 이정(釐正)의 지침을 받아 임술본 개판 작업도 이루어지게 되었다. 이 과정에서 하명 등은 송시열 문하에 들어가 서인의 입장을 취하게 되었다.[17]

그런데 정인홍의 옹호 세력이라 해서 공격하는 사건은 여기에 그치지 않았다. 1718년(숙종 44) 장석한(張錫漢)의 무고 사건이 그 한 예다. 장석한은

---

16) 吳二煥,「『南冥集』壬戌本의 毀板」,『南冥學研究』3, 경상대 남명학연구소, 1993.

17) 吳二煥,「『南冥集』壬戌本의 成立」,『南冥學研究論叢』3, 南冥學研究院, 1995.

최백년 사건 때 하달한·하명 등을 공격하는 통문의 통두(通頭) 역할을 했던 장용(張墉)의 아들이다. 장석한은 성처강(成處剛)과 하달한의 아들인 하형(河澄)의 반대로 향교 장의를 맡지 못하게 되자, 이에 앙심을 품고 옛일을 끌어와 공격했다. 그는 하형의 부와 재종형(하명)이 대북 잔당으로서『남명집』이정을 방해했고, 게다가 하형도 자기 당파에 속한 인물들만 향교에 심고 자기 멋대로 고을에 영향을 미치려 한다고 비난하는 단자를 향교에 보냈다. 이에 대응해 하형과 그의 아들 하윤관(河潤寬) 등은 조상을 욕되게 했다면서 장석한을 처벌해 달라고 고을과 감영에 호소하게 된다.[18]

이처럼 임술본 훼판 사건 이후 덕천서원을 둘러싸고 우도 유림사회 내부에 심각한 갈등관계가 지속되었는데, 이는 훼판을 지지하는 대다수의 남인 세력에게 용납되지 못하는 소외그룹을 발생시키는 결과를 가져왔다. 남인의 전반적인 침체 속에서 영남지역에 자기 세력을 부식시키기 위해 노력하던 서인·노론 세력이 이들 소외그룹을 포용하고 나옴으로써 남명학파 내부에 서인·노론의 입장을 취하는 가문이 나타나게 되었다.

노론 가문으로 진주에서는 진양하씨 창주공파(滄洲公派) 및 단지공파(丹池公派) 일부, 해주정씨, 단성에서는 안동권씨 상암공파, 성주이씨 동곡공파, 의령에서는 안동권씨 상암공파, 진주강씨 봉성군파(鳳城君派) 일부 등을 들 수 있다. 이 중 단목의 진양하씨 창주공파, 단지공파와 단성의 안동권씨 상암공파는『남명집』훼판 사건과 직접 연루되어 서인·노론화되어갔으나, 나머지 성씨는 어떤 연유로 노론화되어갔는지 구체적으로 알 수 없다. 단성의 성주이씨 동곡공파는 이 가문 출신인 이관국(李觀國)이 삼수(三水) 군수로 있다가 곤경에 처한 것을 노론 사대신(四大臣)들이 구제해준 적이 있었고, 이

---

18) 김준형,「조선후기 진주지역 司馬所의 연혁과 성격」,『남명학연구』22, 2006, 381-382쪽.

틀 계기로 노론화되어간 것으로 보인다.[19] 다만 삼가에서는 『남명집』 훼판 사건 이전에 이미 서인화된 가문이 출현하고 있었다. 안동권씨, 경주최씨, 진주유씨 및 초계정씨, 은진송씨 일부 계파가 그들이다.[20]

앞에서 언급했듯이 무신난 이후 아예 우도 사림의 전통은 그 근원인 남명의 학문에서부터 잘못되어 있었기 때문에 정인홍 같은 인물이 나오고 반란도 일으켰다고 보는 시각이 나타나고 있었다. 따라서 노론정권의 영남인에 대한 탄압과 이들의 회유작업이 전개되는 과정에서 반역향으로 찍힌 경남 서부지역 사림들이 노론화해가는 현상도 어느 곳보다 두드러졌다.

이런 추세 속에서 경남 서부지역의 남인 입장의 사림들은 전국적으로 중앙이 있는 남인 인물과 교유하거나 사제관계를 맺음으로써 자신의 입지를 강화하려는 양상도 많이 보이고 있었다. 남인의 경우, 의령에서 한때 인연을 맺었던 허목(許穆)과 허전(許傳)·채제공(蔡濟恭) 등 기호 남인이나 이황 → 김성일 → 장흥효(張興孝) → 이현일(李玄逸) → 이재(李栽) → 이상정(李象靖) → 정종로(鄭宗魯) → 류치명(柳致明) → 이진상(李震相)으로 이어지는 영남 퇴계학파 호파(虎派) 학통의 인물에게 학맥을 연결시키려 하고 있었다. 이외에도 이원조(李源祚), 이돈우(李敦禹), 장복추(張福樞), 곽종석(郭鍾錫) 등 영남의 유명 인물에 맥을 대려고 했다. 진주에서는 진주하씨 사직공파 후손 중 안계 마을을 중심으로 거주하는 하홍도(河弘度) 형제의 후손과 명석 마을을 중심으로 밀집해 거주하는 하진(河溍)의 후손, 진주하씨 시랑공파 중 사곡 마을을 중심으로 밀집해 살던 하수일(河受一)의 후손, 사월 마을의 성주이씨 이하생(李賀生) 후손, 그리고 재령이씨, 태안박씨, 의성김씨, 연일정씨, 전주최

19) 김준형, 『朝鮮後期 丹城 士族層硏究: 사회변화와 사족층의 대응양상을 중심으로』, 아세아문화사, 2000, 106쪽.

20) 김준형, 「三嘉지역의 鄕案入錄을 둘러싼 당파적 갈등」, 『한국사연구』 147, 2009①, 256-261쪽.

씨 등의 인물이 이에 해당한다.[21] 이런 적극적인 입장의 가문 이외에 많은 가문의 인물들은 대체로 남인 입장을 취하면서도 그 성향을 확연히 드러내지 않는 경우도 많았다.

경남 서부지역의 노론계 인물들도 해당 정파의 유명 인물을 스승으로 모시거나 교유하면서 자신의 입지를 강화해갔다. 이들은 이이명(李頤命), 김창협(金昌協)과 그의 손자인 김원행(金元行)·이재(李縡), 그의 제자인 윤봉구(尹鳳九)·송명흠(宋明欽), 송시열의 자손인 송환기(宋煥箕)·송근수(宋近洙)·송병선(宋秉璿) 외에 홍직필(洪直弼)·기정진(奇正鎭)·최익현(崔益鉉)·전우(田愚) 등 노론의 유명 인물과 교유하거나 사제관계를 맺었다. 진주에서는 이런 인물로 진주하씨 시랑공파 중 단목 마을에 사는 하징 후손과 하협(河悏)의 후손 중 일부, 해주정씨, 문화유씨·연일정씨·전주최씨 등의 일부 계파 인물이 이에 해당한다. 진주의 연일정씨·전주최씨·문화유씨는 같은 가문 내에서도 당파가 갈린 것으로 나타난다.[22]

노론 입장에 속한 인물들은 남인 입장에 비해 수적으로 미세하여 향촌 사회 내에서 여러 가지 어려운 상황에 놓일 수밖에 없었다. 1721년(경종 원년) 일어난 신임사화 때는 그 여파로 인해 진주를 비롯한 경남 서부지역의 노론 세력이 큰 곤욕을 치르기도 했다. 신임사화는 소론인 김일경(金一鏡) 등이 노론 사대신을 역모로 몰아 사사(賜死)하도록 한 사건인데, 이 무렵부터 노론 세력에 대한 조야의 공격 상소가 이어졌다. 송시열도 역적을 배양한 인물로 매도되면서 그의 위패가 도봉서원(道峰書院)에서 철거되기도 했다. 진주에서도 유학 강봉의(姜鳳儀) 등이 별도로 상소하여 이에 동참하고 있었다. 그런데

---

21) 김준형, 「19세기 경남 서부지역 유림들의 당파적 입장과 교유 양상」, 『사회적 네트워크와 공간 (문화로 보는 한국사 1)』, 이태진 교수 정년기념논총간행위원회, 태학사, 2009②, 196-197쪽.

22) 김준형, 위의 글(2009②), 201-202쪽.

이때의 연명상소에서 진주의 노론 입장 인물들이 참여하지 않자, 진주의 남인 세력들이 이를 기회로 그들을 욕보이며 유생 명단에서 제거하고 과거를 보지 못하게 했다.

그러나 얼마 되지 않아 영조가 즉위하자 상황은 달라졌다. 정상호(鄭相虎)·정상열(鄭相說) 등 해주정씨를 비롯한 노론 입장의 사림들이 송시열·송준길(宋浚吉) 양현의 문묘 배향을 요청하는 운동을 전개하면서 같은 방법으로 남인 세력에 대해 보복했다.[23] 양현의 문묘 배향 운동은 진주에서만 일어난 것이 아니었다. 단성에서도 안동권씨·성주이씨 가문의 인물들이 사계 김장생(沙溪 金長生)을 변호하는 상소와 양현의 문묘 배향을 위한 상소운동에 참여했다.[24] 의령의 권수대(權壽大) 형제도 영조 즉위년인 1724년 영남 유림과 함께 양현을 문묘에 배향할 것을 청하는 상소를 올렸고, 김장생을 변호하는 상소에도 참여했다.[25] 서명룡(徐命龍)·김돈(金㻨) 등도 마찬가지 상소를 올렸다.[26] 삼가의 권만유(權萬有)도 김장생을 변호하는 상소에 동참했고, 류재정(柳再廷)은 양현의 문묘 배향 운동에 참여했다.[27]

이런 갈등은 이후 1760년(영조 36) 일어난 종천서원(宗川書院)을 둘러싼 갈등으로도 표출된다. 『진양지(晋陽誌)』의 속찬(續撰) 과정에서 해주정씨 정조의(鄭祖毅)가 『진양지』 인물조에 자신의 조부 정상열을 실어주기를 요청했는데, 이 일을 주관하던 하대관(河大觀)이 이를 거절하자 정조의가 다른 가문의 노론계 인물과 연대해 종천서원과 관련된 분쟁을 일으켰다.[28] 즉 정조의

---

23) 김준형, 앞의 글(2005), 182-184쪽.

24) 김준형, 앞의 책(2000), 106-107쪽.

25) 權壽大, 『無名齋集』 권3 附錄 行錄.

26) 徐命潤·徐命龍, 『涵育亭聯芳集』 「三愚堂」 伏閤錄.

27) 權命熙, 『三畏齋集』 권19 高祖星齋府君行狀 및 處士柳公(漢奎)行狀.

28) 河禹善, 『澹軒集』 권9, 誌 宗川院誌, "英廟庚辰 院變出(謙齋先生之曾孫愧窩公 嘗撰晉陽續誌

등은 하홍도의 증손인 하대관이 증조의 문집 연보를 편찬하면서 그중에 성혼과 이이를 모욕하고 흉측한 무리를 존모하는 내용을 첨가했다고 하여 종천서원에서 하홍도의 위패를 제거하고 하대관을 귀양가게 했다. 이 사건은 이후 정조의 측의 패배로 끝났지만, 이로 인해 진주지역의 노론과 남인 사이는 더욱 벌어졌다.[29] 이는 위에 언급했듯이 노론계 정상열·정상호 등이 남인을 핍박한 데 대해 남인인 하해관의 보복 조치가 이루어졌고, 이에 대해 노론계가 다시 보복하면서 일어난 사건이었음을 말해준다.

이 사건에서도 알 수 있듯이 진주에서는 진주하씨·해주정씨 외에 연일정씨·김해허씨·문화유씨·창녕성씨·남원양씨 내에도 노론적 입장의 인물들이 확산되고 있었음을 알 수 있다.[30] 이처럼 진주를 위시한 경남 서부지역에서는 노론 세력이 계속 늘어나고 있었지만, 이들을 결집할 곳이 없었다. 남명학파의 총본산인 덕천서원은 남인이 장악하여 노론계는 배제되고 있었고, 이 외에도 진주·단성·의령·삼가 지역에는 남인계가 영향을 미치는 서원이 대부분이었다.

그러다가 19세기 초에 들어와 삼가의 용암서원(龍巖書院)이 노론계가 영향을 미치는 서원으로 변한다. 용암서원은 덕천서원, 김해의 신산서원(新山書院)과 함께 남명을 제향하는 3대 서원 중의 하나였다. 송석경(宋錫璟)·신호인(申顥仁) 등 노론계 사림이 주도하여 용암서원에 송시열이 쓴 남명신도비

鄕人鄭祖毅 請載其祖進士相說 於人物篇中 公不聽 鄭深銜之 公又嘗撰先生年譜 有語逼西人處 鄭見之 以爲得逞憾之路 遂與黨人權璹·鄭元益·許鑲·柳埶·成最柱·成益烈·梁宅河等 構成院變 牧使趙德常監司趙曬 亦西人也 力護黨人 釀成不測之禍 作黜享文以告之 先生位牌遂見黜)."

29) 이 사건의 경과에 대해『澹軒集』의「宗川院誌」에는 개략적으로만 소개되어 있고,『宗川禍變錄』에 자세하게 실려 있다.『承政院日記』英祖 37년 3월 20일조, 3월 21일조, 正祖 3년 11월 11일조 등에도 관련 사건이 나타난다.

30) 위의 주 29)의 자료『宗川禍變錄』에 등장하는 인물을 분석하면 이를 알 수 있다.

문(南冥神道碑文)을 수정한 묘정비(廟庭碑)를 세웠다. 원래 남명신도비문은 여러 인물이 작성한 것이 있었는데, 남명 묘소 입구에 세워진 것은 허목이 쓴 비문이었다. 송시열이 쓴 비문은 남인들에 의해 채택될 수 없었기 때문에 사장되어 있다가 이 무렵에 용암서원 묘정비로 세워지게 된 것이다. 이와 함께 용암서원에는 『송자집(宋子集)』을 구입 비치토록 하여 이 지역에 송시열의 학맥을 전파하는 중요한 계기를 마련했다.[31]

이 무렵 단성에 있던 신안영당(新安影堂)과 서당도 그 기능이 서원 체제로 강화되는 과정에서 노론계가 장악하게 된다. 1758년(영조 34)경 '신안'이라는 이름이 주자와 관련된다 하여 황해도 황주의 백록사(白鹿祠)에 봉안된 주사의 영성이 모사되어오자, 단성지역 유림이 이를 봉안할 영당을 건립했다. 1800년(정조 24)에는 다시 신안영당을 대대적으로 중수하고 이듬해에는 노론계의 안동권씨 · 성주이씨가 인근 고을 노론계 인사들과 협조하여 성주의 노강서원(老江書院)에 있던 송시열의 유상(遺像)을 모사해와 영당에 같이 봉안했다. 그리고 조정에도 아뢰어서 서원으로 승격시켰다. 노론계 인사들은 신안서사의 직제를 강화하여 산장(山長) · 강장(講長) · 도유사(都有司) 등 여러 임원을 두고 산장과 강장을 인근 고을의 수령이나 관찰사가 맡게 하여 그 권위를 높였을 뿐만 아니라 관의 경제적 지원까지 얻음으로써 자신들의 입지를 강화해갔다.[32]

---

31) 吳二煥, 『南冥學派研究』上, 南冥學研究院出版部, 2000, 437-438쪽.

32) 김준형, 앞의 책(2000), 179-181쪽; 吳二煥, 앞의 책(2000), 438쪽; 鄭志善, 『病窩遺稿』권4 雜著 丹城新安影堂通文, 新安影堂通忠烈祠文.

3) 남명학파 입지 강화를 위한 노력과 당파 간 협력

이처럼 남명학파가 침체되어가고 있었지만, 경남 서부지역의 사림들은 기회 있을 때마다 남명학파의 총본산인 덕천서원을 중심으로 결집하면서 남명학풍을 다른 지역 사림들에게 새롭게 인식시켜 진작시키려고 노력했다. 유교주의를 바탕으로 한 정치·학문이 절대적 영향을 미치는 상황에서 사족층은 자신과 자신의 조상이 기반으로 하고 있는 남명학풍이 새롭게 진작되고 대외적으로 현창되어야 자신의 입지도 유리해지기 때문이다. 이런 현창 노력은 『남명집』 수정간행을 위한 노력, 남명을 문묘(文廟)에 배향할 것을 청원하는 운동, 덕천서원의 위상을 높이려는 노력, 산천재(山天齋) 중건 등으로 나타난다.

『남명집』 수정간행은 정인홍에 의해 편찬되었던 『남명집』에서 정인홍의 흔적을 없애고 『남명집』에 남아 있는 일부 잘못된 부분, 특히 남명에게 누가 되는 부분을 수정·보완하는 작업으로 진행되고 있었고, 그래서 어느 인물의 문집보다 수정작업이 잦았다. 여기에는 진주를 비롯해 경남 서부지역 사림들이 관심을 가지고 직간접적으로 참여하고 있었다.[33]

남명을 이단시하는 풍조에 대응해 남명을 문묘에 배향하려는 사림의 노력도 오랜 시기에 걸쳐 전개되었다. 이런 운동은 정인홍을 정점으로 한 대북 세력이 정권을 장악했던 광해군대에 활발하게 이루어지다가 인조반정 이후 중지되었는데, 정조대 이후로 오면 이 운동이 다시 활발하게 전개되기 시작했다. 사회변화에 따라 왕을 비롯한 조정 관리들의 남명에 대한 평가가 조금씩 달라지고 있었기 때문이다.

영조대 후반에 오면 왕이 "남명 조식 같은 인물이 있어야 하는데 그런

---

33) 金侖壽, 「『南冥集』의 冊板과 印本의 系統」, 『남명학연구』 2, 경상대 남명학연구소, 1992.

사람이 없다"라고 한탄했던 것에서 알 수 있듯이, 남명에 대한 평가의 논조가 그의 기절을 찬양하는 것으로 바뀌기 시작한다.[34] 정조대에 오면 왕이나 관리들 사이에 사회기강이 흐트러지는 점을 우려하면서 유풍(儒風) 진작을 강조하는 현상을 보인다.[35] 정조가 유풍이나 정학(正學)의 진작을 강조하면서 이의 하나로 여러 도에 인재를 찾아내어 등용할 것을 지시하자,[36] 여러 선현의 자손들이 추천되었다. 이 무렵에 남명의 자손 조용완(曺龍玩)도 관직에 등용된다.[37] 이와 함께 정경세(鄭經世)와 남명에게 왕이 친히 지은 사제문(賜祭文)도 내려진다.[38]

이같이 변화되어가는 분위기 속에서 남명을 문묘에 배향시키려는 운동이 다시 활발하게 전개되어간다. 이 운동은 남명에게 사제문이 내려지기 전인 1790년(정조 14) 시작되어 이후 여러 왕대에 걸쳐 여러 차례 시도되었다. 비록 이 요구가 관철되지는 못했지만, 이 과정에 진주를 비롯한 경남 서부지역 인사들이 다수 참여했다.[39]

덕천서원 위상을 강화하기 위한 노력도 진행되었다. 그 하나로 들 수 있는 것이 18세기 후반 이후 중앙의 높은 관직이나 수령을 지낸 명망 있는 인물에게 덕천서원 원장을 맡기고 있었다. 이와 함께 1817년 남명이 기거하며 제자들을 가르쳤던 산천재가 중건되었다. 이곳은 임진왜란 때 불타 폐허

---

34) 『英祖實錄』 권106, 41년 7월 癸巳, "上引見大臣備堂 右議政金致仁 初筵入對 陳保嗇聖躬 務盡謙德 容受直言 崇奬儒術 撙節財用之道 上幷優納之 敎曰 今世讀書之士 安得如古曺植者類 但恨無其人也."

35) 『正祖實錄』 권44, 20년 3월 戊辰(22일); 동몽교관 崔崑이 올린 소회 8조와 그것에 대한 왕의 비답 참조.

36) 『正祖實錄』 권44, 20년 5월 癸酉.

37) 『正祖實錄』 권44, 21년 12월 乙卯.

38) 『正祖實錄』 권44, 20년 8월 乙酉.

39) 김준형, 앞의 책(2000), 172-173쪽.

가 된 이후 당시까지 그대로 남아 있었는데, 본손 및 사림들이 기금을 모아 중건한 것이다.[40]

다만 이런 운동들은 경남 서부지역 사림 중에서도 주로 남인들에 의해 주도되고 있었고, 노론 입장의 인사들은 여기에서 배제되고 있었다. 그런데 19세기로 들어오면서 경남 서부지역 내에서 사림들의 정파 간 대립이나 경쟁이 전개되면서도 때에 따라 서로 교유하고 협조하는 현상도 적잖게 나타난다.

우선 서원의 운영과 중수 면에서 볼 때, 당파적 입장이 다른 서원이라 하더라도 필요한 부분은 같이 참여하여 협조하는 모습을 보였다. 그 외에 다른 정파에 속한 가문의 조상을 모시는 서원의 직임을 수행하거나 중건 등에 협조하는 예는 자주 나타난다. 특정 인물이 어려움을 당하거나 죽으면 당파에 구애되지 않고 찾아가 위로하고 부조하거나, 만사나 제문을 지어 추모하던 모습들도 이 지역 인물의 문집에서 적지 않게 발견된다. 당시 이 지역 인물들의 문집에서는 다른 당파의 인물과 빈번하게 편지를 주고받던 모습들이 보이고, 또 각 가문에 소장된 간찰류 자료 등에도 다른 당파의 인물과 주고받은 편지가 많이 남아 있다.[41]

그뿐만 아니라 당파가 달라도 사제관계를 맺는 경우가 적지 않았다. 진주의 경우, 하달홍(河達弘, 1809~1877)의 사례를 보면 이를 잘 알 수 있다. 그는 진양하씨 시랑공파 계보에 속하는 인물로, 종화리 월횡마을에서 생활하면서 인조반정 직후 남명학파를 이끌던 하홍도를 남명학파의 종장으로 추앙하며 본받고자 했다. 하달홍은 남인 계열에 속하면서도 당파적 차별을 두드러지게 내세우지는 않았다. 그는 노론계 유명 인물인 노사 기정진(蘆沙 奇正

---

40) 김준형, 위의 책(2000), 173-176쪽.

41) 김준형, 앞의 글(2009②), 202-206쪽.

鎭)과도 편지를 많이 주고받았다.

　　그의 인척관계를 보아도 특정 당파의 인물만 선호하지는 않는 모습이 뚜렷하게 드러난다. 하달홍 자신은 단성의 노론계 가문인 안동권씨 상암공파 후손인 권창하의 딸을 후처로 맞아들였고, 그의 누이나 아들 중에도 일부는 진주의 노론계 가문인 해주정씨 인물들과 결혼했다. 그리고 일부는 남인계에 속한 고성의 전주최씨, 진주의 재령이씨, 단성의 안동권씨 동계공파 인물들과 결혼했다. 이런 입장으로 인해 그는 당파에 관계 없이 많은 인사와 교유하고 있었고, 제자도 많이 길러내고 있었다. 물론 그의 문인 중에는 남인계가 많기는 하지만, 노론계 인사들도 적지는 않았다.[42]

　　이상에서 본 바와 같이 진주를 비롯한 경남 서부지역 사족이 남명학풍을 진작시키려는 여러 가지 노력을 경주했음에도 이 지역 사족의 침체는 조선 후기의 다양한 사회변화로 인해 더 가속화되어갈 수밖에 없었다.

---

42)　김준형, 위의 글(2009②), 202-213쪽.

2. 조선 후기 진주지역의 사회변화와 진주농민항쟁

1) 사회변화와 신흥계층의 성장

18세기 이후 조선왕조에서는 노론 일당전제(一黨專制)가 점차 강화되고 일부 벌열(閥閱) 가문이 권력을 독점하는 현상이 확산되면서 최상위 계층인 사족층의 전반적인 침체현상이 나타난다. 게다가 조선 후기 이래로 생산력이 발전하고 상품화폐경제가 발달하는 등 사회변화가 진전됨에 따라 기존의 반상제(班常制)적 신분질서는 점차 이완되어갔고 민중 세력이 점차 성장하게 된다.

이런 변화는 향촌사회에도 영향을 미치게 되는데, 진주지역도 마찬가지였다. 상품경제의 발달에서도 진주지역은 예외가 아니었다. 19세기 초 진주에서는 장시가 번성하고 있었다. 진주목 관아 근처의 읍내장을 비롯해서 반성장·소촌장·영현장·엄정장·만가장·사일장·수곡장·대야천장·문암장·덕산장·북창장·안간장 등 13개의 장이 그것이다. 이 중 영현장과 말문면의 사일장만 10일장이고 나머지는 5일장이다. 진주지역 전체로 볼 때는 고을 내에서 거의 매일 장이 설 뿐만 아니라 하루에도 여기저기 장이 겹쳐서 서고 있었다.[43] 전국적으로 볼 때 진주처럼 한 고을 내에 장시가

---

43) 『慶尙道邑誌』晉州牧邑誌 場市, "邑場(在大安面 二日七日) 班城場(在班城面 三日八日) 召村場(在召村面 三日八日) 永縣場(在永縣面 四日) 嚴亭場(在金冬於面 六日十日) 萬家場(在杻洞面 三日八日) 四日場(在末文面 四日) 水谷場(在水谷面 一日六日) 大也川場(在大也川面 四日九日) 文巖場(在宗化面 三日八日) 德山場(在矢川面 四日九日) 北倉場(在雪梅谷面 四日

10개가 넘는 경우는 드물었다.[44]

『임원경제지(林園經濟志)』에 의하면, 진주의 장시에서는 쌀·콩·보리·참깨·털석잠풀[水蘇]·면포·면화·모시·마포·명주·물고기·소금·종이류[紙地]·놋그릇[鍮器]·칠물(鐵物)·목물(木物)·토기·자기·연초(烟艸)·돗자리[茵席]·벼룻돌·숫돌·유황석(硫黃石)·대추·밤·배·감·송아지가 주요 거래품으로 나타나고 있다.[45] 일상 소비품인 곡물류와 제사상에 오르는 중요 과일류, 여러 직물류, 종이류, 그릇류, 구리·철·나무로 만든 기구류, 송아지 등 가축류, 이 외에 담배·돗자리·벼룻돌·숫돌 등이 거래되고 있었다. 어느 고을보다 많은 품목이 거래된 셈이다.

또 진주에는 경남 서부지역 여러 고을의 조세를 모아 전라·충청도의 앞바다를 통해 서울까지 운반하는 조창(漕倉)이 있었다. 1760년 진주 부화곡리의 가산 포구(현재는 사천시 축동면에 속함)에 설치된 가산창(駕山倉)이 그것이다. 가산창은 영남지역 3개 조창 중의 하나인 우조창(右漕倉)으로, 2월경에 진주·곤양·단성·사천·고성·의령·하동·남해 등 8개 고을의 전세와 대동미를 거두어 창고에 보관했다가 3월경 배에 실어 서울로 운반했다. 이 곳에는 세곡을 서울로 운반할 조선(漕船)이 20척이나 배치되어 있었고, 진주

九日) 安磵場(在安磵面 三日八日)." 徐有榘, 『林園經濟志』에서는 9개 장시만 소개하고 있다. 馬洞場이 새로 나타나고 수곡장·영현장·소촌장·만가장·안간장이 사라진다. 그 이유는 알 수 없다.

44) 가장 장시가 번창했던 경상도와 전라도를 볼 때, 경주는 장시가 19개나 되며, 상주가 각각 9개, 안동이 8개이고 전라도 전주와 장흥이 각각 9개로 가장 많고, 순천·강진에 8개가 개설되고 있다(金大吉, 『朝鮮後期 場市研究』, 國學資料院, 1997, 173쪽의 주 99) 참조).

45) 徐有榘, 『林園經濟志(林園十六志)』 倪圭志 권4, 貨殖 八域場市 晉州, "州內場(在州東一里大安面 二七日設 饒米 荳 麰麥 脂麻 水蘇 綿布 綿花 苧布 麻布 明紬 魚鹽 紙地 鍮器 鐵物 木物 土器 磁器 烟艸 茵席 硯石 礪石 石硫黃 棗栗 梨 柿 牛犢)." 『林園經濟志』에는 각 고을의 한 장시에서만 거래물품을 소개하고 있지만, 고을 내 다른 장시에서도 이런 물품들이 거래되고 있었을 것으로 보인다.

목사가 해당 고을들의 세곡을 가산창에 수납하는 것을 총괄하고 진주 창선
도 남단에 위치한 적량진의 첨사가 세곡을 배에 실어 서울로 운반하는 것을
총괄하고 있었다.[46]

김이건(金履健)의 칠언고시 「송조선가(送漕船歌)」[47] 일부를 보면, 가산창
에서 세곡이 배에 실려 떠나는 장면이 다음과 같이 묘사되고 있다.

날아갈 듯 빼어나게 얽어 우뚝 솟은 것은	翼然傑構突兀起
저 물가의 좌창(左倉)과 우고(右庫)라네.	左倉右庫干彼涘
비록 마산창이 장려하다고 다투어 말하지만	爭言馬山雖壯麗
진양(진주)의 규모가 이보다 두 배라네.	晉陽制作倍於此
뱃사공 수백 명을 불러 모아	招集篙工數百輩
자리를 마련하여 뜰 안에 벌여 앉았네.	設席列坐一庭內
먼저 음식 돌리며 뭇 사람 마음을 격려하고	先行犒饋激衆心

---

46) 『萬機要覽』財用編2, 漕轉 漕倉 慶尙道 左右漕倉, "英宗庚辰 因道臣趙曬狀啓設置 … 駕山倉
在晉州 爲右倉 漕舡二十隻 載八邑晉州昆陽河東丹城南海泗川及固城西北面宜寧西南面田稅
大同 晉州牧使監捧 赤梁僉使領納";『輿地圖書』晉州 倉庫, "駕山倉(… 是爲嶺右漕倉 本州及
昆陽宜寧丹城泗川固城等六邑田稅大同 輸納於此倉 三月裝發 …)";『慶尙道邑誌』晉州牧邑
誌 倉庫, "駕山倉(… 本州及昆陽丹城泗川固城等五邑田稅大同 輸納於此倉 三月裝發 漕船二
十隻內 四隻在南海露梁倉)." 원래 『萬機要覽』에는 8읍으로 되어 있으나, 『輿地圖書』에는 남
해·하동을 제외한 6개 읍으로 나타난다. 이는 『嶺營三漕倉重記』에도 나타나듯이, 이후 남해
에 가산창의 속창인 露梁倉이 설치되어 남해의 세곡은 가산창까지 운반되지 않고 바로 노량창
에서 배에 실어 서울로 운반되었기 때문이다(『輿地圖書』南海縣 田稅, "二月本縣露梁漕倉收
捧 三月裝載漕船 自露梁漕倉前洋 向全羅道順天 …"). 하동의 세곡도 마찬가지였을 것이다.

47) 『慶尙道邑誌』昌原府邑誌 題詠 '漕倉惟正堂'條에 이 시가 실려 있다. 유정당은 좌조창의 坐起
廳을 칭하는 명칭일 텐데, 우조창인 진주의 가산창을 노래하는 시가 왜 여기에 실려 있는지 알
수 없다. 『典客司日記』제34, 正祖 11년(1787) 5월 端午油物進上單子 慶尙道進上節扇條에 봉
진관으로 경주부윤 金履容과 진주 목사 金履健이 기록된 것으로 보아 그가 1787년 진주 목사
로 있었다고 볼 수 있으나, 『晉陽續誌』牧使條와 『承政院日記』에는 '金履鉒'가 당시 진주 목사
로 있었다고 기록되어 있다. 김이건이 김이계로 개명한 것인지, 아니면 이 시를 지은 이가 청주
목사를 지낸 또 다른 金履健(1697~1771)인지도 모르겠다.

나루터에서 전별하며 기생들은 춤을 추네.	餞別津頭舞粉黛
여러 미인이 뱃노래를 연주하니	羣娥爲奏行船樂
모여 선 선비·백성 모두 흥이 났네.	簇立士民皆動色
다음날 아침 깃발 세우고 포구로 나가	明朝旌纛出海口
모든 배를 점검하니 북과 나발이 요란하네.	點檢諸艘喧鼓角
세 발 포 소리에 일제히 닻을 들어 올리고	砲聲三發齊擧矴
닻줄 풀고 돛을 거니 바람도 물결도 멈추네.	解纜掛帆風濤息

이 시의 앞부분에서는 좌조창인 마산창과 비교하면서 가산창의 규모와 위용이 상당함을 묘사하고 있다. 실제로 가산창터에는 담당 관리들(진주목사와 적량첨사 등)이 일을 보는 좌기청(坐起廳, 20간)과 그 주위에 세곡을 보관하는 동고(東庫)·서고(西庫, 각 36간), 남쪽에 남고(南庫, 14간, 창고 중간에 들어오는 대문 2간이 있음), 이 외에 집물고(什物庫, 7간), 고직가(庫直家, 8간)가 배치되어 있었다. 그리고 배가 정박하는 곳에 세곡 탑재를 관리하는 감재소(監載所, 1간)가 지어져 있었다.[48] 가산창 관련 건물의 규모가 작지 않음을 알 수 있다.

또 이 시는 3월경 가산창에 모아두었던 세곡을 조선에 실어 운송하기 직전에 뱃사공들에게 위로와 격려의 잔치를 베푸는 광경, 다음날 조선이 출발하기 전에 담당 관리들이 점검하는 모습을 묘사하고 있다. 여기에서 조운(漕運)에 동원될 뱃사공이 수백 명이나 됨을 알 수 있고, 기생이나 무희들이 동원되어 성대한 잔치와 연희가 베풀어지는 모습이 생생하게 드러난다. 사족이나 일반 서민 할 것 없이 주위의 많은 사람이 모여들어 구경하며 같이 축하해주는 모습도 엿볼 수 있다.

---

48) 備邊司, 『嶺營三漕倉重記』[同治 2년(1863) 3월일, 서울대 소장], 駕山右漕倉條 참조.

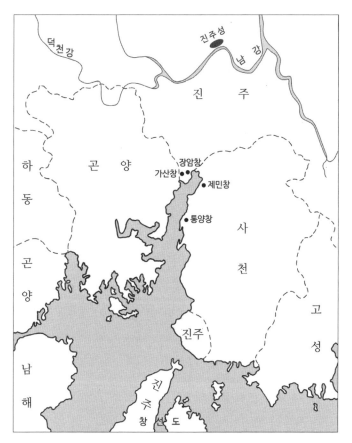

〈그림 3〉 사천만 주변의 고을과 각 창고의 위치

가산창은 사천만의 북단에 있었다. 사천만은 동서로 이어지는 남해안이 삼천포 부근에서 북쪽으로 20여 km 정도 깊숙이 파고들어온 형상을 보이고 있다. 이 사천만은 조선 시대의 행정구역으로 말한다면 진주 · 곤양 · 사천을 끼고 있고, 그 이외에 내륙지역의 단성 · 의령도 사천만에서 그리 멀지 않은 위치에 있었다. 사천의 동남쪽에는 고성이 인접해 있었다. 이런 지리적 조건으로 인해 사천만 연변의 몇몇 지역은 일찍부터 조운의 전초기지로 이용되어왔나. 고려 때 사천의 통양창(通陽倉, 현재 사천군 용현면 선진리 구릉)과 조선 후기 진주의 장암창(場巖倉)이 그것이다. 장암창은 가산리에서 동쪽으로 고개 넘어 바로 인접한 마을(현재 사천시 축동면 구호리)에 있었다.

고려 때부터 행해지던 경상도 연해 고을의 조운제도는 1403년(태종 3) 경상도의 조선 34척이 한꺼번에 침몰하는 사건이 일어나면서 폐지되었지만, 광해군대에 들어와서 본래 세곡을 왜공(倭供)[49]으로 지출하는 고을을 제외한 20여 개 연해 고을에서는 배를 빌려 세곡을 상납하는 변화가 나타났다. 장암창도 양산의 감동창(甘同倉)과 함께 경상도 연해 고을의 세곡을 모아 중앙으로 운반하는 요충지로 기능하고 있었다. 그러나 이런 조세 운반도 여러 가지 문제를 야기한다. 그래서 영조 때에 오면 경상도 연해 지역에서는 조군(漕軍)을 정비하고 경강선(京江船)을 대신할 운송수단으로 관조선(官漕船)을 확보하고 조창을 증설하면서 그동안 폐기되어온 관선조운제(官船漕運制)가 복구되었다.[50] 이 과정에서 장암창 대신에 우조창으로서 가산창이 설치된다.

1763년(영조 39)에는 해당 도나 인근 도의 기근 구제를 위해 전라도와 경상도에 각각 좌우의 제민창(濟民倉)을 설치하고, 충청도와 강원도에는 각각 1개의 제민창을 두는 조치가 취해졌다. 제민창마다 부근의 여러 읍에 있는 환곡과 상진곡(常賑穀, 상평창 소속의 환곡과 진휼청 소속의 환곡)의 일부를 떼어내 제민창에 보관해 기근에 대비했는데, 이때도 우제민창은 사천만 연변(현재 사천시 사남면 유천리 구릉 지역)에 설치된다.[51] 이곳은 가산창에서 남쪽으로 2km 떨어져

---

49) 일본 사신 접대와 일본과의 무역을 위해 왜관에 비축해두는 물품이다.

50) 김준형, 「泗川 濟民倉의 유래와 기능의 변천」, 『泗川 柳川里 濟民倉址』(경상대 박물관 연구총서 제15집), 1996, 119-122쪽.

51) 김준형, 위의 글(1996), 113-117쪽.

있었다.

이처럼 사천만은 바다로 인근 고을의 여러 가지 세곡이나 환곡이 쉽게 운송될 수 있는 지리적 이점을 띠고 있었다. 사천만 북단의 일부 지역은 진주목에 속해 있었다. 당시 진주의 강역은 이곳뿐만 아니라 구 삼천포지역 일부와 창선도까지 포함되어 있어서 바다에서 나는 해산물에 진주가 바로 간여할 수 있는 이점이 있었고, 조운이나 배를 통한 유통에서도 바로 그 혜택을 취할 수 있는 중요한 입지를 지니고 있었다. 가산창도 그런 이점을 활용할 수 있는 중요한 곳이었다.

그런데 『임술록(壬戌錄)』과 『경와집략(敬窩集略)』에는 좌조창이 있는 창원 마산포에 대해 다음과 같이 묘사하는 부분이 있다.

본읍의 마산포는 좌조창으로서 세곡을 싣는 곳입니다. 연해의 요충지이요 알려진 도회지로서 상선들이 모여들고 부유한 백성이 많이 삽니다.[52]

창원 마산포는 8도의 배들이 모여드는 곳입니다. 거주하는 백성이 즐비하고 역(役)을 지는 호도 수천여 호나 되어 해당 고을 여러 책응(責應)도 이 포구에 전적으로 의존하지 않을 수 없습니다.[53]

좌조창이 있는 마산포는 연해의 요충지요 전국적으로 유명한 도회지로 8도의 여러 상선이 모여들고, 거주민의 호수도 수천여 호나 되며, 부유한 백성이 많이 살고 있다는 것이다. 따라서 해당 고을의 여러 부역 비용의 상당

---

52) 『壬戌錄』嶺南 別單, "本邑馬山浦 卽左漕倉裝稅之處也 爲沿之要衝 知名之都會 商船所湊 富氓居多 以若生利之贍博 每能侵漁之困惱."

53) 李永, 『敬窩集略』中, 嶠藩集略(二) 別報 道內民瘼矯捄事(議政府), "昌原馬山浦 卽八路舟楫都會之地也 居民櫛比 應役之戶至爲數千餘戶之多 該府凡干責應 未免專靠於該浦矣."

부분이 여기에서 충낭된다는 것이다. 우조창이 있는 가산포도 이에 미치지는 못하겠지만, 도회지로 상당히 번창하여 우조창 주위에 수백여 호, 인구도 1천여 명 정도 밀집해 있었다고 한다.[54] 가산포의 번성한 모습은 정약용(丁若鏞)의 『목민심서(牧民心書)』에 서술된 다음의 내용에서도 짐작할 수 있다.

> 창원의 마산포, 진주의 가산포 등은 그 저점(邸店, 여관과 창고를 겸하는 곳)의 이익이 수천, 수만 냥에 이르므로 포구의 호민(豪民)이 다투어 점거하고 서로 작당하여 상대편과 알력을 일으킨다. 뇌물을 싣고 서울에 올라가서는 재상들과 결탁함으로써 감사에게 청을 드려 차첩(差帖, 임명장)을 얻어내며, 그 권세를 믿고 횡포를 자행해도 수령은 규제할 수 없으니, 그들이 상인들을 벗겨 먹는 일이 어찌 끝이 있겠는가.[55]

가산 포구에는 좌조창이 있는 마산 포구와 함께 많은 물산이 출입하고 있었다. 그래서 일부 자금이 있는 자들이 매매 알선, 숙박 제공 등으로 막대한 이익을 챙길 수 있는 선주인의 권리를 얻으려고 중앙의 재상과 결탁하고 뇌물을 바치는 등 이권을 둘러싼 치열한 경쟁이 벌어졌다. 이러한 경로를 통해 서울을 포함한 각지의 물산이나 조선왕조 세태와 관련된 여러 가지 정보가 진주로 흘러들 가능성도 컸다. 이것은 여러 사회변혁운동의 분위기를 고조시키는 데 간접적이기는 하지만 영향을 미쳤을 것으로 생각된다.

18세기에 이르러 전국적으로 중요한 장시나 포구는 물화의 교역 장소

---

54) 韓士汝, 『事錄』, 11-12쪽(이훈상, 『경상남도 사천의 가산오광대와 고성의 고성오광대 그리고 이들의 연희자들과 고문서』, 동아대 석당학술원 한국학연구소, 2015, 34쪽에서 재인용).

55) 『牧民心書』 권6, 戶典六條 平賦下, "昌源馬山浦 · 晉州駕山浦等處 其邸店之利 算至千萬 浦豪爭據 互相朋比 與之傾軋 載賂上京 締交宰相 關通監司 以圖差帖 恃勢恣橫 守令不能制 其剝割商旅 庸有旣乎."

였을 뿐 아니라 사람들의 왕래가 빈번한 곳이었고, 그곳에 있던 객주나 주점에 머무는 상인 · 여행자들을 통해 곳곳의 소식을 듣거나 오락을 즐길 수 있는 장소이기도 했다. 장시에 나온 사람들은 서로 어울려 대화와 주연을 하는 가운데 사회의식을 키웠고, 판소리 · 타령 · 잡가 등을 통해 양반들의 비행을 비판했다. 그리고 장시나 포구는 괘서(掛書)나 벽서(壁書) 형태로 사회에 불평 · 불만을 품고 있거나 개인적인 억울함을 호소하기 위한 장소로도 활용되었다.[56]

진주에서는 가산포 이외에 읍내장 등 여러 장시가 물산과 사람이 많이 몰린 곳에 해당했다. 당시의 사회를 풍자하는 진주오광대나 가산오광대가 읍내장 인근과 가산포 인근에서 성대하게 열린 것도 이런 상황에서 가능한 것이었다. 진주와 가산의 오광대가 19세기 말, 20세기 초에 형성되었다는 의견이 있지만,[57] 필자가 보기에는 이미 이전부터 지방 아전, 무격(巫覡), 일반 주민 등이 참여하는 여러 가지 형태의 연희가 전개되어온 것 같다.

정약용은 『목민심서』에서 "배우의 유희와 꼭두각시의 재주, 그리고 나악(儺樂)으로 시주를 청하며 요사한 말로 수작을 부리는 자는 모두 금해야 한다"라고 하면서 다음과 같이 언급하고 있다.

남쪽 지방의 이속과 장교들은 그 사치한 것이 풍속이 되어 봄 · 여름철 기후가 화창할 때만 되면 곧 배우의 익살부리는 연기[방언으로는 '덕담(德談)'이라 한다]와 꼭두각시의 장대 희롱[방언으로는 '초라니[焦蘭伊]'라 하고, 또 '산디[山臺]'라고도 이름한다]으로 해가 지도록 밤이 새도록 놀면서

56) 金大吉, 「조선후기 場市의 사회적 기능」, 『國史館論叢』 37, 1992, 185쪽.

57) 전경욱은 진주오광대가 1880년 무렵 신반오광대로부터 가면극을 배워왔다는 사실에 비추어 볼 때, 가산오광대의 성립 시기도 그 이후로 잡아야 할 것이라고 본다(전경욱, 『한국가면극, 그 역사와 원리』, 열화당, 1998, 96쪽).

즐기는데, 목민관이 금하지 않을 뿐만 아니라 때로는 법정(法庭)에 끌어들이며, 심지어 내아의 권속들까지 발을 드리우고 그 음탕하고 외설한 것을 구경하니 크게 무례한 일이다. 이런 것을 백성에게 보여주니 백성이 거기에 빠지지 않을 수 없고, 남녀들은 물결처럼 몰려다니면서 음탕한 것을 탐하는 짓을 자행한다.[58]

이를 보면, 18세기 말, 19세기 초에 이미 남쪽 지방 여러 고을에 가면극 등이 성행하고 있었음을 알 수 있다. 진주의 가면극 사례를 알려주는 자료를 찾지 못해 그 구체적인 내력을 알 수는 없지만, 인근 고성의 예를 보면 이를 짐작할 수 있다. 고성에서는 이미 조선 전기에 5월 초하루 성황사(城隍祠)의 신상(神像)을 싣고 마을을 돌아다니면 마을 사람들이 술과 음식으로 제사 지내고 광대들이 모여 온갖 놀이를 벌였다고 한다.[59] 구상덕(仇相德)의 『승총명록(勝聰明錄)』에 의하면, 18세기 중반에 이미 고성에서는 사찰 승려들로 구성된 연희패나 이와 별도의 꼭두각시패가 존재했던 것 같다. "수령이 객사 동헌 마당에서 안정사(安靜寺)의 나대승(儺隊僧)들이 여러 놀음을 벌이는 것을 모여든 주민과 함께 구경했다거나, 수령이 시장에서의 꼭두각시들의 놀음을 즐겨보고, 또 법천사(法泉寺)의 나대(儺隊)를 불러들여 동헌에서 여러 놀음을 난잡하게 벌이도록 했다"[60]라는 기록에서 이를 짐작할 수 있다.

---

58) 『牧民心書』刑典 6조 禁暴, "俳優之戲 傀儡之技 儺樂募緣 妖言賣術者 並禁之: 南方吏‧校 奢濫成風 每春夏駣宕 卽俳優滑談之演(方言云德談) 窟傆棚竿之戲(方言焦蘭伊 亦名山臺) 窮晝達夜 以爲般樂 牧不唯不禁 時亦引入於法庭 甚至衙眷 垂簾聽其淫褻 大非禮也 以玆示民 民罔不溺 士女奔波 荒淫無度."

59) 『新增東國與地勝覽』권32, 慶尙道 固城縣 城隍祠, "在縣西二里 [新增] 土人常以五月一日 至五日相聚 分兩隊 載祠神像 竪綵旗 迤歷村閭 人爭以酒饌祭之 儺人畢會 百戲其陳."

60) 仇相德, 『勝聰明錄』제4책 庚午(1750) 1월 10일, "官出坐客舍東軒 招入安靜寺儺隊僧 作百戲於庭 而使老少男女 聚觀如堵"; 癸酉(1753) 2월 6일, "官長出坐門樓 觀市上傀儡之戲 又發牌招致法泉寺儺隊 雜陳百戲於東軒 而觀之爲樂 可呵."

이와 관련하여 박진태는 19세기 말 고성에서 단옷날 풍운당(風雲堂) 제의(祭儀) 후 행해진 탈놀이 행사에 대해 언급하면서 "이 탈놀이는 지금의 민간 오락극인 고성오광대와는 다른 계통의 탈놀이였을 개연성이 크다"라고 했다. 고성오광대는 통영오광대와 함께 합천 초계의 밤마리를 거점으로 활약한 전문적인 유랑예인집단인 대광대패 오광대놀이의 영향을 받아 19세기 후반에 성립되었다고 보는 것이다. 그는 탈놀이를 이서층·무격·관노 등이 주도하는 관주도형과 전문적인 유랑예인집단의 영향을 받은 민간주도형으로 이원화하여 보고 있는 것 같다.[61]

그러나 19세기 말보다 훨씬 이전인 18세기 중반에 고성에서는 이서층이 아닌 사찰 승려나 민간에서 이미 여러 연희패가 형성되어 연희가 베풀어졌다는 것을 감안하면, 오광대의 시원은 다시 논의해보아야 할 것이다. 고성과 마찬가지로 진주에서도 진주오광대나 가산오광대 그대로는 아닐지라도 이미 18세기 중반경에는 여러 탈놀이 등이 행해졌을 것이다. 조선 후기 사회변화 속에서 기존 사회체제에 대한 불만이 이런 탈놀이 속에 응축되어 일반 서민에게 연행되면서 이것이 카타르시스를 제공할 뿐 아니라 사회에 대한 저항을 실제화하는 동력의 하나로 작용할 수도 있었을 것이다.

게다가 진주는 지리적으로 토지가 비옥해서 주민의 삶이 풍요로웠다. 앞에서도 언급했듯이 영조 때 도승지 박문수(朴文秀)가 왕에게 진주에 대해 "토양이 비옥한 곳이 많고 생리가 매우 두터워 예부터 양반과 평민이 다투어 부유함과 호사함을 능사로 삼고 서로 허물을 적발하는 것을 숭상하고 다투어 논쟁하는 것이 습속화되어 다스리기 어려운 고을이라 칭해졌다"[62]라고 말한 것에서도 이를 알 수 있다. 박문수의 언급에서는 양반 사족뿐만 아

---

61) 박진태, 『한국 탈놀이와 굿의 역사』, 민속원, 2017, 292-293쪽.

62) 제1장의 주 27) 참조.

니라 일반 평민도 살림이 넉넉해 부유함을 자랑하는 경우가 많았음을 암시해준다.

실제로 조선 후기 진주의 토지 소유 상황을 살펴보면, 이를 짐작할 수 있다. 1838년 작성된 진주 대곡리의 가좌성책(家坐成冊)인『대곡가좌(大谷家坐)』에 나타나는 토지 소유의 분포양상을 보면, 대곡리 전체 주민 363호 중 토지 미소유호는 71호로, 전체의 19.6%를 점유하여 그리 많은 편은 아니다. 비양반층만 따진다 하더라도 토지 미소유자는 314호 중 68호(21.7%)밖에 되지 않는다. 토지소유자의 토지 소유 분포를 보면, 양반층의 경우 중농에 해당하는 50부(負) 이상 소유자는 32호(69.6%)에 달하고, 50부 미만 소유자는 14호(30.4%)에 불과하다. 1결(結) 이상 소유자도 전체 소유자의 43.5%(20호)를 차지한다. 비양반층의 경우에는 50부 이상 소유자가 129호(52.4%)나 되고, 이 중 1결 이상 소유자만 해도 53호(21.5%)에 달한다. 토지 미소유호까지 합하여 비율을 따지더라도 비양반층 중 50부 이상 소유자는 전체의 41.1%로, 작은 규모가 아니다.[63]

적어도 진주에서는 비양반층, 즉 서민도 토지 소유에서 양반층에게 크게 밀리지 않았다는 것이다. 물론 경제적 계층분화가 광범하게 전개되는 상황에서 경제적으로 몰락하는 서민이 많았던 것도 사실이지만, 그것은 양반층에서도 마찬가지였다. 반면에 토지를 많이 소유한 서민도 많이 존재하여 그들이 경제적으로 양반층에게 맞설 수 있는 위치에 있었던 모습도 상상해 볼 수 있다. 진주에서는 조선 시대 토지 소유관계의 특징인 '양반-지주, 서민-소작농'이라는 형태가 허물어져가는 현상이 어느 곳보다 두드러졌다.

이런 사회변화 추세 속에서 부의 축적을 기반으로 신분 상승을 도모하

---

63) 김준형,「19세기 전반 晉州 大谷里의 토지소유 양상과 신흥계층」,『남명학연구』33, 경상대 남명학연구소, 2012, 207-208쪽.

면서 향촌사회에서 영향력을 행사하려는 신흥계층이 진주에서도 등장했다. 영남에서는 명망 가문이 아니면 향안(鄕案)에 들어갈 수 없었고, 같은 사족층이면서도 향안에 입록(入錄)되지 못한 가문도 많았다. 그런데 18세기에 들어와 향권을 장악하고 있던 명망 사족에 대항해 향안에 들지 못했던 사족이 향안에 들어가고, 향임에 참여하려는 노력이 전개된다. 영남에서는 전자의 기존 세력을 '구향(舊鄕)', 후자의 세력을 '신향(新鄕)'이라 불렀다. 이로 인해 영남에서는 향안 입록이 중지되거나 향안이 파괴되어버리는 고을도 있었고, 권위가 추락하여 껍데기만 남은 경우도 있었다.

이에 따라 구향들의 관심은 향교와 서원으로 이동한다. 이들은 명망 가문의 지위를 유지하기 위해 향교·서원을 주도하면서 이를 통해 향촌사회에 대한 영향력을 행사하려 했다. 이에 대응해 신향들도 향임 이외에 향교·서원의 유임(儒任)에도 참여하려고 노력하면서 향교·서원 참여를 둘러싸고 신·구향의 대립이 격화된다. 차별받던 서얼들도 이런 경쟁대열에 참여하려는 움직임을 보였다. 이런 추세 속에서 영남의 일부 고을에서는 일반 평민 자제가 향임과 유임에 참여하기 시작한다. 이처럼 신·구향 간의 경쟁·대립이 향임 이외에 향교·서원의 유임을 둘러싸고 확산되어나가면서 18세기 말부터 신향·구향이라는 용어와 함께 '구유[舊儒, 또는 원유(元儒)]'·'신유[新儒, 또는 별유(別儒)]'의 명칭이 새로 통용된다.

진주에서도 일반 평민 가문에서 향임으로 올라오거나 향교·서원에 의탁하여 유림의 명칭을 얻어 한가로이 노니는 신흥계층이 나타났다. 19세기 초의 『진주향교수리물재집수기(晉州鄕校修理物材集收記)』와 『유전용하병록책(儒錢用下幷錄冊)』에 의하면, 진주에서 원유는 총 2,234호이고, 별유는 총 2,639호인데, 별유 중 다수는 신흥계층이었던 것으로 보인다.[64] 밑으로부

---

64) 김준형, 「조선후기 晉州의 舊鄕·新鄕, 元儒·別儒의 재분석」, 『朝鮮時代史學報』 78, 조선시

터 새로이 신분 상승을 도모하던 신흥계층의 지속적인 시도로 인해 신분 구도는 혼란해질 수밖에 없었다. 향촌사회 사족 등의 노력이나 국가의 엄격한 신분정책에도 향촌사회는 이에 효율적으로 대처할 수 없는 상황으로 나아가고 있었다.[65]

2) 봉건적 수탈구조와 진주농민항쟁 전개

이처럼 점차 흐트러져가는 봉건적 지배질서를 다시 강화하기 위해 국가는 수령 중심의 통제력 강화를 시도했다. 이런 수령권 강화정책과 함께 상품경제의 발전 및 부세체제의 변화에 따라 수령의 하급 실무자인 향리의 조직이 커지고 기능도 강화되었다. 이런 직임에는 부세와 관련해서 많은 이권이 따랐기 때문에 이를 둘러싸고 향리들 간에 경쟁이 벌어졌다. 그뿐만 아니라 상품경제의 발전을 바탕으로 부를 축적한 신흥 세력들이 이 경쟁에 끼어들면서 향리 직임을 맡기 위한 경쟁은 더욱 치열해져갔다.[66]

반면에 사족층의 권력 기구였던 향청과 그 직임인 향임은 점차 수령의 통제에 묶여 향임은 향리들의 직임보다 못하게 되었고, 향청도 형식적인 기구로 전락했다. 그 결과 옛날의 명문 사족이 향임이 되는 것을 꺼리자, 이에 편승해서 새로운 신흥 세력들이 자신들의 입지 강화를 위해 이 직임에 끼어들었다. 이리하여 신흥계층의 일부와 수령 및 향리들이 결탁한 새로운 수탈

대사학회, 2016, 260쪽.

65) 김준형, 「18세기 향촌사회 신분구조의 혼효」, 『역사와 경계』 103, 부산경남사학회, 2017, 112쪽.

66) 김준형, 「조선시대 향리층 연구동향과 문제점」, 『한국사회사연구회논문집』 27, 1991.

체제가 만들어졌다. 그것이 바로 '수령-이 · 향(吏鄕) 수탈구조'다.[67]

향리들이 수령을 등에 업고 멋대로 날뛰어도 사족은 저항하는 경우가 드물었고, 오히려 향리 · 향임과 결탁하여 같이 수탈 대열에 참여하는 토호가 적지 않았다. 결국 사족층은 자기 계층의 특권적 이익도 지키지 못하고 수탈당하는 무기력한 계층이 되어버렸다. 심지어 조정에서 벼슬을 지낸 당당한 사족조차 환곡과 관련해서 자신에게 주어진 특권을 빼앗기게 되었다. 이런 상황에서 사족층, 특히 몰락해가는 사족층의 불만은 높아져갔다. 진주 농민항쟁의 초기 단계를 사족층이 주도한 것도 이에서 연유한다.

진주의 부세 문제에서 가장 문제가 된 것은 도결(都結)이다. 원래 조선왕조의 부세체제는 조선 전기에는 조(租) · 용(庸) · 조(調) 체제로 운영되다가 조선 후기에는 상품경제의 발전 등 사회변화에 따라 전정(田政) · 군정(軍政) · 환곡(還穀)의 삼정(三政) 체제로 점차 전환되어갔다.[68] 19세기에 오면 세도정치의 폐단으로 인해 삼정의 문란이 심해지는데, 여기에서 파생된 것이 도결이다. 도결은 전세 수취의 변형된 형태의 하나로, 전세 · 대동세 · 결전 등 다양한 명색의 부세가 전결에 부과되어 일괄적으로 수납되는 상황에서 이외에도 각종 포흠(逋欠)을 비롯하여 여러 세목의 부족분을 토지에 부과했다.

이런 도결 방식은 짧은 기간에 전국적으로 확대되었다. 그러나 도결은 법제적으로 규정된 것은 아니었고 불법적인 방식이었다. 게다가 수령이나 이서들이 포흠한 세마저 주민에게 부담시키는 형태를 취하고 있었다. 19세기 중반에 들어와 도결로 인한 폐단이 심화되자, 이의 혁파에 대한 논의가 수차례 있었다. 그러나 관찰사나 수령 등 지방관들에 의해 도결 혁파는 거

---

67) 고석규, 「19세기 전반 鄕村社會 支配構造의 성격: 守令吏鄕수탈구조를 중심으로」, 『外大史學』 2, 1989.

68) 趙珖, 「개요」, 『한국사』 32(국사편찬위원회), 1997, 7쪽.

부되고 있었다. 전정의 폐단을 대표한다고 할 수 있는 도결은 군역 · 환곡과 함께 1862년 농민항쟁을 일으킨 주요 원인 중의 하나로 지목되었다.[69]

진주도 마찬가지였다. 진주에서는 18, 19세기에 들면서 환곡이 중요한 재원으로 등장했다. 진주는 읍의 규모가 컸으므로 이에 비례하여 환총(還摠)도 매우 많은 편이었다. 18세기 중엽 한때 전체가 9만 4천 석에 이른 때도 있었지만, 19세기에 와서는 환총이 상당히 줄어들었다. 바로 이런 환곡의 운영 과정에서 많은 결손분이 생기고 그것이 결국 심각한 사회문제로 대두되는데, 그것은 대부분 수령과 이서의 포흠에서 연유한 것이다.

환곡의 포흠분이 민간의 토지에 전가되어 징수되기 시작한 것은 1855년 목사였던 이곡재(李谷在) 때부터였다. 이때까지 환곡 10만여 석이 모두 서리와 노비의 포흠으로 들어가 있었다. 이때 토지에서 거둔 액수는 알려지지 않는다. 이후 부임한 목사들도 도결을 실시하려다 주민의 반발로 취소하기도 하고, 어떤 목사는 이를 강행하기도 했다. 또 처음에는 1년에 한 차례 2냥을 거두었으나 그 뒤 부담량이 커졌고, 특히 1858년분은 1년에 두 차례 징수하여 주민의 불만이 높아졌다. 이후에도 목사 신억(申檍)이 2.5냥을 토지에서 거두려고 시도했으나, 다시 읍민들의 여론이 들끓자 수납하지 못한 채 교체되고 말았다.[70]

그 뒤를 이은 자가 1861년 목사로 부임한 홍병원(洪秉元)이었는데, 그도 전임자들과 마찬가지로 도결을 다시 시도했다. 그는 향회를 소집하여 사족을 중심으로 도결에 대해 논의하도록 하고, 각 면 부세 담당자인 훈장들을 차출하여 불과 수십 명의 의결로 도결을 결정했다. 이때 1결당 부담 액수는 6냥 5전에 달하여 이전의 부담 액수가 2냥 5전이었던 데 비해 훨씬 많았다.

69) 梁晉碩, 「삼정의 문란」, 『한국사』 32(국사편찬위원회), 1997, 296-301쪽.

70) 송찬섭, 『朝鮮後期 還穀制改革 硏究』, 서울대 출판부, 2002, 130-132쪽.

환곡포흠 총액을 한꺼번에 해결하려 한 의도가 드러난다.[71]

그러던 중 진주에 있는 우병영에서도 이에 편승해 병영의 환곡 포흠을 해결하기 위해 통환(統還)을 실시하려 했다. 진주목의 도결 결정으로 농민들의 여론이 비등해져 있었는데, 이에 뒤이은 병영의 통환 결정은 농민들에게 더없는 충격을 주었다. 뒤에 언급하듯이 병영의 갖가지 수탈과 환곡 운영의 폐단으로 병영에 대해서는 이전부터 감정이 좋지 않은 상황이었으므로 이는 주민의 격분을 불러일으킬 수밖에 없었다. 결국 진주민은 진주목과 우병영의 조치를 취소시키기 위해 무력봉기에 호소하지 않을 수 없었다.

항쟁의 초기 논의는 1월 이후 주도 인물들이 거주하던 축곡리에서의 몇 차례 회합을 통해 진전되었다. 여기에서 읍의 폐단이 거론되고 이에 대한 대책이 논의되었으며, 항쟁이 결정된 이후에는 대중을 모으기 위한 통문 작성 등 구체적인 작업이 진행되었다. 통문의 발송자는 몰락양반 유계춘(柳繼春)이었지만 이명윤(李命允) 등 명망 사족도 깊이 관여하고 있었다. 이날 모임 직후에 이명윤은 가이곡(加耳谷)으로 가서 이곳에 모여 사는 진주의 유력 사족인 해주정씨 인사들과 만나서 읍회에 대해 논의했다. 이처럼 이때까지의 모임은 등소(等訴)를 목표 삼아 읍회를 준비하는 과정이었다.[72]

그런데 통문을 발송한 이후 지도부의 계획이 바뀌었다. 이 무렵 인근 단성현에서 사족이 중심이 되어 관에 대한 투쟁이 벌어지고 있다는 소식이 진주에도 전해져 상당한 자극을 주었던 것 같다.[73] 2월 2일 박숙연(朴淑然)

---

71) 송찬섭, 「1862년 진주농민항쟁의 조직과 활동」, 『한국사론』 21, 서울대 국사학과, 1989, 330-331쪽.

72) 망원한국사연구실 19세기 농민항쟁분과, 『1862년 농민항쟁: 중세 말기 전국 농민들의 반봉건 투쟁』, 동녘, 1988, 139-142쪽.

73) 단성항쟁을 이끈 김령 등 사족이 진주의 사족과 친밀하게 지내고 있었고, 단성은 진주 북쪽에 바로 인접해 있었기 때문이다.

집의 모임에서 이러한 변화가 보인다. 유계춘은 이날 새벽, 읍내에 사람을 보내어 새로 작성된 통문을 장시 내에 붙였다. 통문의 내용은 이전에 발송한 통문과 달리 철시(撤市)하자는 주장을 담고 있었다. 유계춘 등의 이런 시도가 이명윤 같은 명문 사족의 생각과 완전히 달라 서로 충돌했고, 이를 계기로 이명윤 등 유력 사족층은 이 대열에서 이탈한다고 하는데,[74] 뒤에 언급하듯이 일부 유력 사족은 이후에도 이 대열에 참여하고 있었다.

항쟁의 방향은 등소를 넘어서 철시 등 집단행동으로 나아갔다. 한글로 통문을 작성한 것도 일반 농민들을 행동의 주도 세력으로 설정했기 때문이다. 농민항쟁을 제대로 수행하기 위해서는 좀 더 많은 대중의 힘을 동원할 수 있이야 했다. 이를 위해서는 농민 대중이 공개적으로 참여할 수 있는 대중집회가 필요했다. 2월 6일 첫 도회가 열린 곳은 수곡리 덕천강변의 수곡 장터였다. 수곡 도회는 읍 전체의 회의였으므로 고을 내의 각지에서 사람들이 참여했다.

초기 수곡도회에서는 동리의 대표자들을 중심으로 감영에 대한 의송이 결정되어 대표가 파견되었으나, 이후 유계춘이 의도한 철시가 제기되고 나아가 고을 폐단의 책임자와 도결 결정에 참가한 자의 집을 부수자는 주장이 받아들여진다. 수곡도회 이후 수청가(水淸街)회의가 열렸다. 수곡도회가 대중과 함께 진주의 현실을 인식하고 투쟁의 방향과 방법을 합의하는 집회였다면, 수청가회의는 항쟁에 참여할 대중을 규합하고 조직적으로 동원하기 위한 모임이었다. 여기에 참가한 자들은 초군(樵軍)들이 주축을 이루고 있었다.[75]

드디어 2월 14일 진주 서북쪽에 있는 덕산 장시에 대한 공격으로 항쟁

---

74) 송찬섭, 앞의 글(1989), 344-345쪽.

75) 망원한국사연구실, 앞의 책(1988), 145-149쪽.

의 막이 올랐고, 면·리별로도 조직적인 활동이 시작되었다. 덕산장에서 '철시'와 '가옥 파괴'라는 형태의 시위가 있은 후 농민들은 기세를 올리며 관아가 있는 읍내로 향했다. 덕천강변을 따라 여러 면·리를 거치면서 그곳의 몇몇 부호가를 공격하여 부수는 한편 농민들을 규합했다. 며칠에 걸쳐 덕천강을 따라 행진해오던 농민들은 2월 18일 오전 평거역 부근으로 진출하여 시위를 벌였다. 이때 와서는 이미 동·남·북부 지역의 농민들도 항쟁에 참여했다. 이들의 활동이 일률적인 것은 아니었다. 활동 목표는 함께하면서도 구체적인 활동 양상은 면·리별 조직 단위로 움직였다.

농민들은 처음에는 진주목을 직접 공격하지 않고 관청 부근에서 시위하면서 도결 혁파 등의 요구 조건을 제시했다. 목사는 어쩔 수 없이 도결을 혁파하기로 하고 이를 확인하는 문서인 완문(完文)을 작성해주었다. 다음날인 2월 19일 아침, 초군들은 병영을 목표로 삼고 읍내 장터로 집결했다. 이들을 회유한다고 객사 앞에까지 나왔다가 붙들린 우병사 백낙신(白樂莘)은 상황을 모면하기 위해 중영(中營) 소속 서리로서 포흠을 많이 범한 김희순(金希淳)에게 모든 책임을 전가하고 곤장을 때려 죽였다. 농민들이 강력하게 요구하는 통환 철폐를 약속하는 완문도 서둘러 작성해주었다.

그러자 농민들은 병영 이방 권준범(權準範)도 처단하여 김희순의 시체와 함께 불에 던졌다. 그의 아들 권만두(權萬斗)가 아버지를 구하려고 뛰어들다가 역시 맞아 죽었다. 농민들이 그동안 백낙신의 죄과를 열거하며 욕을 퍼붓고 포위를 풀어주지 않자, 백낙신은 길가에서 밤을 지새우게 되었다. 2월 20일 새벽, 날이 점차 밝아오자 초군 중 일부는 다시 진주목 관아로 들어가서 목사를 교자에 태워 병사가 앉아 있는 객사 앞으로 나아갔다. 끌려나온 목사는 여러 가지로 변명과 호소를 했다. 초군 일부가 도망간 진주 이방 김윤두(金閏斗)를 쫓아가서 체포하여 끌고 오자, 그에게도 몽둥이를 휘둘러 처단하고 불태웠다. 이날 점심 때쯤에야 농민들은 초군 지휘자의 명령에 따라 병사와 목사를 풀어주었다.[76]

이날 오후 농민들은 대오를 다시 정비하고, 지역에 따라 농민들이 분담하여 외곽 촌락으로 나섰다. 아직 지나지 않은 지역, 즉 북면·동면·남면 방면으로 나아가 이들이 돌아다닌 곳이 모두 23개 면(소면)에 걸쳤다고 하는데,[77] 그곳을 구체적으로 알 수는 없다. 일부 알 수 있는 곳은 소촌리, 대여촌리, 개천리 등이다. 농민들은 이곳을 거치면서 평소에 악명높았던 토호의 집 등을 공격했다. 2월 21일 아침 농민들은 소촌역 찰방 관아 앞에서 시위를 벌였다. 마지막으로는 옥천사(玉泉寺)가 공격 대상이 되었다. 그러나 이를 알아차린 승려들이 회유하여 농민들은 옥천사에서 음식 대접을 받으면서 하룻

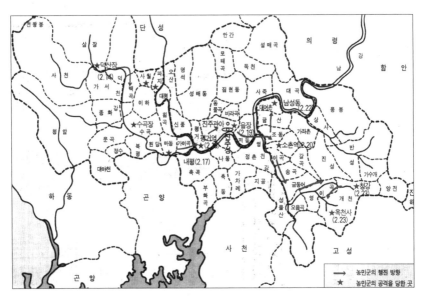

〈그림 4〉 농민군의 이동 경로

---

76) 송찬섭, 앞의 글(1989), 358–364쪽.

77) 『晉陽樵變錄』兵使白公三次修啓, "同悖黨 自西入邑 移于北 轉于東南之際 遍過二十三面."

밤을 기숙했다. 동남쪽으로 행진했던 농민들은 진주의 동남쪽 변경인 옥천사에서 유숙하고 난 이후인 2월 23일 오후쯤에 해산했다.[78]

이들이 해산한 뒤에 어떤 활동을 했는지 자세히 알 수는 없다. 다만 농민군들이 동남 각 방면으로 향하면서 일부 부호들의 집을 공격한 뒤 다시 성저(城底)로 들어올 것이라고 공언했듯이,[79] 농민항쟁의 여진은 안핵사가 서울에서 내려와 본격적인 조사를 진행하던 시점인 3월 말경에도 사그라지지 않고 있었던 것 같다. 이 무렵 "진주 주민 수만 명이 다시 모여 성 아래에 진을 치고 있었다"[80]라는 기록에서 이를 알 수 있다.

3) 농민항쟁의 수습[81]과 진주농민항쟁의 의미

우병사 백낙신은 초군들이 외곽으로 빠져나간 직후인 2월 20일 오후에 1차 장계를 올렸고, 2월 25일 두 번째 장계를 올렸다. 신임 감사 이돈영(李敦榮)도 우병사가 올린 1차 장계 내용을 보고받고 자신의 이름으로 왕에게 장계를 올렸다. 이런 보고를 받은 조정에서는 서리들의 횡령이 농민들에게 고통이 된다고 하더라도 이를 수령이나 감영, 정부에 호소하지 않고 무력봉기하는 것은 잘못이라고 해서 농민들의 행위를 비난했다. 그리고 이를 사전에 막지 못한 진주 목사 홍병원과 경상우병사 백낙신을 파직하고,

---

78) 송찬섭, 앞의 글(1989), 364-366쪽.

79) 『日省錄』철종 13년 2월 29일, "二十日午後 齊向于東南各里面 某某富名之人 亦爲次第毁家之後 約日更入于城底."

80) 『龍湖閒錄』제13책, 三南民鬧錄 上(三月二十九日), "晉州民人 更聚屢萬名 結陣于城下."

81) 이하 농민항쟁 수습과정의 서술은 모두 망원한국사연구실, 앞의 책(1988), 155-167쪽의 내용을 차용함.

의금부에서 체포하여 처리하도록 했다. 이와 함께 박규수(朴珪壽)를 안핵사로 임명하여 진주에 파견했다. 박규수는 3월 1일 서울을 출발해 3월 18일 진주에 도착했는데, 이때는 이미 진주 목사 정면조(鄭冕朝)와 우병사 신명순(申命淳)이 부임한 뒤였다.

주동자들이 속속 체포되기 시작하여 3월 15일 이전에 이미 통문을 돌려 항쟁을 선동한 유계춘을 비롯하여 15명의 주동자가 체포되었다. 박규수는 먼저 3월 말경 농민항쟁에서 가장 원성의 대상이던 백낙신을 공격하는 장계를 올렸다. 의금부에 잡혀 있던 백낙신은 본격적인 심문을 받고 한 차례의 엄형을 받은 후에 강진현 고금도로 유배되었다. 홍병원도 체포되었으나, 박규수로부터 아무런 계가 올라오지 않자 결국 석방되었다.

박규수는 5월 11일 뒤늦게야 장계를 올렸다. 이때 올린 장계는 첫째 죄인들을 문초한 기록을 정리한 '사계발사(査啓跋辭)', 둘째 진주목의 포흠을 조사한 '사포장계(査逋狀啓)', 셋째 환곡을 해결하는 방안을 담은 '강구방략이정환향적폐소(講求方略釐整還餉積弊疏)'다.

그는 유계춘·김수만·이귀재 등을 주모자급으로 놓고 이들 3인에 대해서만 최고형인 사형, 이계열 등 7인에 대해서는 엄중한 형벌[重勘], 그다음 19인에게는 특별히 엄한 징벌[別般嚴懲], 그다음 18인에게는 엄한 징벌[嚴懲], 나머지 24인에게는 참서(參恕: 참작해서 용서하는 것) 등으로 분류했다. 유계춘을 비롯한 3명의 핵심 주모자는 5월 30일 진주성 남문 밖의 공터에서 주민이 지켜보는 가운데 효수형을 당했다. 나머지 죄인들도 박규수가 건의한 처벌 내용대로 형이 집행되었을 것이지만, 그들에 대한 형벌의 구체적 내용은 알 수 없다.

'강구방략'에서 박규수는 국가의 충실한 백성인 농민이 하루아침에 '불의'에 빠진 원인이 삼정, 그중에서도 환곡의 폐단에 있음을 강조했다. 이런 문제를 해결하기 위해서는 이를 전담할 수 있는 별도의 특별기구를 설치해야 한다고 건의했다. 이는 나중에 삼정이정청(三政釐整廳)이 설치되는 데 중요한 계기가 되었다. 이때 조정 내에서는 농민항쟁에 대한 대응에서 강경론과 온건론으로 의견이 나누어져 있었다. 좌의정 조두순(趙斗淳)은 이번 일을 진정시키려면 대대적으로 징벌하여 난의 싹을 잘라버려야 한다고 주장했다. 많은 관료가 이에 따랐다. 다만 영중추부사 정원용(鄭元容)은 농민항쟁이 지방관의 가렴주구 때문에 일어난 일임을 강조했다. 왕 역시 동조했다. 그러나 조정 내에 고조된 강경 대응의 분위기를 꺾을 수는 없었다. 이에 따라 봉기가 발생하면 감사나 수령이 자체 처리하고 '선참후계(先斬後啓)'할 것을 명했다. 봉기의 주동자들은 난괴(亂魁)·동악(同惡) 등으로 분류하여 효수시켰으며, 추종자도 가혹하게 처벌했다.

정부의 이러한 대응에도 농민봉기는 계속되었다. 강경책만으로는 농민봉기를 막기가 힘들다는 것을 깨달은 정부는 5월 말 농민봉기의 원인이 삼정문란에 있다고 생각하기 시작했다. 5월 25일 철종은 부세 문제를 논의하기 위한 기구 설치를 명했고, 다음날 비변사에서 기구 명칭을 '이정청(釐正廳)'으로 명명했다. 정부는 6월 10일 삼정 개혁을 천명하고 윤8월 19일 '삼정이정책'을 발표했다. 그러나 삼정이정책은 원칙에 대한 천명에 그쳤고, 그 후 지배층의 이해관계 때문에 실시가 유보되다가 10월 말부터 다시 본래의 제도로 되돌아가는 모습을 보였다. 이처럼 조정은 체제 붕괴 위기에 직면하자 봉기 과정에서 제기된 농민들의 의견을 수렴할 것처럼 대대적 개혁을 모색하다가 수습국면에 들어서자 이를 거두어들임으로써 재차 농민을 기만했다.

진주농민항쟁은 10여 일 만에 끝나버렸지만, 이를 발단으로 농민항쟁은 전국적으로 파급되어갔다. 3월 들어 이 여파가 진주 북쪽으로 전해지면서 함양·거창에서 항쟁이 일어났다. 그리고 그 파장이 소백산맥을 넘어 바로 인접한 전라도 장수·무주 등의 고을에 미쳤고, 다시 무장·영광·익산·능주·정읍 등 전라도의 다른 고을로 농민항쟁이 확산되어갔다. 함양·거창의 북쪽에 인접한 경상도 일부 고을에서도 3월 말, 4월에 걸쳐 항쟁이 이어지면서 점차 경상도 전 지역으로 확산되어갔다. 5월에는 전라도 나머지 고을과 충청도 각 고을에서 항쟁이 이어졌다. 5월을 절정으로 하여 농민항쟁은 점차 수그러들지만, 이해 말까지도 곳곳에서 농민항쟁이 계속되었다. 삼남지방을 넘어 함경도 함흥, 황해도 황주, 경기도 광주 등에서도 농민항쟁이 일어났다. 이와 같이 1862년 전국적으로 많은 고을에서 농민항쟁이 전개되면서 봉건정부를 위기로 몰아넣었다.[82]

1862년의 농민항쟁은 신분제에 기반을 둔 봉건제가 점차 해체되어가던 시기의 여러 가지 모순을 잘 보여준 사건이었다. 농민항쟁은 봉건적 지주제 하의 지주-전호 간의 대립을 기초로 하면서 심화되어가던 농민층 분화를 반영한 부농과 빈농의 대립이 내부에 존재하고 있음을 보여주었다. 또 지주·상인의 빈농에 대한 착취가 상품경제와 관련된 식리활동과 유통기구 및 부세기구의 장악을 통해 이루어지고 있었음도 나타났다. 여기에 국가에 의한 조세수탈의 가중과 토호들의 불법적인 향촌 지배 문제가 끼어들고 있었다.

진주농민항쟁에서는 이런 성격이 잘 나타난다. 초기의 등소운동과 준비과정에서는 각기 다른 계층적 입장이기는 하지만 유력양반·몰락양반·부민이 적극적으로 주도하고 초군을 핵심으로 한 농민들이 여기에 가세했다. 그러나 항쟁이 고양되어 전면 봉기 단계에 접어들면서 신흥계층 및 빈농층이 전면에 나섰다. 이들은 조세 문제를 중심으로 하는 초기 단계에서는

---

82) 망원한국사연구실, 앞의 책(1988), 59-61쪽의 표 참조.

사족층과 공동보조를 취했으나, 적대하는 부분에 가서는 경제적 이해가 다르고 봉건권력과 연결된 그들에 대해 분명히 대치하는 모습을 보여준다.[83]

그러나 다른 지역의 농민항쟁과 마찬가지로 진주농민항쟁도 한계는 있었다. 읍내와 외촌에 대한 공격을 마친 후의 활동이 미비했던 점이다. 완전히 해산한 것은 아니고 추이를 관망했다고 하지만, 함양·성주 등에서처럼 계속 향회를 개최하면서 읍권을 장악하고 중앙관리와 감영에 대해 자신들의 요구를 관철하려는 노력[84]이 부족했다. 또 투쟁 범위나 투쟁목표가 고을 내에 국한되어 있었고, 고을을 뛰어넘어 당시 농민을 짓누르고 있는 국가적 차원의 모순을 극복하려는 의도는 보이지 않았다. 따라서 봉건권력이나 수령의 기만적인 개선책에 적절하게 대응하지 못했으며, 국왕의 '덕정(德政)'에 대한 일말의 기대 때문에 투쟁 분위기가 가라앉아버렸다.

그러나 이러한 항쟁의 경험을 기반으로 농민층의 사회변혁을 위한 투쟁은 지속되어간다. 특히 19세기 후반 개항 이후 세계 자본주의 열강의 경제적 침략이 진행되면서 덧씌워진 모순에 의해 농민들의 저항은 더욱 거세어진다. 1870, 1880년대에 가서도 농민항쟁은 여기저기에서 지속적으로 전개되고 있었다.[85] 그것은 결국 1894년에 가서 한 단계 발전한 농민운동이라고 할 수 있는 전국적인 동학농민전쟁으로 이어진다.

---

83) 이는 뒷장의 '진주농민항쟁의 재음미' 부분에서 서술됨.

84) 망원한국사연구실, 앞의 책(1988), 167-170쪽 및 177-186쪽.

85) 이에 대해서는 고석규의 「19세기 농민항쟁의 전개와 변혁주체의 성장」(『1894년 농민전쟁연구 1: 농민전쟁의 사회경제적 배경』, 역사비평사, 1991); 고동환의 「대원군 집권기 농민층 동향과 농민항쟁의 전개」(『1894년 농민전쟁연구 2: 18·19세기 농민항쟁』, 역사비평사, 1992); 백승철의 「개항 이후(1876-1893) 농민항쟁의 전개와 지향」(같은 책) 참조.

남명과
남명 문인의
성향과
그 추이

1. 남명의 학문과 처세의 성격

16세기 후반 퇴계 이황과 함께 영남학파의 2대 산맥인 퇴계학파와 남명학파를 주도하던 남명 조식은 1501년 삼가현(현 합천군) 토동에서 출생했다. 어렸을 때 그는 부친 조언형(曺彦亨)의 환로(宦路)를 따라 의흥·단천, 서울에서 생활했다. 초기에는 과거에 관심을 가졌지만, 30세가 넘도록 예시(豫試)에만 통과했을 뿐 본시(本試)에는 끝내 합격하지 못했다. 30세에는 토동에서 김해 탄동으로 이주했고, 성운(成運)·이원(李源)·신계성(申季誠)·이희안(李希顔) 등과 강학하기도 했다. 37세 때 모친의 명으로 과거에 응했으나 회시(會試)에 합격하지 못하자, 비로소 과업을 포기하고 학문에만 전념했다. 25세 무렵 성리학에 접하면서 심성학(心性學)에 관심을 갖게 된다.

45세 때 을사사화를 만나 이림(李霖)·성우(成遇) 등 친우들이 화를 입자 사환의 뜻을 버리고 초야에 은거했다. 그해 11월 모친 별세 이후에는 김해의 산해정(山海亭)에서 삼가 토동으로 돌아와 계부당(鷄伏堂)과 뇌룡정(雷龍亭)을 짓고 강학하는 장소로 삼았다. 이때부터 인근 고을의 학자들과 종유했고, 이광우(李光友)·문익성(文益成)·오건(吳健) 등 문하에 드는 자들이 날로 많아졌다. 53세 때 사도시(司䆃寺) 주부(主簿), 55세 때 단성 현감에 제수되었으나 끝내 부임하지 않았다. 61세 때 토동에서 진주 덕산의 사륜동으로 이주하여 산천재를 짓고 제자들과 강학하자 진주·산음·함양·거창 등 주위 고을의 선비들이 모여들었다. 윤원형(尹元衡)이 실각한 66세 때 상서원 판관에 제수되고 명종이 강력하게 요청하자 처음 사정전(思政殿)으로 나아가 명종을 배알했지만, 곧 사직하고 하향했다. 67세 때 선조가 즉위하여 여러 번 특명을 내려 불렀으나 상경하지 않고 소장(疏章)만 올렸다. 1571년(선조 4) 72세를 일

기로 덕산에서 별세했다.[1]

이런 삶을 살아온 남명의 학문과 처세의 성향을 좀 더 깊이 알아보기 위해서는 같은 시기 쌍벽을 이루던 영남학파의 퇴계와 비교해보는 것이 좋을 것이다. 퇴계는 평생 학문에 침잠하며 많은 시문(詩文)과 저술을 남겨 '동방의 주자(朱子)'라고 불렸다. 그러나 남명은 평소 시를 읊는 것을 쓸데없는 물건에 정신 팔려 자기의 본심을 잃어버리기 쉽다고 간주한다든지, 정자(程子)·주자가 성리학을 집대성했으므로 이후의 학자는 더 이상 저술할 필요가 없다는 태도를 견지했다. 그 결과 그는 성현의 저술 가운데 학자로서의 수양과 실천에 지침이 될 만한 것을 가려 뽑아놓은 「학기류편(學記類編)」과 약간의 시문만 남겼다.

처신·처세에서 두 학자는 다 같이 벼슬에 나아감과 물러남을 엄격히 따지는 입장을 취하기는 했지만, 퇴계는 대소 과거를 거쳐 고관 요직을 두루 역임하면서 명종 말 이후 정계와 학계에서 주도권을 장악한 신진사류의 영수로서 조야의 존경을 한 몸에 받고 있었다. 따라서 퇴계의 문인은 경상좌도에 국한되지 않고 거의 전국을 포괄하게 되었다. 또 퇴계는 일찍이 남의 허물이나 시폐(時弊)를 말하지 않는 등 일생을 겸손하고 언동을 삼가 조심하여 온건하게 처신했으며, 또 '인을 숭상하고[尙仁]' '리를 강조하는[主理]' 경향을 견지했다.

이에 반해 남명은 중도에 과거를 포기했을 뿐만 아니라 간혹 '유일(遺逸)'로 천거되어 여러 번 관직을 제수받았으나 끝내 산림처사(山林處士)로 일생을 마쳤다. 그의 족적은 삼가·김해·진주·산청 등지를 크게 벗어나지 않았기 때문에 그의 문도들도 자연히 경상우도에 편재되어 있었다. 남명은 대쪽 같은 성품으로 벼랑처럼 꼿꼿하고 바르게 행동하는[壁立直行] 처신을

---

1) 李樹健, 『嶺南學派의 形成과 展開』, 一潮閣, 1995, 343-345쪽.

한 데다가 함부로 남에게 교유를 허용하지 않아서 교우관계가 넓지 않았지만, 때로는 언행에 기탄이 없는[傍若無人] 호탕한 기상도 있었다.[2]

조선 중기의 다른 학자들과 마찬가지로 남명은 성리학에 기본을 두고 있었다. 그의 학문 자세는 '경의(敬義)'를 전제로 한 반궁실천(反躬實踐)에 궁극적 목표를 두었다. 그런데 남명의 '경의'는 다른 학자들이 언급하는 것과는 조금 달랐다. '경의'라는 명제는 『주역(周易)』에 있는 "경으로써 안을 곧게 하고, 의로써 밖을 반듯하게 한다[敬以直內 義以方外]"라는 데서 비롯되었다. '직(直)'이라는 것은 마음을 곧게 하는 것인데 이는 '경'을 통해야 가능하며, '방(方)'이란 외물(外物)과의 교섭 과정에서 일을 반듯하게 처리하는 것인데 이는 '의'를 기준으로 해야 가능하다는 것이다.

그러나 남명의 '경의' 개념에는 아주 각별한 의미가 담겨 있다. 『주역』의 "경이직내 의이방외"를 남명이 그의 「패검명(佩劍銘)」에서 "안에서 밝히는 것은 경이요, 밖에서 결단하는 것은 의다[內明者敬 外斷者義]"라며 변화를 준 데서 그 단서를 찾을 수 있다. 남명이 '경'의 의미를 '직', 즉 '곧게 하다'라는 뜻의 글자에서 '명(明)', 즉 '밝히다'라는 뜻의 글자로 바꾼 것은 원시 유학의 질박한 개념을 포괄하면서 송대 신유학의 정연한 이론적 개념을 용해했음을 보여준다. 그리고 '방'에서 '단'으로의 변화도 매우 의미 있다고 생각된다. 원론적 표현인 '방'을 '결연히 잘라버리다'라는 의미의 '단(斷)'으로 대체하여 굳은 실천의 의지가 감도는 것으로 생각되기 때문이다.[3]

이처럼 남명은 경의를 중시함으로써 개인적 수양을 바탕으로 하면서도 사회적 실천이 지닌 의의를 더욱더 강조한 사상가였다. 따라서 그는 천리(天理)와 성명(性命)을 궁구하는 형이상학적인 학문을 지양하고 하학인

---

2) 이수건, 앞의 책(1995), 330-331쪽.

3) 이상필, 『남명학파의 형성과 전개』 와우출판사, 2005, 37-38쪽.

사(下學人事) 위주의 학문을 강조했다. 즉, 실천적인 면을 중시하여 만년에 '거경행의(居敬行義)'의 학을 내세웠다. 행의(行義)를 누구보다 강조했던 남명은 당시 이론지향의 비실천적 학풍을 거세게 비판하고 하학상달(下學上達)을 강조했다. 그가 퇴계에게 보낸 편지 중 다음과 같은 언급에서 그것이 잘 드러난다.

> 요즘 공부하는 자들을 보건대, 손으로 물뿌리고 빗자루질하는 절도도 모르면서 입으로는 천리를 담론하여 헛된 이름이나 훔쳐서 남들을 속이려 하고 있습니다. 그러나 도리어 남에게서 상처를 입게 되고, 그 피해가 다른 사람에게까지 미치니, 아마도 선생 같은 장로께서 꾸짖어 그만두게 하시지 않기 때문일 것입니다.[4]

즉, 그는 당시 사림들이 실천은 도외시하고 현실을 떠나 지나친 관념론과 고원(高遠)한 차원에서 고담준론(高談峻論)하며 '이름을 훔치고 세상을 속이는' 언동을 가장 싫어했다.

또 하나 남명의 학풍에서 지적해야 할 것은 그의 저술에 노장(老莊) 관련 문자가 많이 수용되어 있다는 점이다. 남명사상이 집약되어 있는 「신명사도(神明舍圖)」와 「신명사명(神明舍銘)」 속에 나타난 문자를 분석해보아도 이를 알 수 있다. 그가 참조한 출전 가운데 유교 경전이 아닌 것으로는 『노자(老子)』, 『장자(莊子)』, 『주역참동계(周易參同契)』, 『음부경(陰符經)』, 『회남자(淮南子)』 등이 있는데, 잡가(雜家)류인 『회남자』를 제외하고는 모두 도가(道家)류다. 『노자』·『장자』는 도가 사상의 핵심적인 서적에 해당하고, 『음부경』과

---

4) 曹植, 『南冥集』 권2, 書 與退溪書, "近見學者 手不知洒掃之節 而口談天理 計欲盜名 而用以欺人 反爲人所中傷 害及他人 豈先生長老無有以呵止之故耶."

『주역참동계』는 신선이 되기 위해 단약(丹藥)을 제조 · 복용하는 연단술(煉丹術)과 관련된 서적들 가운데 그 시초에 해당하는 것으로, 이들은 모두 연단술을 하는 도사(道士)들이 중요시하는 책이다.

<표 2> 퇴계학파와 남명학파의 비교[5]

구분	퇴계학파	남명학파
지역적 구분	안동 중심. 경상좌도 및 상주권	진주 중심. 경상우도 및 하도 일부
자연환경과 사림 성향	토질 척박. 힘써 농사짓고 근거함. 온건한 관료지향성. 학문숭상	토질 비옥, 해산물 풍부. 부유함과 호사함을 지향. 과격 · 저항성. 호강적 성향
관력 및 향사 (享祀)	과거 합격. 내외요직을 거침. 종묘 및 문묘에 배향. 도산(陶山) · 여강(廬江)서원에 주향(主享)	과거 포기. 여러 번의 관직 제수에도 끝내 나아가지 않음. 덕천(德川) · 용암(龍巖) · 신산(新山)서원에 주향
교육 및 학문	강학논도(講學論道)에 힘씀. 상인(尙仁) · 주리(主理). '동방의 주자'. 벽이(闢異)사상이 강함	강론보다는 경험에 의한 체득 중시. 이론보다 실천 강조. 경의(敬義) · 출처(出處) 강조. 노장(老莊) · 육왕(陸王)학적 요소도 있음
현실대응과 시국관	근신 · 온건한 태도 견지. 인물 논평과 시정 득실에 함구. 외유내강적 양면성	처향(處鄕) · 처세(處世) 등 현실에 대한 적극적 반응. 척신정치의 폐해 등을 비판. 불경허인(不輕許人)
두 학자의 상대방 논평	"남명이 기이한 것을 숭상해서 중도를 취하기 어렵다"라고 하고, 노장(老莊)적 일면을 지녔다고 함	퇴계 문도들의 현실유리적 학문태도에 대해 "이름을 훔치고 세상을 속인다"라고 비판
문인의 당색	동인 → 남인	동인 → 남 · 북인 → 대북 → 인조반정 이후 남 · 서인으로 분화

그러나 그가 참조한 것에는 도가류의 서적보다 유교 서적이 더 많았을 뿐만 아니라 '신명사명'의 전체 의미가 『대학(大學)』의 '격치성정(格致誠正)' 및 『중용(中庸)』의 이른바 '명선(明善)'과 '성신(誠身)'이 그 바탕이 되었다. 남명이

---

5)　이수건, 앞의 책(1995), 329-330쪽의 <표 3-6>을 수정 · 발췌해 정리.

노장사상 등 유교 경전 이외의 서적을 인용한 의미는 정신수련을 하는 적극적인 방법의 하나였다. 유교에서는 정신수련을 구체적으로 할 수 있는 전통적인 방법이 없어서 불교 또는 도가의 방법을 원용한 것으로 이해할 수 있을 것이다.[6] 남명이 노장사상 등 유교 이외의 여러 사상에 대해서도 유연하게 대처했던 이런 입장은 성리학 이외의 사상을 이단으로 엄격히 배제한 퇴계를 비롯한 당대의 학자로부터 노장사상에 물들었다고 비판받고 이단으로 몰리는 단서가 된다.[7]

남명의 처세론도 특이했다. 그는 전국적으로 알려진 인물이기 때문에 '유일'로 조정에 여러 번 천거되고 벼슬이 내려졌지만, 한 번도 그 직에 나아가지 않았다. 게다가 1555년(명종 10) 단성 현감의 관직이 내려졌을 때, 사직을 요구하는 상소를 올려 척족정치의 폐단을 지적하면서 다음과 같이 언급한다.

> 자전(慈殿)께서는 생각이 깊으시기는 하나 깊숙한 궁중의 한 과부에 지나지 않고, 전하께서는 어리시어 다만 선왕의 한 아드님이실 뿐이니, 천 가지 백 가지의 천재(天災)와 억만 갈래의 인심을 무엇으로 감당해내며 무엇으로 수습하시겠습니까.[8]

여기에서 조정의 정치에 대한 그의 직설적이고 과격한 모습이 극명하

---

6) 이상필, 앞의 책(2005), 53-60쪽.

7) 퇴계가 제자 黃俊良에게 답을 한 편지에도 이런 사실이 드러난다[李滉, 『退溪集』 권19, 書 答黃仲擧(戊午), "其所論曹楗仲之爲人 亦正中其實矣 其於義理未透 此等人多是老莊爲祟 用工於吾學 例不深邃 何怪其未透耶 要當取所長耳"].

8) 曹植, 『南冥集』 권2, 疏 辭免丹城縣監疏(乙卯), "慈殿塞淵 不過深宮之一寡婦 殿下幼沖 只是先王之一孤嗣 天災之百千 人心之億萬 何以收之耶."

게 드러난다. 왕뿐만 아니라 척족정치의 배후에 있던 왕의 모 문정왕후(文定王后)도 노골적으로 모멸하는 듯한 발언을 서슴없이 구사한 것이다. 이에 대해 명종은 매우 불쾌하게 여기고 승정원에서 이를 미리 챙겨 남명에 대한 처벌을 청하지 않았다고 나무랐다.

> 새로 제수된 단성 현감 조식이 상소했다. … 상소가 들어가자, 정원에 전교하기를, "지금 조식의 상소를 보니, 비록 간절하고 강직한 듯하기는 하나 자전에 대해 공손하지 못한 말이 있으니, 군신의 의리를 모르는 듯하여 매우 한심스럽다. 승정원에서는 이와 같은 상소를 보았으면 신하의 마음에 마땅히 통분하며 처벌을 청했어야 할 것인데 평안한 마음으로 펼쳐보고 한마디도 아뢰지 않았으니, 더욱 한심스럽다. … 그리고 내가 부처를 좋아한다고 했는데, 내가 학식이 밝지 못해 비록 덕을 밝히고 백성을 새롭게 하는 공부는 하지 못한다 하더라도 어찌 불교를 좋아하고 숭상하는 데야 이르겠는가? 비록 그렇다고 하더라도 이와 같은 말들은 오히려 가납할 수 있다. 그렇지만, 공손치 못한 말이 자전에게 관계되는 것은 매우 통분스럽다. 군상(君上)을 공경하지 않은 죄를 다스리고 싶으나 일사(逸士)라고 하므로 내버려두고 묻지 않겠다. … 정원에서는 이를 자세히 알도록 하라" 했다.[9]

이런 남명의 상소에 대해 퇴계도 그 내용이 지나치다는 평을 내렸다. 즉 "무릇 장소(章疏)는 진실로 직언(直言)을 피하지 말아야 하지만, 뜻은 곧되 말은 부드러워야 하고 과격하고 불공한 병폐가 없어야만, 아래로는 신하의 예를 잃지 않고 위로는 임금의 뜻을 거스르지 않게 할 수 있다. 남명의 소는

---

9)   『明宗實錄』권19, 10년 11월 庚戌條 참조.

언어가 지나쳐 비방에 가까웠으므로 임금이 보고 노한 것은 당연하다"라는 것이었다.[10] 이런 모습을 당시 사관(史官)들이 논평한 기사도 여러 개 있는데, 이 중 하나를 소개해보면 다음과 같다.

방정(方正)하고 염결(廉潔)했으며, 세속을 벗어나 은둔했으며, 추상 같은 지기(志氣)가 있었다. 늙어갈수록 더욱 엄격하여 남의 과오를 용서하지 않았다. 세상을 너무 깔보고 항시 하는 말은 거의 풍자였으니, 대개 은거하여 방담하는 자였다. 자신이 말하기를 "나는 항상 객기(客氣)에 사역을 당한 적이 많다" 했다. 중종조에 벼슬을 제수했으나 사은하지 않았고, 이때 6품 관직을 누차 제수했으나 상소만 올리고 나오지 않았는데, 말이 매우 준격했다.[11]

위의 인용문 중에 "늙어갈수록 더욱 엄격하여 남의 과오를 용서하지 않았다"라는 구절이 있는데, 이를 잘 알려주는 것이 '하종악(河宗岳) 후처 실행(失行) 사건'이다. 1568년(선조 원년) 경상도 감사 박계현(朴啓賢)이 남명의 친우 이정(李楨)을 사천에서 만나자, 그는 감사에게 이희안(李希顔)의 규문밀사(閨門密事)를 이야기하고 그 관련자를 잡아들여 다스리게 했다. 감사는 김해부사 양희(梁喜)에게 사건조사를 의뢰했던바, 양희는 이 문제를 그의 사위인 정인홍과 상의했다. 정인홍은 이희안이 남명의 친우인 만큼 그의 규문사를 조사하기 전에 남명의 의사를 들을 필요가 있다고 생각해 남명에게 고했다. 이에 남명은 이정이 하종악 후처 이 씨(이정의 인척)의 음행(淫行)을 엄폐하기 위해 친우의 규문사(이희안 후처)를 감사에게 고자질했다 하여 분개한 나머

---

10) 이수건, 앞의 책(1995), 365쪽에서 재인용.

11) 『明宗實錄』 권33, 21년 7월 戊申條 참조.

지 하종악 후처의 음행을 정인홍에게 이야기했다.

이것이 결국 감사에게 전달되어 그 관련자를 붙잡아 죄를 물으려 했으나, 이정이 몰래 비호하여 후처 이 씨 등은 풀려났다. 이 사실을 알게 된 남명 문인인 하항(河沆)과 이희만(李希萬)·하옹(河澐) 등 사림 50여 명이 일제히 모여 북을 울리며 음부를 쫓아내고, 하 씨와 비부 막정(莫丁) 및 간음한 종 원석(元石)의 집을 부수어버렸다. 이 일이 조정에 알려지자 조정에서는 경차관 고경진(高景軫)을 보내 해당 노비와 일을 벌인 사림들을 추국했으나 관료들의 건의로 모두 풀려나게 되었다.[12] 이처럼 남명은 국가 정치의 문제뿐만 아니라 그가 은거해 있던 주변의 향촌사회 문제에 대해서도 관심을 가지고, 그것이 도리에 어긋나는 일이면 조그마한 문제라도 그냥 넘기지 못하고 그것을 철저히 바로잡으려 했다.

원래 이정은 사천 출신으로 남명과는 절친한 사이였는데, 이 사건을 계기로 남명과 그 문인들로부터 배척당하고 우도에서 외로운 존재가 되자 퇴계 쪽으로 편향했다. 이정이 퇴계에게 편지를 보내 남명과의 불편한 관계의 해소방안을 묻자, 퇴계는 고고한 기상을 지닌 남명이 향촌의 일부실행(一婦失行) 문제를 두고 그렇게 야단스러운 반응을 보인 것은 그의 높은 절개에 손상이 있을 것 같다고 비판했다.[13] 이후에도 이 사건은 남명의 위상을 깎아내리는 빌미가 되었다. 영조 때도 "조식의 기상은 천 길 높이의 바위벽 같지만, 법식에 들어맞지 않고 선비로 안분(安分)하는 것이 아니다"라는 전거로 이 사건이 거론되었고, 그의 문인 하항 등의 처사도 유생의 광기(狂氣)라고 부정적으로 평가되고 있었다.[14]

---

12) 『宣祖實錄』권3, 2년 5월 甲子條;『宣祖修正實錄』권3, 2년 5월 甲辰條;『晉陽誌』권4, 叢談條.

13) 이수건, 앞의 책(1995), 386-387쪽.

14) 『承政院日記』제659책, 영조 4년 4월 3일;『承政院日記』제873책, 영조 14년 6월 20일.

원래 남명과 퇴계 사이에는 어느 정도 교류관계를 유지하면서도 서로가 지향하는 바의 차이점 때문에 서로 상대를 은근히 비판하는 태도를 보이고 있었다. 주자학에 철저한 입장인 퇴계는 남명을 "기이한 것을 숭상해서 중도를 취하기 어렵다[尙奇好異 難要以中道]"라든지, "노장에 물들어 있다[老莊爲崇]"라든지, "고고하게 굴고 세상을 깔본다[高亢傲世]"라고 비판했다.[15] 1611년(광해군 3) 정인홍이 이언적과 이황을 비난하는 상차(上箚: 왕에게 올리는 글의 한 종류)를 올린 것과 관련하여 사관이 정인홍과 남명을 논평·비판하고 있는 것에도 같은 내용이 담겨 있다.

조식의 학문은 의리를 강론하는 것을 크게 꺼렸으니 이는 주자가 육 씨[陸氏; 육구연(陸九淵) 지칭]를 공격하기 위한 바였고, 경(敬)을 논함에 심식(心息)이 서로 의지하는 것을 요체로 삼았으니 이는 도가의 수련법에서 나온 것이다. 우리 유자(儒者)에게는 일찍이 이런 공부 과정이 없었다. 향촌에 있으면서 여러 가지 폐단을 자행하고 선왕에게 고하는 것이 불손했던 것은 그가 악을 미워하고 강직한 것이 지나친 것에서 나왔고, 별달리 유자의 기상은 없었다. 더구나 그의 문사는 괴벽하고 깊고 어두워서 결코 도리를 밝히는 말은 되지 못했다. 무릇 그가 높은 절개와 강직한 기개는 있지만, 스스로 자부하는 것이 너무 지나치고 학문에는 깊이 천착하지 못했기 때문에 이황은 고고하고 뻣뻣한 노장(老莊)으로 지목했다.[16]

---

15) 이수건, 앞의 책(1995), 381~384쪽.

16) 『光海君日記』 권39, 3년 3월 丙寅條, "植之學 以講論義理爲大忌 此朱子所以攻陸氏者也 論敬以心息相依爲要 此出於道家修鍊法 吾儒未嘗有此工程也 其他居鄕之貽弊 告君之不遜 皆出於嫉惡亢直之過 而殊無儒者氣象 況其文辭傀僻幽晦 決非明道達理之語 蓋其人有高節直氣 自許太過 實未嘗深於學問之切 故滉以高亢老莊目之."

이와 비슷한 평가는 퇴계뿐만 아니라 남명과 같은 시기를 살았던 율곡 이이에게서도 나왔고,[17] 당대의 연대기에서도 자주 나타난다.[18] 광해군대에 영의정이던 이덕형(李德馨)은 남명이 항상 패검과 '성성자(惺惺子)'라는 금방울을 지니고 있으면서 자신의 맑은 마음 자세를 일깨우고 반성하던 모습을 노골적으로 육왕학(陸王學, 양명학)과 불교에 비하기도 했다.[19] 어쨌든 성리학적 논리에 깊이 파고 들어가는 부분에서는 남명이 퇴계보다 못하지만, 정신과 기개에서는 빼어나서 다른 사람들이 따라가기 어렵다는 점은 남명의 문인인 정구와 김우옹도 인정하고 있었다.[20]

---

17) 李珥, 『栗谷全書』권29, 經筵日記2 宣祖 5년 正月조 참조.

18) 『明宗實錄』권33, 21년 7월 戊申, "方正廉潔 二世出塵 秋霜志氣 老而彌厲 不能容人過惡 傲世太過 恒談譏諷 盖隱居放言者也 … 言甚峻激." 이 외에도 연대기에는 남명을 평가하면서 "有壁立氣像 耿介嫉惡"(『宣祖修正實錄』권6, 5년 정월 戊午) "亭亭皎皎 壁立萬仞 人莫敢犯"(『光海君日記』권26, 2년 3월 丁酉) "亢高自守 壁立不撓 持論常主激揚"(『光海君日記』권155, 12년 8월 丙寅) 등 비슷한 표현이 자주 나타나고 있다.

19) 『光海君日記』권15, 3년 6월 辛未, "三嘉儒生朴乾甲 又上疏 … 臣伏覩領議政李德馨章箚中 以曹植佩鈴自省 爲學功殊科 有若指爲異端者然 臣不勝痛惌焉 嗚呼 植以精金美玉之資 加學問篤實之功 敬義二字 爲平生踐履之地 惺惺一念 未嘗毫忽或怠 則其常佩金鈴 亦自省之一事也 昔宋儒李侗亦不免爲學功之殊科耶 至於'鄭仁弘文學之害 甚於洪水'云者 慮學者有玩物喪志之弊也 而德馨以陸子之道釋氏之敎比之 吁 聖賢學問之道 不專在於言語文字之末 故程子戒其著書則多言 多言害道 然則程子亦未免爲陸子釋氏之歸耶."

20) 李肯翊, 『練藜室記述』권18, 宣祖朝 宣祖朝 儒賢 鄭逑, "戊寅年拜昌寧縣監 上召見問曰 李滉曹植 其學問如何 對曰 滉德厚而學純 學者可易以尋入 植超然自得 特立獨行 學者難以爲要也"; 『宣祖實錄』권7, 6년 11월 丙午, "上問金宇顒曰 曹植敎人如何 宇顒曰 植之博文窮理 不如李滉 然敎人精神氣槪 多有興起者 如崔永慶 · 鄭仁弘之類是也."

2. 남명 문인의 학문·처세에 대한 비판과 대응

남명이 세상을 떴을 무렵『조선왕조실록』등 관련 자료에는 남명의 문인으로 잘 알려진 인물들이 거론되는데, 이를 보면 다음과 같다.

> 금상 5년 정월에 처사 조식이 세상을 떠났다. … 문인 가운데 절개가 군은 선비가 많았는데, 김우옹·정인홍·정구가 가장 드러났다.[21]
>
> 상이 김우옹에게 묻기를, "조식은 사람을 어떻게 가르쳤는가?" 하니, 김우옹이 "조식의 박문(博文)·궁리(窮理)는 이황만 못하지만, 사람에게 정신과 기개를 가르쳤으므로 흥기된 자가 많았는데, 최영경·정인홍 같은 사람들입니다"라고 아뢰었다.[22]
>
> 김우옹이 "조식은 스스로 사도(師道)로 자처하지 아니했으나 그에게 왕래하던 사람은 오건·최영경·정인홍 등이요, 소신도 역시 그 문하에 다녔나이다"라고 아뢰었다.[23]

여기에 거론되는 인물은 오건·최영경·김우옹·정인홍·정구 등으로 이들은 남명의 문인 중에서도 전국적으로 잘 알려진 인물이었다. 이 외에

---

21) 李珥,『石潭日記』卷上, 隆慶6年壬申 正月, "上五年正月 處士曺植卒 … 門人多介士 而金宇顒·鄭仁弘·鄭逑最著."

22) 『宣祖實錄』권7, 6년 11월 丙午, "上問金宇顒曰 曺植敎人如何 宇顒曰 植之博文窮理 不如李滉 然敎人精神氣槪 多有興起者 如崔永慶·鄭仁弘之類是也."

23) 李珥,『石潭日記』卷上, 萬曆元年癸酉(선조 6) 12월, "金宇顒曰 曺植不以師道自處 其往來者 吳健·崔永慶·鄭仁弘輩也 小臣亦遊其門矣."

도 남명 문인으로 눈에 띄는 인물은 많았다. 남명학파의 지역적 범위는 대체로 진주를 중심으로 하여 동쪽으로는 김해·밀양·청도, 북쪽으로는 창녕·현풍·성주, 서쪽으로는 산청·함양·하동 및 남쪽으로는 사천·고성 등지에 미쳤다.[24) 주로 경상우도의 고을에 속하는 셈이다. 그중에서도 〈표 3〉에서 보듯이 진주 출신의 사림이 남명 문인의 다수를 점하고 있었다.

〈표 3〉 남명의 문인[25)

성명	호	본관	거주	성명	호	본관	거주
오건(吳健)	덕계(德溪)	함양	산청	권세륜(權世倫)	선원(仙院)	안동	단성
정탁(鄭琢)	약포(藥圃)	서원	예천	유종지(柳宗智)	조계(潮溪)	문화	진주
최영경(崔永慶)	수우당(守愚堂)	화순	진주	문익성(文益成)	옥동(玉洞)	남평	합천
송사이(宋師頤)	신연(新淵)	야성	성주	유대수(兪大修)		기계	경성
이제신(李濟臣)	도구(陶丘)	고성	의령	구변(具忭)		능주	경성
하항(河沆)	각재(覺齋)	진양	진주	박희무(朴希茂)	남계(藍溪)	나주	함양
정구(鄭逑)	한강(寒岡)	서원	성주	권문임(權文任)	원당(源塘)	안동	단성
김우굉(金宇宏)	개암(開巖)	의성	성주	이광우(李光友)	죽각(竹閣)	합천	단성
김우옹(金宇顒)	동강(東岡)	의성	성주	신공필(愼公弼)	정재(靜齋)	거창	진주
김효원(金孝元)	성암(省菴)	선산	경성	손천우(孫天祐)	무송(撫松)	밀양	진주
곽재우(郭再祐)	망우당(忘憂堂)	현풍	의령	이요(李瑤)		종실	경성
조종도(趙宗道)	대소헌(大笑軒)	함안	진주	박찬(朴燦)	설봉(雪峰)	밀양	성주
곽저(郭䞭)	예곡(禮谷)	현풍	솔례	이광곤(李光坤)	송당(松堂)	합천	단성
노흠(盧欽)	입재(立齋)	광주	삼가	성여신(成汝信)	부사(浮査)	창녕	진주
이준민(李俊民)	신암(新庵)	전의	진주	노순(盧錞)	매와(梅窩)	신창	삼가

---

24) 이수건, 앞의 책(1995), 366쪽.

25) 이상필, 앞의 책(2005), 93-95쪽의 표를 다시 정리함.

성명	호	본관	거주	성명	호	본관	거주
송인(宋寅)	이암(頤庵)	려산	경성	하천주(河天澍)	신계(新溪)	진양	진주
오한(吳僩)	수오당(守吾堂)	해주	산청	진극경(陳克敬)	백곡(栢谷)	여양	진주
이염(李琰)	운당(雲塘)	고성	진주	이정(李瀞)	모촌(茅村)	재령	진주
이순인(李純仁)	고담(孤潭)	전의	경성	김면(金沔)	송암(松菴)	고령	고령
이희생(李喜生)	벽진(碧珍)	벽진	삼가	이대기(李大期)	설학(雪壑)	전의	초계
이로(李魯)	송암(松巖)	고성	의령	오운(吳澐)	죽유(竹牖)	고창	함안
조원(趙瑗)	운강(雲岡)	임천	진주	최황(崔滉)	유담(有潭)	해주	경성
이제신(李濟臣)	청강(淸江)	전의	양근	정복현(鄭復顯)	매촌(梅村)	서산	함양
하진보(河晉寶)	영모정(永慕亭)	진양	진주	정지린(鄭之獜)	서암(棲巖)	초계	한안
전치원(全致遠)	탁계(濯溪)	완산	합천	박제현(朴齊賢)	송암(松嵒)	경주	함안
이조(李晁)	동곡(桐谷)	성주	단성	정유명(鄭惟明)	역양(嶧陽)	초계	안의
정구(鄭構)	영모암(永慕庵)	경주	단성	양홍주(梁弘澍)	서계(西溪)	남원	함양
박제인(朴齊仁)	황암(簧嵒)	경주	함안	방응현(房應賢)	사계(沙溪)	남양	용성
하응도(河應圖)	영무성(寧無成)	진양	진주	김신옥(金信玉)		선산	안음
이천경(李天慶)	일신당(日新堂)	합천	단성	양응룡(梁應龍)			진주
하락(河洛)	환성재(喚醒齋)	진양	진주	김려(金勵)			진주
김홍미(金弘微)	성극당(省克堂)	상주	상주	이욱(李郁)		여흥	진주
도희령(都希齡)	양성헌(養性軒)	성주	함양	정인홍(鄭仁弘)	내암(來庵)	서산	합천

그런데 남명의 문인들도 남명의 학문이나 처세의 성향을 이어받는 경우가 많았다. 남명 문인 중에는 오건·정구·김우옹·김면·배신·정탁 등 퇴계 문하에도 출입하는 자가 적지 않았다.[26] 이들은 퇴계의 영향도 받아서 꼿꼿하면서도 처세에 온건한 입장을 취하는 자가 있기는 했다. 후에 남인의

---

26) 이수건, 위의 책(1995), 340쪽 및 368쪽의 〈표 3-7〉과 〈표 3-8〉 참조.

영수 역할을 한 정구가 그 대표적인 예다.[27] 남명 문인의 성향이 편차가 있기는 했지만, 다수가 과격하고 고집스러워 주위의 미움을 사는 경우가 많았다.

남명 문인의 성향을 살펴보는 데는 해당 인물의 문집보다는 당시 이들과 접촉하던 인물들이 이들을 평가한 것으로 알아보는 것이 객관적이라고 할 수 있을 것이다. 특히 남명 문인과 자주 접촉하면서도 대립하는 위치에 있었고, 그러면서도 비교적 객관적으로 서술하려던 율곡 이이 및 세간의 평가를 살펴보기로 하겠다. 남명 문인의 대표적인 인물로 최영경에 대해 율곡이『석담일기(石潭日記)』에 서술한 것을 보면, 다음과 같다.

> 최영경은 전에 조식을 좇아 배웠고, 청렴개결하기로 세상에 뛰어나 의가 아니면 조금이라도 취하지 않았다. 부모에게 효성이 지극하더니 부모가 돌아가자 가산을 모두 기울여 장사지내어 마침내 곤궁하여졌다. 집을 성안에 두었으나 친구를 사귀지 아니하여 아는 사람이 없었으며, 마을 사람들이 모두 고집 있는 선비라 할 뿐이었다. … 성혼이 서울에 왔다가 그를 방문했다. 문을 두드린 지 한참 뒤에 맨발의 조그만 여종이 나와 영접하고, 들어가니 방초(芳草)만 뜰에 가득했다. 좀 있다가 영경이 나오는데 포의(布衣)에 떨어진 신을 신고 있어 빈한한 기색이 쓸쓸히 풍겼으나 그 모양은 엄숙하고 장중하여 감히 범치 못할 점이 보였다. 앉아 이야기하는데 한 점의 속태(俗態)가 없었다.[28]

---

27) 李珥,『石潭日記』卷下, 萬曆8年庚辰 3월, "以鄭逑爲昌寧縣監 逑謹於禮學 律身甚嚴 議論英發 淸名日著 屢拜官不就 至是上京拜命."

28) 李珥,『石潭日記』卷上, 萬曆元年癸酉 5월, "崔永慶曾從曺植遊 淸介絶世 非其義也一毫不取 事親甚孝 親歿傾家以葬 遂致貧窶 家在城中 不事交遊 人無知者 里中人皆稱固執之士而已 … 渾入城委造焉 扣門良久 有赤脚小婢出應 入門則芳草滿庭 俄而永慶出 布衣破履 寒色蕭然 而 其容嚴重 有不可犯者 坐而語 無一點塵態."

즉 최영경은 남명의 성향과 닮아 매우 청렴개결하여 의가 아니면 조금
도 취하지 않았고, 서울에서 살면서 사람을 함부로 사귀지도 않고 고집스러
웠다는 것이다. 후대의 이긍익(李肯翊)도 다음과 같이 최영경을 남명과 견줄
만한 인물로 서술하고 있다.

> 공의 기상은 천 길 높이의 바위벽 같고, 가을 서리와 따가운 햇살
> 같았다. 흉금이 매우 깨끗하여 옥으로 만든 병이나 얼음이나 달과 같
> 았다. 바라보면 신선 같아서 그 기상과 풍절은 조남명과 서로 견줄 만
> 했다.[29]

그래서 그는 남명을 모시는 덕천서원에 배향된 유일한 인물이 되기도
했다.[30] 그는 선조 6년 이지함(李之菡) · 정인홍 · 김천일(金千鎰) · 조목(趙穆)
과 함께 선사(善士) 5인으로 천거되어 6품의 벼슬을 받았으나 사직했다.[31] 이
후에도 그에게 여러 차례 벼슬이 내려졌지만, 나아가지 않았다. 그런데 최영
경에 대한 율곡의 평가는 선조 14년 그가 '지평'이라는 벼슬을 사양하는 상
소를 올릴 무렵에 와서는 부정적인 형태로 변하고 있다.

> 지평 최영경은 상소하여 사직하고는 올라오지 않았다. 소의 대략
> 에 "지금 국시(國是)가 정하여지지 못했고, 공론이 행해지지 못하며,
> 편당(偏黨)이 풍습이 되고 기강은 날로 타락되니, 밝으심으로써 기미
> (幾微)를 비추시고 위엄으로써 진정시키어 편당의 무리가 제 마음대

29) 李肯翊, 『燃藜室記述』 권14, 宣祖朝故事本末 己丑黨籍 崔永慶, "公壁立千仞 秋霜洌日 胸次灑
落 玉壺氷月 望之有若神仙 其爲氣像風節 與曺南冥相伯仲."

30) 崔永慶, 『守愚堂實記』 권3, 禮曹請許配享德川書院啓 및 德川書院配享時奉安文 참조.

31) 『宣祖實錄』 권7, 6년 6월 癸丑; 『宣祖實錄』 권7, 6년 7월 庚寅.

로 방자치 못하게 하셔야 하는데, 그 책임이 대관(臺官)에게 있어 비록 고인이 이런 자리에 있어도 오히려 어렵겠는데, 신같이 우둔하고 무식한 자가 어찌 감당할 수 있겠습니까?"했다. 영경이 누구를 가리켜 편당이라 하는지 사람들은 그의 의향을 몰랐다. 이때 영경의 친구인 기대정(奇大鼎)은 학식도 없으면서 객기(客氣)를 숭상하여 의논이 자못 편벽되었는데, 영경은 그 말을 믿었던 까닭이다. 성혼이 이이에게 말하기를, "최효원(崔孝元, 영경의 자)의 소가 어떠한가? 그 사람이 올라오면 시사에 유익하겠는가?" 하니 이이가 웃으면서 말하기를, "한낱 품행 높은 기대정을 보태는 데 불과할 것이다" 했다. 영경은 학식이 부족하면서 다만 기절만 숭상했기 때문에 이이의 말이 이러했다.[32]

율곡은 영경이 학식이 부족하면서 다만 기절만 숭상했다고 깎아내리고 한낱 품행 높은 기대정을 보태는 데 불과했다고 평가했다. 율곡은 기대정이 학식도 없으면서 객기를 숭상하여 의논이 자못 편벽된 인물이라고 보았는데, 여기에 최영경을 빗댄 것이다. 이는 당시에 이미 중앙 조정에 편당이 이루어지고 공론이 형성되어 있지 않아 정계에 진출하기 어렵다는 최영경의 언사에 대해 못마땅하게 생각하고 그를 질시하는 세력이 상당히 형성되어 있었다는 것을 보여준다. 특히 그가 가깝게 지내던 성혼에 대한 비판적인 자세와 서인의 중요 인물인 정철(鄭澈)을 소인이라고 비난했던 행적은 이후 1589년 기축옥사(己丑獄事)에까지 영향을 미치게 된다.

---

32) 李珥, 『石潭日記』 卷下, 萬曆9年辛巳 9월, "持平崔永慶上疏辭職不上來 其疏畧曰 當今國是靡定 公論不行 朋比成風 紀綱日頹 明以燭幾 威以鎭之 使偏黨之徒不得肆其胸臆 責在臺臣 雖使古人處之 尙或其難 況如臣鈍愚無識 其可以當之乎 永慶之意 指誰爲朋比 人皆不知所向 時永慶之友奇大鼎 無學識尙客氣 議論頗偏 而永慶信其說 成渾謂李珥曰 崔孝元之疏何如 其人上來 則能補益時事乎 珥笑曰 不過添一行高之奇大鼎耳 永慶學識不足 而只尙氣節 故珥言如此."

기축옥사란 정여립(鄭汝立)의 모반을 나스리면서 이루어진 옥사다. 원래 최영경은 서울에서 태어나 살고 있다가 1573년(선조 8)경부터 당시까지는 동생 최여경(崔餘慶)의 처가가 있던 진주로 와서 도동에 은거하고 있었다.[33] 그런데 기축옥사의 전개 과정에서 정여립과 역모를 주도했던 인물로 길삼봉(吉三峯)이 부각되었고, 서인 쪽에서는 최영경을 억지로 길삼봉과 연결하여 그를 서울로 잡아가 국문한 것이다. 세간에는 이를 주도한 것이 정철이었다고 알려져 있었다. 성혼도 최영경 구제에 미온적이었다고 한다. 결국 최영경은 심문받고 옥에 갇혀 있다가 죽게 된다.[34] 남명 문인 중 이 옥사에 연루된 자는 최영경만이 아니었다. 유종지(柳宗智)도 전라도 유생 정암수(丁巖壽) 등의 상소로 인해 서울로 끌려 올라가 옥에 갇혀 심문받다가 숙게 된다. 상소 내용을 보면, 다음과 같다.

진주의 유종지도 여립과 상종하여 산중에서 서로 몰래 회합하기도 했습니다. 이때 그의 제자 양형(梁炯)만이 그 뜻을 알아서 편지를 전달하여 보고 난 즉시 소각시켜버렸으므로 그 편지의 오간 내용은 알 수 없습니다. 그런데 몇 년 전에 이들 몇 사람이 한 고을의 선비를 창솔하여 과거에 응시하지 말라고 하면서 "장차 망할 나라에 응시해서 무엇하겠는가?"라고 했으니, 이것이 어찌 백성으로서 차마 할 말이겠습니까. 아, 고인이 (과거에만 치중하면) 구도(求道)하려는 의지를 빼앗긴다고 경계는 했지만, 무리를 창솔하여 과거에 응시하지 말라고 하지는 않았는데, 유종지의 이 의론은 과연 무슨 속셈입니까.[35]

---

33) 權仁浩, 「守愚堂 崔永慶의 생애와 학문사상 연구」, 『南冥學研究論叢』 3, 1995, 156-160쪽.

34) 金康植, 「宣祖 연간의 崔永慶 獄事와 정치사적 의미」, 『역사와 경계』 46, 부산경남사학회, 2003, 4-6쪽.

35) 『宣祖實錄』 권23, 22년 12월 丁亥, "全羅道儒生丁巖壽等 上疏曰 … 晉州柳宗智 與汝立相隨

즉, 유종지에게도 정여립과 몰래 산중에서 회합했을 뿐만 아니라 몇 년 전에는 고을 선비들에게 장차 망할 나라의 과거에 응시할 필요가 없다고 선동했다는 죄목이 씌워진 것이다. 이보다 10여 년 전 그가 수령의 잘잘못을 거론하기를 좋아한다 하여 감영으로 끌려가 문초당하자 도내 사람들이 놀라 이상하게 생각했다고 하듯이,[36] 그도 조정이나 향촌사회 내의 문제를 과감하게 제기하는 성향을 가지고 있었던 것 같다. 이 외에도 남명의 여러 제자가 기축옥사에 연루되어 곤욕을 치렀다. 김우옹은 정여립과 친했다고 해서 회령으로 귀양 갔고, 정인홍도 이 사건으로 인해 장령에서 물러났다.[37] 조종도(趙宗道)나 정홍조(鄭弘祚)도 끌려가 곤욕을 치르다가 풀려났다.[38] 이로 인해 남명학파는 상당히 위축될 수밖에 없었다.

오건은 남명 문인의 수장(首長)으로서 나이도 많았다. 김우옹·정구는 남명·퇴계의 문인이면서 오건의 문인이기도 했다.[39] 오건도 매우 강직하여 주위의 미움을 샀다.

오건은 이조 낭관이 되어 벼슬길을 밝히어 묵은 폐단을 바로잡으려고 흑백을 뚜렷하게 구분하고 원망과 비방을 피하지 아니했다. 그

亦密會合山中 惟弟子梁泂 通其意而往來書尺 見則投火云 則雖未知其所往復者何事 而頃年此數人者 倡一州士 使不赴擧曰 將亡之國 赴擧何爲 此豈臣子所忍言乎 噫古人固戒人以奪志者 未有倡衆以廢擧 宗智此論 果何心耶."

36) 李珥, 『石潭日記』卷下, 萬曆8年庚辰 2월, "同知中樞府事許曄卒 … 按嶺南時 … 又以晉州儒生柳宗智等 好議論守令得失 發卒掩捕 囚治其罪 宗智等是善士也 一道駭怪之 罔測其意."

37) 李建昌, 『黨議通略』宣祖朝(附光海朝) 己丑鞫獄條 참조.

38) 『晉陽誌』권3, 人物 趙宗道, "己丑以非罪被累 與崔守愚永慶同建繫 屢月談笑自若 亦不爲動已"; 鄭弘祚, "己丑之變 前晉州判官洪廷瑞曰 逆賊嘗往來崔某之言 得聞於州別監鄭弘祚 因拿繫王獄 供對之辭 小無胡亂 嶺右士林 賴以得免."

39) 李商元, 「南冥學派에 있어 吳德溪의 位相」, 『南冥學研究論叢』 7, 남명학연구원, 1999, 369-370쪽.

래서 뭇 소인들이 더욱 꺼리고 미워했다.[40]

이미 6품에 승진되어 비로소 청요직을 역임하게 되어 이조전랑이 되니 공도에 힘썼다. 사람됨이 순실하고 과감하여 일을 당하면 바로 나가고 회피하거나 동요하는 바 없어 원망하는 자가 많았다. 노진(盧 禛)이 꾸짖기를, "네가 초야에서 발신하여 몸이 청현한 관직에 올랐으니 네게는 과분한 일인데, 마땅히 너무 드러내지 말고 조심해서 인심에 맞추어야 할 것이다. 무엇 때문에 망령되게 소견을 고집해서 스스로 원한과 노여움을 사느냐?"라고 했다. 그래도 오히려 고치지 않아 여러 사람의 원망이 더욱 심해져갔고, 또 임금의 뜻도 사류(士類)를 싫어하고 유속배(流俗輩)의 기세가 날로 성하여 오건은 할 수 있는 도리가 없음을 헤아리고 벼슬을 버리고 돌아갔다.[41]

그는 퇴계의 문하에도 들었지만, 남명 문인의 수장으로서 남명학풍의 기질을 잘 내보이고 있었다. 그러나 오건보다 이후 남명학파를 대표하면서 남명학풍의 기질을 유감없이 발휘한 자는 정인홍이다. 율곡의 『석담일기』에는 정인홍에 대해 다음과 같이 서술되고 있다.

정인홍은 조식의 뛰어난 제자로 강직하고 엄숙하며 부모와 형을 잘 섬겼다.[42]

---

40) 李珥, 『石潭日記』卷上, 隆慶5年辛未 7월, "吳健爲吏曹郎 欲淸仕路以矯弊 甄別黑白不避怨謗 故群小尤忌嫉之."

41) 李肯翊, 『燃藜室記述』권18, 宣祖朝故事本末 宣祖朝名臣 吳健, "旣陞六品 乃踐淸要 作銓郎務 公道 爲人淳實果敢 遇事直前 無所回撓 人多怨者 盧禛訶之曰 汝從草茅發跡 致身淸顯 於汝過 分 當韜晦小心 以副人心 何故妄執所見 自取怨怒乎 猶不改 衆怨益甚 且上意厭士類 而流俗之 勢日盛 健度不能有爲 棄官而歸."

42) 李珥, 『石潭日記』卷上, 萬曆元年癸酉 5월, "鄭仁弘是曹植高弟也 剛嚴篤於孝悌."

헌부에서 이조좌랑 이경중(李敬中)을 파면하기를 청했는데, 그대로 따랐다. … 장령 정인홍은 그의 하는 바를 미워하여 탄핵하려 했는데, 대사헌 정탁(鄭琢)이 고집하여 따르지 않으므로 각각 소견대로 아뢰고는 피혐(避嫌)하여 사퇴했다. 사간원에서 정탁은 체직시키고 인홍은 출사하게 할 것을 청했더니, 드디어 경중을 탄핵하여 파면시키자 그 무리는 의심과 두려움을 품어 뜬 논의가 분분했다. 이 일은 유성룡(柳成龍)도 자못 좋아하지 않으므로 이이가 밝게 깨우치기를, "정덕원(鄭德遠, 정인홍의 자)은 초야에서 일어난 고독한 이로, 충성을 다하고 공도를 받들고 있었다. 그가 논한 바에는 지나친 것이 있는 듯하나, 이것은 실로 공론인데 어째서 옳지 않다 하겠는가?" 하니, 성룡도 감히 말하지 못했다.[43]

이처럼 정인홍의 타협할 줄 모르는 강직성을 칭찬하고 다른 사람에게 변명해주던 율곡은 이후 정인홍에 대해 부정적인 평가로 돌아서게 된다.

장령 정인홍이 어버이를 뵈러 시골로 돌아갔다. 인홍은 사헌부에 있으면서 위풍으로 제재하여 백료들이 진작되고 숙정되었고 거리의 장사치들까지도 감히 금하는 물건을 밖에다 내놓지 못했다. … 이에 이르러 어버이를 뵈러 시골로 돌아가니, 성안의 방종한 자들은 모두 기뻐하기를, "이제야 어깨를 펴겠다" 했다. 다만 인홍은 기운이 경박하고 도량이 좁아서 처사가 혹 조급하고 떠들썩함을 면하지 못했으므

---

43) 李珥, 『石潭日記』卷下, 萬曆9年辛巳 3월, "憲府請罷吏曹佐郎李敬中 從之 … 掌令鄭仁弘惡其 爲 將劾之 大司憲鄭琢固執不從 遂各啓所見 避嫌而退 諫院啓請遞琢 而使仁弘出仕 遂劾敬中 罷之 於是厥儕輩皆懷疑懼 浮議囂囂矣 柳成龍亦頗不樂 李珥曉譬曰 鄭德遠(仁弘之字) 以草 野孤蹤 盡忠奉公 所論雖似過中 實是公論 豈可非之乎 成龍乃不敢言."

로 이이가 매양 글을 보내어 권하고 경계하기를, "큰일에는 마땅히 분발하여 일어날 것이지만, 작은 일은 혹 간략하게 처리하는 것이 좋소. 뭇 사람의 말썽이 떼지어 일어나게 되면 시사가 더욱 좋게 될 수 없을 것이오" 했다. 인홍은 이이가 지나치게 유약하다고 의심하여 안민학(安敏學)에게 말하기를, "숙헌(叔獻, 이이의 자)은 굳세게 꿋꿋하게 일할 사람은 아니다" 했다.[44]

정인홍이 과단성이 있기는 하지만 경박하고 도량이 좁아서 처사가 조급하고 떠들썩함을 면하지 못하는 경우도 있어 율곡이 글을 보내어 경계하기도 했다는 것이다. 당시 성혼·이이·유성룡·이발·김우옹·정인홍 등 청명한 선비들이 발탁되어 서울에 모여들었지만, 임금의 사류에 대한 믿음이 돈독하지 못해 시사가 진척되는 형세가 없었던 것 같다. 사류들 간에도 대립이 형성되는 가운데 아마 율곡과 정인홍의 대립이 심화되고 있던 것을 반영하는 것일 것이다. 특히 청양군(靑陽君) 심의겸(沈義謙)의 파직이 논의되는 가운데 정인홍은 그 일에 가장 앞장서면서 정철까지도 문제 삼고 있어서 율곡과 첨예하게 대립하고 있었다.[45] 율곡은 정인홍을 "강직하나 생각하는

---

44)　李珥,『石潭日記』卷下, 萬曆9年辛巳 4월, "掌令鄭仁弘以覲親歸鄕 仁弘在憲府 以風裁整物 百僚振肅 至於市中商賈 皆不敢以禁物見於外 … 至是以覲親歸鄕 城中放縱者皆喜 乃敢息肩云 但仁弘氣輕而量狹 處事或不免躁擾 珥每移書勸戒曰 大事當振奮 小事或可畧也 衆言朋興 則時事尤不可爲矣 仁弘疑珥過柔 謂安敏學曰 叔獻非剛毅做事底人 … 是時淸名之士 成渾·李珥·柳成龍·李潑·金宇顒·鄭仁弘聚城中 而上意不信向士類 故時事無步進之勢."

45)　李珥,『石潭日記』卷下, 萬曆9年辛巳 7월, "兩司請罷靑陽君沈義謙 上不允 時李珥立朝 與一二士類 欲扶持國勢 以回世道 而鄭仁弘剛直量狹 計慮不能周徧 嫉惡如讎 旣論劾禹性傳李敬中之後 時輩疑珥主論 而抑東扶西 多有不平者 李潑素嫉沈義謙 必欲聲罪擊去之 時輩多不知珥 而獨李潑金宇顒尊信之 … 潑意不快 乃見仁弘贊其決 仁弘議于宇顒 宇顒亦止之曰 恐惹起爭端 沮敗好意思也 仁弘不聽 而欲幷論鄭澈 宇顒潑力止之曰 若論季涵 大憲必不從而角立矣 季涵決不可論也 仁弘見珥 力勸論義謙 珥不從 仁弘慷慨不已 欲棄官而歸."

계책이 두루 소상치 못하고 학식이 밝지 못하니, 용병(用兵)에 비하면 돌격장(突擊將)은 될 것이다"⁴⁶⁾라고까지 깎아내렸다.

남명학파를 대표하던 정인홍은 이후 동인이 남인·북인으로 갈릴 때나, 북인이 다시 대북과 소북으로 나뉠 때도 이를 주도하면서 상대 세력과 첨예하게 대립했다. 정인홍을 중심으로 한 대북 세력이 정권을 주도하게 된 광해군대에는 이전부터 지속적으로 추진되어온 퇴계 등 5현(賢)의 문묘종사가 이루어지만, 여기에 남명이 포함되지 못했다. 남명을 퇴계 못지않은 존재로 파악하고 있던 남명학파는 이에 반발할 수밖에 없었고, 그것이 다음 해 정인홍의 '무훼회퇴소(誣毁晦退疏)'로 나타나게 된다. 이 상소는 회재 이언적과 전국적으로 종장(宗匠)으로 추앙받던 퇴계를 노골적으로 깎아내리는 내용을 담고 있어서 이에 반발한 전국 유생의 상소운동이 상당 기간에 걸쳐 격렬하게 전개된다.⁴⁷⁾ 이는 남명학파의 전국적 입지를 약화시키고, 이 학파를 적대시하는 세력들을 확대하는 결과를 가져왔다.

그 이후 대북정권은 '폐모살제'라는 패륜행위를 저지르게 되고, 그것이 인조반정을 일으키는 빌미가 된다. 인조반정 이후 정인홍을 비롯해 대북정권에 가담했던 인물들은 철저히 징벌당했고, 남명학파도 침체될 수밖에 없었다. 정인홍에 대한 평가도 더욱더 가혹한 양상을 띠었다. 인조반정 이후 편찬된『광해군일기』에는 정인홍이 사직한 사실을 언급하면서 사신(史臣)이 정인홍을 평하는 글이 있다.

인홍은 어려서부터 처사 남명 조식의 문하에서 공부했다. 조식은

---

46) 李珥,『石潭日記』卷下, 萬曆9年辛巳 8월, "李珥曰 德遠剛直 而計慮不周 學識不明 譬之用兵 可用以爲突擊將矣."

47) 이수건, 앞의 책(1995), 515-517쪽.

정직하고 명백하여 마치 만 길이나 되는 벼랑처럼 기상이 우뚝해서 사람들이 감히 범하지 못했다. 그러나 타고난 기질과 성취한 학문이 대개 기절(氣節)과 엄숙에 치우쳐서 학자를 인도하는 데 이미 폐단이 없지 않았다. 인홍은 소위 조식의 수제자인데, 그 스승의 훌륭한 장점은 닮지 못하고 다만 치우쳐 폐단이 있는 것만 배웠다. 대저 그의 천성이 강하고 급하면서도 사나워 발끈 성을 내며 자신을 깨끗이 하려고 하니, 기절이 남을 헐뜯는 것으로 변했고 엄숙함이 각박한 것으로 변하여 마침내 한 당파에 치우쳐 서로 공격하고 자기보다 나은 자를 투기하고 꺼려 사람과 물건을 해치고 은혜와 원수를 보복하는 것을 능사로 삼았다.[48]

남명학파에 대한 세간의 부정적 평가는 이후에도 지속되며 더 강화되어갔다. 숙종대 영의정 김수항(金壽恒)이 "조식은 천 길 벼랑 같은 기절이 있고 또 학문으로 자임하지만, 병통(病痛)이 없지 않았다"라고 하면서 "그 문인인 정인홍은 더욱 어그러져서 문묘에 배향된 유현을 헐뜯는 등의 행위를 한 세상의 드문 간흉"이라고 지적한 것[49]이 그 예다. 그의 아들 김창협(金昌協)도 남명학파에 대해 다음과 같이 언급하고 있다.

남명, 일재[一齋: 이항(李恒)], 청송[聽松: 성수침(成守琛)], 대곡[大谷: 성

---

48) 『光海君日記』권10, 2년 3월 丁酉, "仁弘少遊處士南冥曺植之門 植 亭亭皎皎 壁立萬仞 人莫敢犯 然而氣質所稟 學問所就 蓋有偏於氣節嚴厲之歸 導率學者 已不能無弊矣 仁弘所謂植之高弟 而於其師高處 則不能髣髴 而只於其偏而有弊處 多有得焉 蓋其天性剛絞狠愎 悻悻自好(氣節變爲訐直 嚴厲轉成過刻) 遂至於偏黨相攻 媢嫉忌克 以傷人害物 報復恩讎爲能事矣."

49) 『承政院日記』제320책, 숙종 13년 3월 13일, "壽恒曰 … (徵士曺)植 有壁立千仞之氣節 且以學問自任 而不無病痛 故李滉 常有不足之意 及於書尺間 多有切迫之辭 … 其中鄭仁弘 爲人强戾 尊其師太過 終至於誣毁從祀之儒賢 仁弘則稀世之奸凶也 固不足道."

운(成運))이 동시대에 함께 이름을 떨쳤는데, 그중에 남명은 특히 사도로 자임했으며 문도들이 매우 많아 퇴계와 영남을 거의 절반씩 나누었다. 그러나 남명은 실은 학문은 알지 못하고 그저 처사로서 기개와 절조가 있는 사람이었을 뿐이니, 언론과 풍채가 비록 사람을 분발시키는 점이 있기는 하나 폐단과 병통이 적지 않았다. 그의 문하에 종유했던 자들은 대체로 다 기개를 숭상하고 이단적인 것을 좋아하여 심한 경우는 정인홍 같은 이가 되고 심하지 않은 경우는 최영경 같은 이가 되었으니, 순경(荀卿)의 문하에서 이사(李斯)가 나온 것은 까닭이 없지 않다. 남명의 병통은 '자부심[긍(矜)]' 한 글자에 있다.[50]

김창협은 남명학풍의 병통으로 인해 그 문인으로서 심하면 정인홍, 심하지 않으면 최영경 같은 인물이 나왔다고 해서 최영경마저 비판의 대상으로 삼았다. 또 이들을 순경 문하에서 이사가 나온 것에 비기고 있다. 이사는 전국 시대 초나라 출신의 사상가이자 진나라의 승상으로, 법가(法家)사상을 설파한 순경[저서에 『순자(荀子)』가 있음]의 제자이기도 하다. 그는 진시황을 보좌하여 진나라가 천하 통일을 이룩하는 데 기여했고, 통일 후에는 군현제 등을 실시하여 중앙집권 국가의 기틀을 다졌지만, 분서갱유(焚書坑儒) 사건 등을 주도하기도 했다. 따라서 후대의 유가들에 의해 상투적으로 부정적인 평가를 받던 대표적인 인물이었는데, 여기에 남명학파가 비유된 것이다. 이런 논조는 그 이후 다른 관료들에 의해서도 반복해서 제기되고 있었다.[51]

---

50) 金昌協, 『農巖集』 권32, 雜識, "南冥一濟聽松大谷 一時同有盛名 南冥尤以師道自任 門徒之盛 幾與退溪分嶺南之半 然南冥實不知學 只是處士之有氣節者耳 其言論風采 雖有聳動人處 弊病不少 游其門者 大抵皆尙氣好異 甚則爲鄭仁弘 不甚則爲崔永慶 荀卿之門出李斯 未爲無所自也 南冥病在一矜字."

51) 남명학파가 荀卿 문하에서 李斯가 나온 것에 비겨지는 모습은 이후 부제조 洪象漢(『承政院日

게다가 1728년(영조 4) 무신난(이인좌의 난)이 일어나면서 남명학파에 대한 평가는 더욱더 나빠진다. 이 반란은 노론정권에 불만을 품은 소론과 남인이 연합하여 노론과 영조를 제거할 목적으로 전국적인 규모로 일어난 것인데, 여기에 경남 서부지역 내에 있는 안음[安陰, 후의 안의(安義)]현의 정희량(鄭希亮)도 경상도 내의 반란을 주도하며 참여했다. 즉, 그가 안음에서 기병하고 거창을 점령하자 합천과 함양에서도 호응했다. 정희량은 정인홍의 문인인 정온(鄭蘊)의 5대손이었다. 정온은 당시 정인홍의 명성에 빌붙어 정권을 농단하던 이이첨(李爾瞻)의 간교를 간파하여 정인홍에게 그와의 관계를 끊도록 요구했고, 대북정권의 독단적인 인사를 비판했다. 특히 정온은 1614년(광해군 6) 영창대군 피살의 부당함을 주장하는 '갑인봉사소(甲寅封事疏)'를 올림으로써 이에 동조한 문인들과 함께 대북정권으로부터 탄압을 받고 처벌되었다.[52] 이후 이 가문의 인물들은 남명학파와의 관계가 소원했고, 정희량도 주로 경상좌도의 인물들과 교유했다. 그러나 좌도의 인물들이 반란에 소극적인 입장을 취하자, 자기 고향을 근거지로 하여 반란을 일으킨 것이다.[53]

이로 인해 경상우도, 특히 경남 서부지역에 뿌리를 둔 남명학파의 성향이 반역과 연관 지어 거론되는 현상이 나타난다. 무신난이 일어난 직후 조정에서 사태 진압에 대해 논의하는 가운데, 영의정 이광좌(李光佐)는 경상도에서도 하도에서 적이 출현했음을 언급하면서 그 원인을 하도가 이치를 제대로 밝히지 않은 채 의기(義氣)를 행하다가 도리어 불의에 빠졌다고 했다. 즉, 하도 사람은 모두 조식의 관습을 사모하여 매우 사치하고 기절을 숭상

記』제1005책, 영조 22년 6월 24일), 영의정 李天輔(『承政院日記』제1131책, 영조 32년 5월 7일) 등의 언급에서도 나타난다.

52) 李在喆, 「18세기 慶尙右道 士林과 鄭希亮亂」, 『大丘史學』31, 1986, 38-40쪽.

53) 이재철, 위의 글(1986), 58-60쪽.

하지만 이치를 살피는 것이 불명하기 때문에 결국에는 스스로 나쁜 반역의 죄과에 빠지고 말았다는 것이다.[54]

1734년(영조 10) 참찬관 이유(李瑜)도 남명이 기절을 숭상하여 한번 변전하여 정인홍이 되고, 그 말류의 폐단으로 무신난의 역당(逆黨)이 우도에서 많이 나왔다고 했다.[55] 병조판서 박문수(朴文秀)도 하도의 남명이 기절을 숭상하는데, 법도를 따르지 않아 그 말류의 폐단으로 정인홍이라는 간흉이 생겨나고 마침내는 정희량 같은 역당이 나타났다고 했다.[56] 그런데 이처럼 경상우도의 풍속을 언급할 때는 상투적으로 좌도의 풍속이 같이 비교되고 있었다. 좌도의 퇴계는 근칙(謹飭)과 예방(禮方)을 가르치고 실제의 학문에 전념하도록 하여 좌도에는 아직도 충후(忠厚)와 독실(篤實)의 풍속이 유지되고 있어서 반란의 기미는 없었다는 것이다.[57]

1751년(영조 27) 6월부터 다음 해 7월까지 경상도 관찰사를 지내다가 서울로 올라와 이조판서가 된 조재호(趙載浩)도 마찬가지였다. 그는 경상우도의 풍습을 이야기하면서 절의를 숭상하지만, 자만심이 강하고 매우 부유하여 관장을 대하되 두려워하거나 꺼리는 마음이 없어서 다스리기가 어려운 곳이라고 규정했다. 또 기절을 숭상하는 남명학풍이 잘못되어 최영경·정

---

54) 『承政院日記』 제659책, 영조 4년 4월 3일, "光佐曰 大抵義氣是好底 而若明理而行義氣 則爲眞義氣 不明理而行義氣 則反陷不義 曺植 壁立千仞 而不中程式 … 光佐曰 … 仁弘則血氣剛戾 故初則過爲義事 而終爲大北領袖 身陷大逆 人皆羞道 大抵下道人 皆慕習曺植 豪侈尙氣 而見理不明 故其末梢 自陷於惡逆之科矣."

55) 『承政院日記』 제774책, 영조 10년 2월 28일, "瑜曰 … 雖以嶺南習俗言之 右道 則古有學者曺植 而尙氣節 故一轉而爲鄭仁弘 右道之俗 大抵尙然諸重氣槪 故其流之弊 戊申之逆黨 多出於右道 左道 則先正臣李滉 敎之以謹飭禮方 專意於實地工夫 故至今左道之俗 尙有忠厚篤實之風矣."

56) 『承政院日記』 제876책, 영조 14년 8월 10일, "兵曹判書朴文秀疏曰 … 豈獨嶺南 全是逆種 而無一忠義者耶 嶺南上道 則先正臣李滉之所居 而滉尙禮讓 故遺風所及 人無濫志 下道 則文貞公曺植之所居 而植尙氣節 故末流之弊 不循法度 始有仁弘之凶 終至於希亮之逆而極矣."

57) 위의 주 56) 참조.

인홍 · 정희량 같은 인물이 나왔고, 관장을 이기려는 것을 능사로 삼고 있다고 했다.[58]

이처럼 경상우도, 특히 경남 서부지역이 반역향으로 찍히고 다스리기 어려운 고을이라고 규정된 가운데 그 대표적인 곳으로 진주가 거론되는 것은 앞에서 서술되었듯이 진주민이 과격하고 저항적인 모습을 지니고 있고, 진주에 남명학파의 총본산인 덕천서원이 있으며, 남명 문인이 가장 많이 배출된 곳이기 때문이다. 그러나 무신난이 일어났을 때 진주에서는 반란에 가담한 흔적이 보이지 않는다. 오히려 무신난을 진압하기 위해 진주지역에서도 창의한 사례가 적지 않게 언급된다.

『진양속지(晉陽續誌)』 충의(忠義)조에는 하내유(河大猷) · 문응익(文應翼) · 한필세(韓弼世) · 강희주(姜熙周) 등이 무신난 때 토적활동에 참여한 것으로 소개되고 있다.[59] 이들은 모두 진주의 명망 사족 가문 출신이었다. 즉 하대유 · 문응익은 각각 남명 문인인 하응도(河應圖) · 문익성(文益成)의 후손이고, 한필세는 임진왜란 때 의병활동에 참여했던 한계(韓誡)의 증손이다. 이들은 남인 입장을 취하는 가문 출신이었다. 하대유는 1724년(경종 4) 행약궁비(行藥宮婢)를 속히 찾아내어 유사(有司)에 붙여 법으로 다스릴 것을 청하는 이만경(李萬經) 등의 상소에 참여했다.[60] 문응익의 형제 · 사촌 및 아들 · 조카들도 같은 해 장희빈(張嬉嬪)의 추보(追報)와 설원(雪冤)을 청한 이삼령(李三齡) 등의 상소를 받들어 들이지 않고 대전(大殿)을 기만한 승정원 승지의 처벌, 이

---

58) 『承政院日記』 제1085책, 英祖 28년 8월 20일, "吏判曰 … 右道之俗 則崇尙節義 而矜誇豪富 視官長無畏憚之心 故其民難治也 … 吏判曰 … 右道處士曺植 專尙氣節 故其地或出豪傑之士 · 節義之人 而不能善變 則其弊一傳而爲崔永慶 再傳而爲仁弘 至於希亮輩出 其地之人 以務勝官長爲能事 臣前任後 百姓來呈議送者 盡是訴其官長者 故臣捉治其甚者若干人矣."

59) 『晉陽續誌』 권3, 忠義條 참조.

60) 『承政院日記』 제569책, 경종 4년 5월 17일.

이명(李頤命) 등의 복형(伏刑)을 청했던 이잠(李潛)의 추장(追奬) 등을 청하는 이덕표(李德標) 등 경상도 유림의 상소운동에 참여했다. 물론 여기에는 하증 후손을 제외한 진양하씨 각 계파의 인물, 진양강씨 어사공파 및 은렬공파, 진양정씨 지후공파, 울산김씨 · 창녕성씨 · 재령이씨 · 의령남씨 등 진주의 주요 남인 가문 출신들이 참여하고 있었다.[61]

영조가 즉위한 이후 노론 세력이 지배체제를 강화해가는 추세에 비판적인 입장을 취하는 남인 입장의 인사들마저 반란에는 동의할 수 없었고, 오히려 창의하는 인물들이 적지 않게 나온 것은 사실이지만, 중앙 조정에서는 이런 것들은 안중에도 들어오지 않았다. 그저 반역적인 기질을 띠는 남명학파의 본거지가 진주라는 점에 초점이 맞추어져 있을 뿐이었다. 이런 상황 전개로 인해 진주 일부 가문의 노론화도 진전된다. 한필세의 손자 한백휴(韓伯休)도 위의 상소운동에 참여했지만, 이 가문의 일부는 이후 노론 계열로 입장이 바뀌는 것이 그 예다.[62]

이처럼 인조반정 이후 남명학파가 전반적으로 침체하면서 이 학파 출신의 명망 있는 학자의 숫자가 줄어들고 문집이 간행된 인물의 숫자 면에서나 문집 자체의 질량 면에서도 크게 위축되고 있었다. 게다가 1728년 일어난 무신난이 남명학파를 더욱 움츠러들게 했다.[63] 앞에서 언급했듯이 조선 후기 경남 서부지역 출신, 특히 진주 출신 인물의 문과 합격자도 영남 내 다른 권역에서 크게 늘어난 것과 달리 격감했고 생원진사과 합격자도 별로 늘지 않았다.[64]

---

61) 『承政院日記』 제569책, 경종 4년 4월 24일.

62) 영조 14년 3월 16일 송시열의 문묘 배향을 청하는 權泰斗 등의 연명 상소에 이 가문의 韓箕錫 등이 참여한 것이 이를 보여준다(『承政院日記』 제869책, 영조 14년 3월 16일).

63) 이상필, 앞의 책(2005), 137-138쪽.

64) 앞 장의 〈표 1〉 참조.

이런 가운데 남명학파의 인물들은 퇴계학파에 대해 대결의 기치를 표방한 정인홍의 흔적을 철저히 청산하고, 그 대신 남명과 퇴계의 양 문하에 출입한 정구를 남명의 적통으로 부각시키고 있었다. 그것은 반정 이후 남인의 중심축인 허목(許穆)이 정구 문하에서 나온 것과 직접적인 관계가 있었고, 이를 계기로 우도 유림이 전체적으로 남인화 경향을 띠게 된다.[65] 그러나 이런 우도 유림의 변화 속에 『남명집』 임술본 훼판 사건 등 자체 내의 대립·분열도 격화되고, 정권을 장악한 서인·노론 세력의 집요한 노력으로 인해 일부 유림의 서인·노론화 현상도 확산되어간다. 진주도 마찬가지였다.

이처럼 우도 유림 중 일부가 서인·노론으로 경사한 예도 적지 않지만, 전체적으로 보아 영남은 이로부터 하나의 남인학파로 통일되었고, 퇴계와 남명은 이 학파 안에서 병칭되어온다. 그것은 남명학풍 자체를 위해서나 우도 유림이 사족으로서의 명맥을 유지하기 위해서나 필연적 추세였다고 할 수 있다. 그러나 남인은 처음부터 학파·당파를 초월해 전국적으로 '동방의 주자'로 칭송되던 퇴계[66]를 종주(宗主)로 삼고 있었기 때문에 남명은 상대적으로 그늘에 가려질 수밖에 없었다. 조선 후기에 와서 성리학적 사상체계가 경직화되고 이기심성론의 논리 심화와 형식적 대의명분론이 확산되어간 데 반해, 남명이 남겨놓은 사상체계에 대해서는 이단적인 것만 부각되던 상황이라 더욱 그러했다. 따라서 남명학파 인물과 관련된 문헌에서도 차츰 퇴계의 영향을 받은 것을 강조하는 경향들도 나타나게 된다.[67]

그러나 이 지역 대부분 인물은 일찍이 남명의 문인이거나 남명의 종유

---

65) 吳二煥, 『南冥學派硏究』 上, 南冥學硏究院出版部, 2000, 6쪽.

66) 『光海君日記』 권10, 2년 3월 丁酉; 『光海君日記』 권40, 3년 4월 己卯; 『承政院日記』 제548책, 경종 2년 12월 14일.

67) 오이환, 앞의 책(2000), 6-7쪽; 이상필, 앞의 책(2005), 170쪽.

인, 재전문인(再傳門人)인 조상을 둔 가문의 출신이므로 당대 자신의 사승관계로 인해 조상 전래의 학풍이 하루아침에 사라질 수는 없었다. 그래서 일부 인물들이나마 남명학풍 계승의 노력은 이어진다. 하홍도(河弘度)가 인조반정 이후 경남 서부지역 유림의 종장으로서 남명학풍을 계승해나가려는 노력을 했고, 이후 이 집안의 후손들도 조선 말기에 이르기까지 남인으로서 남명을 위한 사업을 주도하는 역할을 수행해왔다. 태안박씨 출신의 박태무(朴泰茂)도 퇴계학맥 이재(李栽)의 문인이긴 했지만 남명학풍 계승에 적극적인 관심을 가졌고, 그의 아들 박정신(朴挺新), 증손 박지서(朴旨瑞) 등은 대를 이어가며 『남명집』을 간행하는 일, 남명을 문묘에 배향하기를 요청하는 상소를 올리는 일, 서원 중건 등을 주도적으로 추진했다.[68]

이처럼 세력이 침체되는 가운데 경남 서부지역의 사림들은 기회 있을 때마다 남명학파의 총본산인 덕천서원을 중심으로 결집하면서 남명학풍을 다른 지역 사림들에게 새롭게 인식시켜 진작시키려고 노력했다. 이런 노력은 『남명집』 개간을 위한 노력, 남명을 문묘에 배향할 것을 청원하는 운동, 덕천서원의 위상을 높이려는 노력, 산천재 중건 등으로 표출된다.

그런데 수차례에 걸쳐 진행된 『남명집』 개간은 초기 정인홍에 의해 편찬되었던 『남명집』에서 정인홍의 발문[69] 등 그의 흔적을 없애는 데 그치지 않고, 『남명집』에 남아 있는 일부 잘못된 부분, 특히 남명에게 누(累)가 되는 부분을 수정·보완하는 작업으로 진행되고 있었다. 그 성과가 1897년 갑오정유판(甲午丁酉板)이다. 그 개정의 요체는 남명의 이단적 면모나 누가 되는 문자의 말살에 치중한 것이다. 특히 남명이 이정이 음부(淫婦)를 몰래 비호하

---

68) 이상필, 앞의 책(2005), 180-181, 203-209쪽.

69) "跋南冥集說: 南冥先生與李龜巖絶交事後識"이 그것이다. 이는 퇴계를 지적하여 공격한 것이므로 정인홍의 반대파들이 총결집하여 그를 공격하게 된 구실이 되었다.

여 뇌물을 받고 벗을 등진 일을 극언한 「오건과 정탁에게 보내는 편지[與子强子精書]」에 대해서는 사실이 아니라며 문집에서 빼버렸다. 폭넓은 남명의 학문 영역을 노장의 색채가 명현의 명망에 해를 끼친다 하여 성리학 일변도로 축소 조정하는 존위이정(尊位釐正)은 새로운 서구 학문과 사상이 밀려들고 성리학적 이념이 퇴조하는 조선 말기에 뒤늦게 실현됨으로써 오히려 남명의 진면목만 손상시키는 폐해를 초래했다.[70]

이처럼 조선 후기 남명학파가 침체되고 그 학파의 독특한 색채가 점차 약화되기는 했지만, 남명학풍 내면에 잠재되어 있던 독특한 기질은 계승되어갔다. 즉, 남명의 학문적 개방성과 처세의 강직성 또는 과격성, 실천성은 남명학파 후예의 내면에 어느 정도 흘러내리고 있었다. 물론 이런 성향이 어떤 때는 과격한 형태로 나타나 다른 세력이 받아들일 수 없는 지경에 이르는 경우도 있었지만, 어떤 때는 사회의 변화와 발전에 기여하는 새로운 형태로 표출될 잠재성도 지니고 있었다.

---

70) 金侖壽, 「『南冥集』의 冊板과 印本의 系統」, 『南冥學硏究』 2, 경상대 남명학연구소, 1992, 235-239쪽.

IV

임진왜란 때
의병활동과
진주성 전투 및
논개

1. 진주성 전투 이전 경상우도의 의병활동

1) 경상우도 각 지역에서의 의병활동

1592년(선조 25) 4월 13일 왜병이 부산을 침입했다. 고니시 유키나가(小西行長), 소 요시토시(宗義智) 등을 대장으로 하고 휘하 1만 8천여 명의 병력으로 구성된 왜병 제1번대가 부산과 동래성을 함락한 후 별다른 저항을 받지 않고 양산·밀양을 거쳐 대구로 향했다. 19일에는 가토 기요마사(加藤淸正) 등을 대장으로 한 제2번대 2만 2천여 명이 부산에 상륙하여 경주를 거쳐 영천·신령 방면으로 향했으며, 같은 날 구로다 나가마사(黑田長政) 휘하의 제3번대가 김해에 상륙한 뒤 창원을 점령하고 성주·개령을 거쳐 추풍령 방면으로 향했다. 이에 뒤이어 4, 5월에 걸쳐 시마즈 요시히로(島津義弘) 등의 제4번대(1만 4천 명), 후쿠시마 마사노리(福島正則) 등의 제5번대(2만 5천 명), 고바야카와 다카카게(小早川隆景) 등의 제6번대(1만 5천 명), 모리 데루모토(毛利輝元) 등의 제7번대(3만 명), 우키타 히데이에(宇喜多秀家) 등의 제8번대(1만 명), 하시마 히데가쓰(羽柴秀勝) 등의 제9번대(1만 1천 명)가 속속 상륙하고 일부 병력을 남겨두어 후방을 지키게 하면서 북상했다. 그 밖에 구키 요시타카(九鬼嘉隆) 휘하의 수군 9천 명이 해상으로 진격했다.[1]

이러한 급보를 접한 서울에서는 이일(李鎰)을 순변사로 삼아 중로(中路, 조령 방면)를 방비케 하고, 성응길(成應吉)을 좌방어사로 삼아 동로(東路, 죽령 방면), 조경(趙儆)을 우방어사로 삼아 서로(西路, 추풍령 방면)를 각각 지키게 했

---

1) 李炯錫, 『壬辰倭亂史』 上卷, 新現實社, 1976, 380-381쪽.

다. 또 신립(申砬)을 도순변사로 삼아 이일의 뒤를 이어 떠나게 했다. 그러나 이일의 급조된 부대는 24일 왜군에 여지없이 패했고, 충주의 신립 부대도 27일 왜군에 의해 궤멸되었다. 이에 따라 왕은 평양으로 피하면서 명나라에 원병을 요청하는 한편, 왕자를 여러 도에 나누어 파견하여 징병하기로 했다. 그렇지만 조선군의 방어선이 너무 무력해져 있었기 때문에 서울도 곧 함락될 수밖에 없었다. 5월 2일 고니시의 왜군이 서울에 입성한 것을 필두로 왜군의 다른 부대도 속속 서울에 입성했고 왕은 다시 의주로 피난했다.[2]

이와 같이 왜병이 북상하는 과정에서 의령·삼가 및 초계·거창·지례 등의 지역에도 일부 왜병이 침입한 적 있지만, 5월 중순경까지 이 고을들을 포함한 경남 서부지역의 고을들은 그다지 큰 피해를 보지 않고 있었다. 그럼에도 각 고을을 지키는 수령들이나 요충지의 변장들이 왜적의 침입을 겁내 거의 모두 피신해버렸다.[3] 고을 수령과 장수들을 격려하면서 경상도 전체 지역의 방어를 관장해야 할 관찰사 김수(金睟)도 피신을 거듭하여 함양까지 왔다가 근왕 한다는 명목으로 경상도 지역을 벗어나버렸다.[4] 따라서 경상우도는 효과적으로 왜적을 방어할 수 없는 지역이 되어가고 있었다.

그런데 조선에 상륙해서 활동하던 왜적 중 고바야카와의 제6번대와 모리의 제7번대 일부는 경남 서부지역을 넘보고 있었다. 모리 부대는 경상도 지역을 완전히 장악하기 위해 개령을 본거지로 하면서 경남 서부지역을 공략할 기회를 노리고 있었고,[5] 고바야카와 부대는 호남지방을 공략하기 위해 충청도 옥천으로 이동했지만, 그 관할 하의 일부 병력은 뒤에야 조선에

---

2)　李炯錫, 위의 책(1976), 381-382쪽.

3)　『宣祖實錄』 권27, 25년 6월 丙辰條 김성일의 장계 참조.

4)　李擢英, 『征蠻錄』(국편) 乾, 「壬辰變生後日錄」 壬辰 5월 8일부터 5월 16일조까지 참조.

5)　李炯錫, 앞의 책, 1976, 147쪽.

상륙해서 경남 서부지역의 중앙 통로라고 할 수 있는 함안·의령·삼가·단성·함양을 거치는 루트를 통해 호남지역으로 진출하려고 시도하고 있었다.[6] 경남 서부지역은 왜적이 호남으로 진출하는 중요한 길목에 위치해 있어서 이곳을 평정하지 않고 곡창지역인 호남지역으로 들어가는 것은 상당히 위험부담이 따르기 때문이다. 이미 바닷길은 이순신과 원균의 연합함대에 의해 차단당한 상태였다. 그래서 왜적의 일부는 경남 서부지역 공략에 관심을 두고 진격을 시도하고 있었다.

다행히 4월 말경부터 곽재우(郭再祐)의 의병활동이 시작되면서 경남 서부지역에서는 정인홍과 김면(金沔) 등 의병을 조직하려는 움직임이 여러 곳으로 확산되어갔다.[7] 게다가 왜적 침입에 대비해 새로 배치된 초유사 김성일(金誠一)이 적극적으로 관군 및 의병의 기병을 독려하면서 경상우도의 방어활동은 활기를 띠었다. 이러한 의병활동에서 나타난 주요 전적을 간단히 소개해보면 다음과 같다.

① 의령·창녕·영산 방면(곽재우)

• 기강(낙동강 하류) 전투(5월 4, 6일): 곽재우가 소수의 장정을 거느리고 각각 왜선 3척과 11척 축출

• 정암진 전투(5월 말경): 정암진에 가짜 군대를 설치하여 경남 서부지역을 통해 호남으로 진출하려는 왜병을 물리침

• 진주성 방어 지원활동(6월 초): 고성에 둔거하던 왜병이 진주성을 넘보자 진주성에 들어가 합세

• 이후 낙동강을 거슬러 올라가면서 연안지역에서 소규모의 전투

---

6)   김해영, 「郭再祐의 義兵活動 事蹟에 대한 一考察」, 『慶南文化研究』 제17호, 1995, 27-30쪽.

7)   정현재, 「慶尙右道 壬辰義兵의 戰跡 검토」, 『慶南文化研究』 17, 1995, 55쪽.

사 여러 차례 벌어짐

- 현풍 · 창녕 · 영산성의 수복활동(7월 초 · 중순): 완전한 수복은 아니고 일시적인 장악이었던 것 같음. 영산 전투에서는 삼가의 윤탁(尹鐸) 부대와 공동전선 전개[8]

② 거창 · 지례 · 성주 방면(김면)
- 고령 개산포 전투(6월 9~10일): 직선 3척과 많은 물품 노획
- 무계 전투(6월 18일경): 적선 2척과 물품 노획
- 우척현 전투(6월 중순): 지례 방면으로부터 침입하려는 왜적 격퇴
- 지례 장곡(두곡) 역전 전투(7월 20일): 우현을 넘으려는 왜적 격퇴
- 지례 전투(7월 29일~8월 1일): 지례 관사에 모여있는 왜적을 화공으로 모두 태워죽임
- 성주 전투(8월 19~20일): 정인홍의 부대와 합동작전으로 성주 읍성에 웅거하는 왜적 공격, 개령 왜적의 응원 공격으로 퇴각
- 사랑암 전투(9월 중순경): 김시민의 부대와 합세하여 지례의 왜적 격퇴
- 방해현 전투(10월 8일): 김산과 지례의 경계인 방해현에서 김산의 왜적 격퇴

③ 합천 · 고령 · 성주 방면(정인홍)
- 무계 전투(6월 4~6일): 무계 역사(驛舍)를 공격하여 불태우고 왜적 압박
- 안언역로 전투(6월 17일경): 안언역로에서 복병작전으로 왜적 공격

---

8) 이상의 내용은 김해영의 앞의 글(1995) 참조.

- 초계 마진 전투(6월 22일): 낙동강 수중에 목책 설치, 적선 공격, 손
  인갑(孫仁甲) 전사
- 안언 전투(7월 9~10일경): 안언에서 왜적 400여 명 섬멸
- 성주 전투(8월 19~20일): 김면의 부대와 합동작전으로 성주 읍성에
  웅거하는 왜적 공격, 개령 왜적의 응원 공격으로 퇴각[9]

이처럼 경남 서부지역에서의 의병활동은 경남 북서부 일대와 낙동강
연안 및 뒤에 언급할 진주·사천·고성 방면 등 4개 방면에서 독자적으로
전개되면서 경남 서부지역의 북부, 동부, 남부를 잇는 방어선이 형성되고 있
었다. 이를 지도로 표시해보면 〈그림 5〉와 같다.

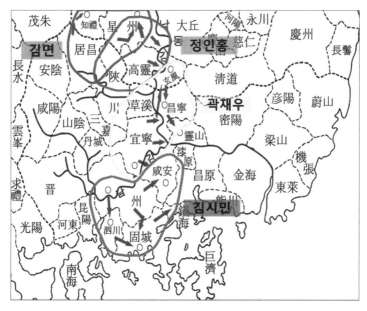

〈그림 5〉 경상우도 각 의병활동의 권역

---

9)   이상의 내용은 정현재의 앞의 글(1995) 참조.

이들은 독사석으로 의병활동을 전개하면서도 필요에 따라 서로 연합해서 작전을 전개하고 지원활동을 벌이는 경우도 많았다. 성주에서 김면과 정인홍 부대가 연합공격 작전을 편 것이나 지례 사랑암 전투에서 진주성을 지키던 김시민(金時敏)의 부대가 지원활동에 나선 것[10]이 그 예이고, 진주성이 고성의 왜적으로부터 위협받을 때 곽재우가 부대를 이끌고 진주 부근으로 달려온 것[11]이나 제1차 진주성 전투 때 곽재우와 정인홍 휘하의 일부 군사력이 진주를 외곽에서 지원하기 위해 출동한 것[12]도 그 예다.

또 하나 주목되는 것은 이 지역의 사족이 여러 가지 형태로 다양하게 의병활동에 참여하거나 군사나 군수물자의 모집 · 운반 등 간접적인 지원활동에 직극직으로 참여하고 있었다는 점이다. 안음의 정유명(鄭惟明) · 성팽년(成彭年), 함양의 노사상(盧士尙) · 노사예(盧士豫) · 박선(朴蓮), 산음의 오현(吳俔) · 오장(吳長) · 임응빙(林應聘), 단성의 이로(李魯) · 김경근(金景謹) · 이유함(李惟誠) · 권제(權濟) · 권세춘(權世春), 삼가의 노흠(盧欽) · 이흘(李屹) · 박사제(朴思齊) · 권양(權瀁), 의령의 이운기(李雲紀) · 곽근(郭近) 등이 군사 및 군수물자를 모집하거나 각 방면의 의병활동 대열에 직접 참여했다.[13]

경남 서부지역에서의 눈부신 의병활동은 다른 지역에서의 의병활동을

---

10) 정현재, 위의 글(1995), 69-74쪽.

11) 李魯, 『龍蛇日記』 35葉, "公久住居昌 賊據昌原者 觇知晉陽無備 昌原賊與鎭海賊相應 由固城澶漫於泗川 大擧侵晉 公聞急星馳至丹城 悉起咸陽山陰丹城兵 以赴之 督金時敏 使不敢動 又勅昆陽郡守李光岳 及崔堈李達等 分爲左右翼 以救之 郭再祐不待傳令 而先走入城 軍勢頗張 賊至樓前 只隔江一水 而不敢逼 公纔至督戰 於是諸將益用命 合勢追擊 賊狼狽而遁 所殺傷無慮甚衆 退復泗川鎭海固城 時都事金穎男 亦在軍中 頗有設策追捕之功."

12) 趙慶南, 『亂中雜錄』 2, 壬辰 10월 10일조 金誠一 장계 참조.

13) 趙慶南, 『亂中雜錄』 1, 壬辰 7월 6일조 및 鄭慶雲, 『孤臺日錄』 권1, 壬辰 5월 22일조 참조. 『孤臺日錄』 권1 壬辰 5월, 6월의 여러 기사에는 경남 서부지역 각 고을의 사족 간에 서로 긴밀한 연락과 연대가 이루어지는 모습이 보이고, 특히 함양에서는 사족이 군사와 군수물자를 조달하기 위해 동분서주하는 모습이 그려지고 있다.

자극하는 파급효과를 가져왔다. 고바야카와 부대의 전라도에 대한 공략이 지지부진한 데는 전라도의 의병활동이 활발했던 탓도 있긴 하지만, 경남 서부지역의 의병활동으로 인한 견고한 방어거점 형성이 중요한 역할을 했던 점도 부인할 수 없다.

2) 진주 부근의 방어활동

그런데 이 무렵에는 이 지역뿐만 아니라 진주 부근에서도 의병들이 조직되어 관군과 함께 왜적 격퇴에 진력하고 있었다. 이 부분에 대해서는 진주성 전투와 관련하여 자세히 살펴볼 필요가 있다.

(1) 5월 말~6월 초

초유사가 함양에 들어왔을 무렵에는 김해의 왜적이 이미 칠원·창원을 함락했고, 왜의 수군도 거제 등 도서지방과 고성·진해 등 연해 지역에 진출하고 있었다. 이에 대해 인근 고을의 수령 및 군영이나 연해 각 요충지의 장수들과 변장들은 변변한 대응조차 하지 못하고 피난하기에 바빴다. 그런데 이때 고성의 읍성을 점령했던 왜군은 창원 등지의 왜군이 이동해온 것이 아니라 도서지방을 횡행하다가 경상·전라 수군 연합함대에 의해 격파당한 수군이었던 것으로 보인다. 5월 7일의 옥포해전과 합포해전, 5월 29일 사천 선창의 왜선 격파, 6월 2일 당포해전, 6월 5일 당항포해전이 그것이다. 이런 해전을 벌이기 전에 왜적 일부는 이미 고성 읍성을 점령했고, 배를 격

파당한 나머지 왜적 수군도 고성에 합류했을 것으로 보인다.[14]

그런데 이 중 일부가 진주를 공격하려는 낌새를 보였다. 이 소문을 듣고 진주 목사 이경(李璥)과 판관 김시민 등은 지리산으로 피신했다.[15] 당시에는 감사 김수가 근왕차 진주의 일부 병사를 이끌고 가버렸기 때문에 진주의 방어태세는 상당히 취약했다. 5월 10일경 산음에 있던 초유사 김성일은 진주로 급히 내려와 김시민을 불러내어 그에게 진주성 방어태세를 정비케 하고, 도서와 연해지역에서 흩어진 수령과 장수ㆍ변장들을 불러 모아 진주의 방어태세를 보강했다. 한편 김성일은 진주 부근의 사족을 독려하여 의병들을 조직하도록 했다. 이에 호응해서 진주 유생 300여 명이 서로 통문을 돌리고 기병할 것을 약속했다.[16] 김성일은 김시민에게 수천 명의 군사를 정돈해서 부대를 나누어 성을 지키게 하는 한편, 전 군수 김대명(金大鳴)을 소모관(召募官)으로, 손승선(孫承善)을 수성유사(守城有司)로, 허국주(許國柱)와 정유경(鄭惟敬)을 복병장(伏兵將)으로, 하천서(河天瑞)를 군량 책임자로, 강기룡(姜起龍)을 병기 책임자로 삼았다.[17]

그 이후 얼마 안 되어 함안에 왜적이 쳐들어와 여기저기 분탕질을 하자, 김성일은 곤양 군수, 사천 현감 및 진주 판관에게 정병 300명을 거느리고 함안에 가서 왜적을 공격하게 했다. 적은 대군이 이르자 곧 퇴각했다. 이 무렵 고성 읍성을 점령하고 있던 왜적이 사천성을 함락하고 진주를 넘보려 한다는 소식을 듣고 김성일은 함안에 가 있던 군사들을 다시 진주로 불러들

14) 김준형, 앞의 글(1995), 94-97쪽 참조.

15) 趙慶南, 『亂中雜錄』 1, 壬辰 5월 20일조 참조.

16) 『宣祖實錄』 권27, 25년 6월 丙辰, 김성일 장계, "晉州居儒生三百餘人 又相通文 謀起兵禦賊 雖未知闕終如何 國家所恃者 人心也."

17) 趙慶南, 『亂中雜錄』 1, 壬辰 5월 20일, "誠一令金時敏 整軍數千 分隊守城 又以前郡守金大鳴 爲召募官 孫承善爲守城有司 許國柱鄭惟敬爲伏兵將 河天瑞管粮餉 姜起龍治軍器."

여 고성을 공격하게 했다.

이때는 우리 수군에게 격파당한 왜적 이외에 김해 방면에서 이동해온 왜적도 합류하여 고성 읍성을 점령하고 있었다. 김성일이 군관 중에서 용맹하고 건장한 자 10여 명을 시켜 강을 건너가 치게 하자, 왜적은 곧 사천성으로 퇴각했다. 조선병이 다시 군사를 나누어 사천성 밑까지 진격하여 나무하고 물긷는 길을 끊어버리자, 왜적은 퇴각하여 고성으로 돌아갔다. 또 김대명을 도소모관(都召募官)으로 삼아 생원 한계(韓誡), 정승훈(鄭承勳)과 함께 군사 600여 명을 모집하고, 고성의 의병장 최강(崔堈) 등과 합세하여 적을 유인하기도 하고 혹은 매복했다가 야습하게 했다. 조선군의 집요한 공격으로 얼마 안 되어 왜적의 무리는 무너져 웅천·김해 등지로 향했다. 김대명 등은 군사를 거느리고 왜적을 추격하여 창원의 마산포까지 들어가서 진을 치기도 했다.[18]

(2) 6월 말~8월 중순

6월 초 왜적이 창원·웅천 방면으로 퇴각한 이후 유지되던 소강상태는 6월 말경에 오면 다시 긴장 국면으로 변한다. 김해 방면의 왜적이 진주 공격을 목표로 대거 고성으로 이동했기 때문이다. 그 이후 진주 부근에서는 한 달 이상 가는 전투상황이 벌어진다. 이 무렵 김성일은 진주 부근의 상태가 안정되자 거창에 오랫동안 머무르면서 동쪽 낙동강 연안과 북쪽의 왜적 방

---

18) 趙慶南, 『亂中雜錄』 1, 임진 5월 20일, "賊兵自固城來屯泗川 將犯晉州 金誠一令軍官勇健者十餘人 渡江擊逐 賊乃退 又分兵進迫泗川城下 絶其樵汲 賊退還固城 又以前郡守金大鳴爲都召募官 與生員韓誠鄭承勳 募得六百餘兵 與固城義兵將崔堈等合兵 或誘引或設伏夜擊 未久賊衆潰 向熊川金海等地 大鳴等領軍入陣又昌原馬山浦."

어에 신경을 쓰고 있었다.[19] 따라서 진주의 방비상태가 좀 느슨해졌다고 판단한 왜적이 대거 진주 방면으로 침입한 것이다.

『정만록(征蠻錄)』을 보면 좀 더 구체적인 상황을 알 수 있다. 고성에 미리 와 있던 왜적은 이미 20일경에 그 선봉대를 진주 촉석성 건너 남강 부근에까지 파견하여 정탐하다가 쫓겨갔다.[20] 그리고 6월 25일경에는 김해에 주둔하고 있던 왜적 2천여 명이 고성으로 이동해오는데, 이들의 왜장은 자칭 '감사'라고 칭하고 있었다.[21]

그런데 당시 왜적은 고성·사천 방면뿐만 아니라 낙동강을 낀 의령·고령 쪽으로도 많은 병력을 집결시키고 있었고, 거창·함양 쪽으로도 공격을 가하고 있었다. 즉 농·남·북의 세 방향에서 경남 서부지역을 압박하고 있었다.[22] 초유사는 진주 소식을 듣고 긴급히 함양·산음·단성의 군사들을 동원했다. 근왕차 경기도로 갔다가 돌아온 지 얼마 되지 않은 경상감사 김수도 관군·의병들을 진주 주위의 요소에 배치시키고,[23] 그 위급함 때문에 원

---

19) 金誠一,『鶴峯集』附錄 年譜 壬辰 6월, "自晉州歷三嘉 直抵居昌." 7월, "聞賊寇晉州 進督諸軍力戰 賊潛師夜遁 遂復泗川鎭海固城等邑(先生久駐居昌 賊之據昌原者 始知晉州無備 乃與鎭海賊相應 大擧寇掠 先生星馳丹城 悉發咸陽諸邑兵以赴之 勅金時敏堅守 郭再祐亦先已入城 軍勢頗盛 賊至南江 不敢逼---)."

20) 李擢英,『征蠻錄』(국편) 乾,「壬辰變生後日錄」壬辰 6월 20일, "固城留賊千餘名 欲犯晉州 送其先鋒 探審矗石江水 判官追逐云."

21) 李擢英,『征蠻錄』(국편) 乾,「壬辰變生後日錄」壬辰 6월 25일, "金海留賊二千餘名 昨日作運 自巳時初未時至 彌滿道路 移入固城 倭將乘屋轎 其爲擧動 如前日入咸安 監司稱號之賊云 不勝悶迫 若不幸晉陽 則無處容足 尤悶不已."

22) 李擢英,『征蠻錄』(국편) 乾,「壬辰變生後日錄」壬辰 7월 1일, "雄據固城之賊 欲犯晉州 已犯湖南之賊 其麗不億 恐慮衝突咸陽 雄據星州之賊 結陣羊場 示威耀兵 三面受賊 如在籠中 勢不得已 咸陽玄風昌寧雄據之賊 伐竹作屋 未知凶謀 洛江之賊六十餘隻下去云."

23) 李擢英,『征蠻錄』권1, 狀啓 還本道咸陽狀啓, "泗川賊見敗之後 與固城·鎭海·昌原等賊合勢 欲犯晉州 來探矗石江水是白如乎 若失晉州 則非但江右無保障之地 其他餘存若干邑 決無保守之望 而越入湖南之患 亦將迫在朝夕乙仍于 方抄官軍·義旅幷四千餘名 使之埋伏前路爲白遣 臣段置 自居昌馳向同州 率諸將指揮捍禦之計."

병을 청원하는 장계를 올렸다.[24] 의령의 곽재우도 급박한 소식을 듣고 7월 3일경 군사를 이끌고 진주성으로 들어왔다.[25] 6월 27, 28일경 사천까지 들어온 1천여 명의 적이 다시 진주성을 공격하려 했지만, 비가 많이 내려 촉석루 앞의 강물이 불어나 건너오지 못했다.[26] 사천에서 잠시 머물던 왜적은 조선군의 방비상태를 알았는지 7월 4일 밤사이에 다시 고성으로 돌아갔다.[27]

그 이후 왜병은 여기저기로 흩어져 횡행하면서 약탈과 살육을 전개하기 시작했다.[28] 그 과정에서 소규모이긴 하지만, 진주 인근 각 고을에 배치되어 있는 조선 측의 군사와 왜병 간의 전투가 벌어졌다. 이 당시에는 낙동강 쪽으로도 왜선 70여 척이 대거 진입해 있는 상황이었기 때문에 함안·칠원 쪽에서도 여러 전투가 벌어지고 있었다.[29]

이런 상황에서 관군과 의병들의 방어활동이 활발하게 전개되었지만, 의병 중에는 고성 복병장 최강과 진주 복병장 정유경의 활동이 돋보인다. 최강은 왜적 2천여 명이 7월 3일 세 갈래로 나누어 한 갈래는 법천으로, 한

---

24) 李擢英,『征蠻錄』권1, 狀啓 請都元帥馳援狀啓,"方今賊勢 非但尙·善一帶爲然 … 固城留賊 又與昌原·金海賊 已移泗川 將犯晉州 雖緣江水猝漲 時未越入 衝突之勢 非朝伊夕 兩湖巡察使處 率精兵來援事乙 曾已啓稟."

25) 李魯,『龍蛇日記』30엽에 인용되어 있는 김성일의 장계에는 "卽下書于再祐 譬曉多方 金沔亦貽書戒之 再祐卽聽順 聞晉州危急 乃提兵馳援 初三日已爲發去"라고 되어 있다.

26) 李擢英,『征蠻錄』(국편) 乾,「壬辰變生後日錄」壬辰 6월 27일,"夜雨大作 今若水漲 則洛江之賊 雖不得捕 矗石江漲之故 固城之賊 難犯晉陽 其幸可言"; 6월 28일,"大雨 終夜注下 換鵝亭前水大漲 從此矗石江水必漲 固城千名之賊 難犯晉陽 此則多幸 洛江之賊 必放意流下 雖痛憤莫若從速定事定"; 7월 3일,"固城之賊 無慮千餘名 已犯泗川 衝突晉州之勢 迫在朝夕 又失此州無處容足 又賊船二百隻 來泊宜寧地下陸 玄風之賊 患越洛江 巨濟島留賊 以其船爲水使撞破之故 末由歸計 誘致愚民 滿城斫殺 積屍如山云 … 亞使 自晉州聞變馳來."

27) 李擢英,『征蠻錄』(국편) 乾,「壬辰變生後日錄」壬辰 7월 4일,"固城之賊 來屯泗川境 夜來不知去處 或還入固城云."

28) 李擢英,『征蠻錄』(국편) 乾,「壬辰變生後日錄」壬辰 6월 29일,"固城之賊 乘夜探山 避亂老弱無慮四百餘名被戮云."

29) 李擢英,『征蠻錄』권2, 狀啓 獻馘狀啓2 참조.

갈래는 척현으로, 한 갈래는 조현으로 향하자 50여 명의 군을 이끌고 적 선봉대와 접전했고, 다시 정용군 30여 명을 요로에 매복시켜 선봉 왜적 2명을 사살했다.[30] 복병장 정유경도 군을 거느리고 척현 밑에 이르러 선봉 왜 20여명과 접전하는 등 연일 공격활동을 펴 근처의 촌락이 보전되었다고 한다.[31]

이와 같이 여기저기서 소규모 전투가 벌어지고 있는 상황에서 7월 5일경부터 고성에 웅거하고 있던 왜적 일부가 진해 방면으로 돌아가기 시작하지만,[32] 7월 11일경까지도 많은 왜적이 돌아가지 않고 고성 읍성에 웅거하면서 버티고 있었다. 감사 김수는 진주성 방어에 대한 대비책과 고성에 대한 공격책을 세우게 된다. 즉 촉석루 건너편 남강변에는 삽철(澁鐵)을 많이 설치하고 마름쇠를 흩뜨려놓았으며, 빈 가마니에 모래를 채워 강가에 쌓아놓아 사수들이 몸을 감출 수 있게 대비했다. 한편 근처의 수령 · 제장들에게는 군사들을 거느리고 고성의 시현에 결진해서 왜적의 진입을 차단하게 하고 왕래하는 적은 계속 사살하게 했다.

그런데 성에 웅거하는 적의 숫자가 많아서 좀 더 치밀한 공격책이 필요했다. 따라서 수령 · 제장들로 하여금 근처 여러 산에서 병력을 과시하는 시위를 하고, 혹은 용사를 시켜 야음을 타 잠입해서 3문에 불을 지르고, 나머

---

30) 李擢英,『征蠻錄』권2, 狀啓 獻馘狀啓2, "固城縣伏兵將崔堜馳報內 倭賊二千餘名 今七月初三日 分三運入來是如乎 率軍五十餘名 與先運接戰 射中三名 賊勢暫退爲去乙 更率精勇軍三十餘名 銀伏要路 射殺先鋒倭二名 而賊皆奪去 中路燒燼爲乎所 馳報是白齊."

31) 李擢英,『征蠻錄』권2, 狀啓 獻馘狀啓2, "晉州判官金時敏馳報內 今七月初七日 固城留屯賊 分三運 一運向法川 一運向尺峴 一運向鳥峴等處是如乎 伏兵將鄭惟敬 亦領軍追至尺峴下 與先鋒倭二十餘名接戰 良久衆倭七十餘名 屯于尺峴上 或來救或退去爲去乙 惟敬射矢不絶 中傷者頗多 而途陋且險 終不得斬首是遣 … 鄭惟敬 亦連日突擊 雖不得見利 近村保存 皆是此人之功 極爲可嘉爲乎所."

32) 李擢英,『征蠻錄』권2, 狀啓 請別差將領率江原道軍來援狀啓, "晉州判官金時敏馳報內 自固城犯泗川之賊 還屯固城 如前爲有如乎 候望軍進告內 今七月初五日 固城賊向鎭海 連路持旗者百餘名 其他不知其數是如 進告據馳報是白齊 鎭海縣監權逿馳報內 固城賊百餘名 今七月初五日未時 突入本縣城內爲有臥乎所 馳報是白齊."

지 한 문 밖에는 능철과 궁노(弓弩)를 설치하고 좌우에 사수들을 매복시키는 등의 작전을 세웠다. 김수는 이런 작전을 위해 도사 김영남(金穎男)을 진주 지역으로 급파하고, 또 창원 부사 장의국(張義國)에게도 내밀히 통지해서 창원 지역의 내응자와 연락하여 야음을 타 창원을 습격하도록 지시했다.[33] 이를 감지한 고성의 적이 연이틀에 걸쳐 성을 나가 진해 방면으로 향했고, 창원에서도 적들이 빠져나가려 하고 있었다. 그래서 이 작전은 본격적으로 시행되지 않았다.[34] 이 과정에서 고성·창원의 상당수 왜적이 7월 22일경에는 이곳을 빠져나갔다는 보고가 올라온다.[35]

그러나 왜적이 전부 빠져나간 것은 아니었다. 특히 고성 지역의 왜적은 8월에 들어서도 상당수가 버티고 있었던 것 같다. 즉 김성일이 장계를 올리던 8월 9일 무렵에도 창원의 왜적은 창원 부사·함안 군수·칠원 현감 등이 이끄는 군사에게 쫓겨갔지만, 고성·진해의 왜적은 여전히 완강하게 버티고 있었고, 진주·함안의 군사들이 공격했지만 성공하지 못했다.[36] 다만 고성에 머무르고 있던 왜적은 그 수가 이전처럼 많지는 않았고, 곤양·사천·

33) 李擢英, 『龍蛇日錄』 7월 25일 狀啓, "留屯固城之賊 雄據城中 召聚儔類 去來無常 欲犯晉州 巧計已熟 而蠹石南江 多設澁鐵 又散菱鐵 以沙盛空石 列積江左 以爲射士藏身之所 近處守令諸將 率衆軍 固城地柿峴結陣 使之遏截 而往來之賊 則雖連續射斬 據城則從衆旣多 輕擧爲難 近處諸山 耀兵示威 或令勇士 乘夜潛入 衝火三門 故存一門 鋪菱鐵設弓弩於門外 埋伏射士於左右 又揮小舟潛載地字銃筒與振天雷 設機於城外山上 待其衝火 連放銃筒 多數入送 期於驅逐事 多方約束 都事金穎男面諭 馳送爲白有如乎 … 且昌原之賊 同府使張義國處 與內應人通議 乘野攻斫事乙 約束密通 而因賊將出去 亦未及施行爲白齊."

34) 李擢英, 『龍蛇日錄』 7월 25일 狀啓, "賊聞其機爲白乎喩 未及擧事前 連二日出去 還向鎭海之路 是如乙仍于 餘在之賊 是乃登時擊殺事乙 嚴勅馳通爲白在果 雖未能捕殺 沒數遁還 則餘存晉州等六七邑 稍有所恃 且昌原之賊 同府使張義國處 與內應人通議 乘野攻斫事乙 約束密通 而因賊將出去 亦未及施行爲白齊."

35) 李擢英, 『征蠻錄』(국편) 乾, 「壬辰變生後日錄」 壬辰 7월 22일, "固城之賊二千餘名 還向鎭海 昌原之賊 又欲退去云 頗有生氣也."

36) 李擢英, 『龍蛇日錄』 121면, 8월 9일 狀啓 참조.

함안 · 칠원 등 각 고을의 수령도 읍성을 중심으로 자기 지역을 잘 방어하고 있었으므로 전황은 어느 정도 소강상태를 유지하고 있었다. 상황이 약간 호전되자 진주 판관 김시민은 함안 군수와 함께 낙동강 건너 영산전투에 원정을 나가기도 했다.

얼마 후 고성 왜적을 비롯한 연해지역의 왜적이 다시 움직여 진주를 넘보는 상황이 되자, 김시민 등은 돌아와 다시 진주성의 방비체제를 갖춘다. 고성 적이 사천을 점령하고 진주를 범하려 하자, 김시민은 드디어 전 우병사 조대곤(曹大坤)과 더불어 정병 1천여 명을 거느리고 바로 사천성 밑에 이르렀다가 돌아왔다. 이튿날에도 김시민 등은 진군하여 사천 읍성에서 5리쯤 떨어진 십수교에서 전투를 벌이고, 퇴각하여 달아나는 적을 추격하여 성 밑에까지 갔다가 돌아오기도 했다.

그러자 적은 얼마 안 되어 야음을 이용해 도망가 고성의 적과 합류했다. 김시민은 정병을 뽑아서 진주의 남쪽 영선현에 진을 쳤다가 밤중에 군사에게 재갈을 머금게 하고 은밀히 대둔령을 넘어가서 새벽녘 고성 읍성 밑에 이르렀다. 그리고 군사를 시켜 북치고 고함치며 시위하자, 고성에 웅거하던 적은 위축되어 수일 만에 야음을 틈타 창원 방면으로 도망갔다.[37] 이와 동시에 김시민 등 진주지역의 군사들은 진해지역에도 복병을 설치하여 진

---

37) 趙慶南,『亂中雜錄』2, 壬辰 8월 9일, "陞晉州判官金時敏 爲本州牧使 時敏當變初 以巡察之令 率輕騎五十餘人 赴靈山 進軍邀擊于鵲院 … 金睟使軍官傳令時敏曰 賊已向固城之路 從速遏 絶 時敏卽馳向固城 賊已雄據 不得進前 還本州 城中士卒 已皆潰散 稍稍還集 軍聲漸振 時敏 與士卒同甘苦 爲死守計 聞泗川據城之賊 將犯本州 遂與曹大坤 領精兵千餘 直到城下 賊堅壁 不出 明日又進兵 遇賊十水橋 距縣五里許 人皆殊死戰 斬數級 射殺甚多 賊退走 追至城下而還 由是士卒氣倍 未幾賊宵通 合固城之賊 時敏與諸軍約束 欲襲擊固城之賊 遂抄精兵 陣于州南 永善縣 夜半令軍啣枚 潛踰大屯嶺 曉至城下 鼓喊耀兵 賊畏縮 居數日夜遁 與鎭海賊合勢 撤向 昌原 三城連復 軍威大振 至是爲牧使 金沔聞時敏得將士心 使之領兵來援 時敏卽率精兵千餘 馳赴居昌 與沔合擊金山之賊 斫數十級 居數日 又進戰 斬級亦多."

해와 고성 사이를 왕래하던 적들을 기습하는 작전을 벌였다.[38]

이와 같이 당시에는 진주 부근의 대부분 병력이 동원되어 고성·진해 지역의 왜적을 몰아내는 데 총력을 기울였기 때문에 고성과 진해에 있던 적들은 이를 감당하지 못하고 부산 방면으로 퇴각할 수밖에 없었다. 아마 이 시기는 8월 중순경이었을 것으로 보인다. 이후 왜적은 본격적인 제1차 진주성 전투가 있기 전까지는 진주 부근으로 진출하지 못한다. 모처럼 진주 부근의 고을이 평온한 상태를 유지하게 되자, 김시민은 9월 초 김면의 병력 지원 요청에 응해 정병 1천여 명을 거느리고 거창으로 지원 나갈 수 있었다.[39]

진주에 대한 여러 차례의 공략과정을 통해 왜적은 진주성 공략이 만만 치 않다는 것을 절감하게 되었다. 9월 말 본격적인 진주성 공략 직전, 김해 성에 주둔하고 있던 적장 가토 미쓰야스(加藤光泰)·나가오카 다다오키(長岡 忠興)·하세가와 히데카즈(長谷川秀一) 등이 작전회의를 열어서 토론한 끝에 "경상우도 병마의 주력이 진주성에 있는 듯하니, 이 뿌리를 먼저 뽑아버린 다면 다른 지방에서 시끄럽게 움직이는 조그마한 군사들은 싸우지 않고서 도 스스로 흩어지고 소산될 것이다. 먼저 이 성을 대병력으로 일거에 함락 하는 것이 최선의 방책이 될 것이다"라고 결론지은 것[40]도 바로 이 때문이 다. 이로 인해 대대적인 진주성 전투가 벌어지는 것은 필연의 사실이 되어 가고 있었다.

---

38) 成汝信, 『浮查集』권3, 記 晉陽全城記, "泗川城中 兇賊彌漫 將逼晉境 公於是 領千兵進陣於十 水橋北 或遣驍騎 出沒於賊屯之傍 或設疑兵 馳突於賊見之地 使賊莫測其端倪 泗賊卽移固城 公又率精兵數百餘騎 潛入於鎭海西林藪中 鋪沙於固鎭往來之路 朝而視之 果有賊踪 縱橫沙 上 知固賊與鎭賊相通往來 卽夜 設伏要路以俟之 賊徒果自固城來 急擊斬之 於是固鎭兩賊 失 其相依之勢 急投熊川 咸安昌原漆原之賊 聞而畏之 咸聚金海 晉陽四境 賊鋒已遠矣."

39) 趙慶南, 『亂中雜錄』에는 壬辰 8월 9일자에 김시민이 거창으로 합류한 것으로 되어 있으나, 『孤 臺日錄』권1, 壬辰 9월 8일조에는 "晉州牧使金時敏 領精騎一千 來會于金大將"이라 해서 9월 초에 김면과 합류한 것으로 되어 있다.

40) 李炯錫, 앞의 책(1976), 557쪽.

2. 제1차 진주성 전투와 의병들의 지원활동

이해 9월 24일 김해 · 부산 · 동래 등지에서 합세한 왜적 2, 3만여 명이 김해를 떠나 창원으로 진격하면서 제1차 진주성 전투의 서막이 올랐다. 적 군을 지휘한 주요 장수는 하세가와 히데카즈(長谷川秀一) · 나가오카 다다오 키(長岡忠興) · 기무라 시게코레(木村重玆) 등이었다. 이들은 9월 25일 2대로 나누어 1대는 노현을 넘고, 1대는 웅천에서 안민현을 넘어 들어와 경상우병 사 유숭인(柳崇仁)의 군사를 물리치고 9월 27일 창원을 점령했다. 일부는 9월 26일부터 함안에 진출하여 사방을 분탕질했다. 이후 10월 1일에는 함안 · 진주의 경계에 해당하는 부다현(어속현)을 넘었으며, 10월 2일에는 진주성 동 쪽 24리 지점에 있는 소촌역까지 진출했다. 그리고 10월 5일에는 진주성 동 쪽 15리쯤에 있는 임연대 등지로 진출했다.

8월 초 경상좌도 관찰사로 임명되어 좌도로 갔던 김성일은 다시 경상 우도 관찰사로 부임하게 되어 9월 19일 거창으로 돌아와 김수와 교대했다. 그는 김시민이 진주를 떠나 김산에서 지원활동하고 있다는 사실을 알고, 김 시민을 진주로 보내 수성에 전념하도록 조치했다. 적군 대병이 진주성을 포 위하던 당시 진주성의 수성군은 목사 김시민의 군사가 3,700여 명, 곤양 군 수 이광악(李光岳)의 군사가 100여 명으로 도합 3,800명 정도에 불과했다. 다 만 노약남녀를 포함한 수만 명의 민간인이 성안에 남아 있었으므로 이들도 진주성 방어활동에서 일정한 도움이 되었을 것으로 보인다.[41] 지승종의 진 주성 전투에 관한 글을 통해 전투상황을 간략하게 요약해보면 다음과 같다.

---

41) 지승종, 앞의 글(1995), 146~154쪽.

- 10월 5일: 왜적 1천여 명이 진주성 동쪽 마현 봉우리에서 시위하다가 돌아감

- 10월 6일: 아침 적이 세 패로 나뉘어 일시에 진격. 한 패는 동문 밖 순천 당산에 진을 치고, 다른 한 패는 객사 봉명루 앞에 포진. 또 다른 한 패는 순천 당산을 넘어 봉명루의 적과 합류. 순천 당산의 왜적이 성안을 향해 총을 발사하고, 일시에 크게 소리 지름. 성안에서는 적의 기세가 누그러지자, 소리 지르고 북 치며 포를 쏨. 왜적은 문판·마루판 등을 성 밖 100보 되는 곳에 늘어세우고, 판자 뒤에 엎드려 계속 총을 쏨. 나머지는 민가를 분탕질하고, 대나무나 짚으로 두른 막사를 지었는데, 그것이 6, 7리에 걸쳐 이어짐.

- 10월 7일: 적은 하루 종일 총을 쏘고, 장편전(長片箭)을 성안에 어지러이 쏨. 이날 밤 적이 수백 보에 달하는 죽편(竹編)을 동문 밖에 세움. 죽편 안에 판자를 늘어세우고 빈 가마니에 흙을 담아 층층이 쌓아서 언덕을 조성함(성을 내려다보며 총 쏘고 화살 피할 곳으로 활용)

- 10월 8일: 적이 대나무 사다리 수천 개를 만듦. 또 여러 군사가 성벽을 올라갈 수 있도록 대를 엮어 광제(廣梯)를 만들고, 멍석을 덮어 비늘처럼 연이어 배열함. 3층 산대(山臺)도 만듦. 김시민이 현자총통(玄字銃筒)을 쏘게 하여 관통하자, 왜적이 놀라 물러감. 김시민이 적이 송지를 많이 쌓아놓은 것과 죽편에 대응해 여러 화구(火具)를 준비함[성 위에 진천뢰(震天雷)·질려포(蒺藜炮)·대석괴(大石塊) 설치. 자루가 긴 도끼, 낫 등도 준비]. 이날 밤 적이 죽편을 많이 설치하여 성 가까이에 흙을 높이 쌓음. 두 곳에 4층 산대를 만들고 전

면에 판자를 달아서 화산을 피하고 총 쏘는 곳으로 삼음

- 10월 9일: 새벽에 적 2천여 명이 단성 쪽으로 나아가 분탕질하다
  가 돌아옴. 나머지 적은 종일토록 총과 활을 쏘았고, 산대에서도
  총을 쏨. 성안에서 현자전(玄字箭)을 쏘아 죽편을 꿰뚫고, 또 큰
  판자를 뚫음

- 10월 10일: 2시경에 왜적 한 패 1만여 명은 동문 쪽 성벽에 육박.
  기병 1천여 명도 뒤따라 돌진. 목사 김시민은 동문 북격대에서,
  판관 성수경은 동문 옹성에서 장졸들과 함께 방어(진천뢰·질려포
  도 쏘고, 큰 돌과 화철을 던지고 태운 짚과 끓는 물도 동원). 이 무렵 적의 다른
  한 패 1만여 명이 구북문으로 공격. 만호 최덕량과 목사 군관 이
  눌·윤사복이 죽음을 무릅쓰고 막아 싸움. 노약남녀도 여러 가
  지 방법으로 항거. 새벽에 김시민이 이마에 총을 맞자, 곤양 군수
  이광악이 대신 북격대를 지키며 힘써 싸우고, 쌍견마를 탄 적장
  도 쏘아 죽임. 7~11시경 적이 비로소 퇴각[42]

이처럼 제1차 진주성 전투에서 수적으로 압도적이던 왜적의 공격을 막
아낼 수 있었던 것은 성내의 군사들뿐만 아니라 일반민 남녀노소의 처절한
저항이 있었기 때문이기도 하지만, 진주성 인근과 외곽에서 지원활동을 한
의병들에 힘입은 바도 적지 않았다. 당시 진주성 인근에서 지원활동을 편
의병들의 활약상을 살펴보면 다음과 같다.

10월 5일 적의 선봉 1천여 명이 진주성 동쪽 마현의 북쪽 봉우리에 이
르렀을 무렵, 윤탁·정언충(鄭彦忠) 부대가 진주성을 응원하러 남강변에 와

---

42) 지승종, 앞의 글(1995), 157-171쪽.

서 회합하고 마현까지 진출했다가 왜적과 접전하여 패했다.[43] 10월 6일 밤
에는 곽재우의 선봉장 심대승(沈大承)이 군사 200여 명을 거느리고 향교 뒷
산에서 호각을 불고 횃불을 들고 시위하자, 성안 사람들도 호각을 불며 호응
했다. 적이 크게 놀라 소란을 피우며 밤새도록 잠을 자지 못했다고 한다.[44]

　10월 8일 밤 이경(二更)에는 고성 가현령 조응도(趙凝道)와 진주 복병장
정유경이 군사 500여 명을 거느리고 각자 십자 횃불을 들고 남강 건너 진현
위에 늘어서서 호각을 불었다. 성안 사람들이 즉각 큰 종을 울리고 호각을
불며 호응했다. 적이 놀라고 두려워하며 시끄럽게 떠들다가, 즉시 각 막사
에 불을 피우고 복병을 강변에 보내 원병을 차단했다.[45] 10월 9일에도 정유
경은 군사 300여 명을 거느리고 진현으로부터 사천(새벼리)에까지 늘어서서
군세를 과시했고, 또 용사 20여 명을 뽑아 남강 건너편에서 분탕질하며 대
나무를 베던 적을 무찔렀다. 본진에 있던 적 200여 명이 강을 건너 쫓아오자
정유경은 물러갔다.[46]

　정확한 날짜를 알 수 없지만, 최강 · 이달(李達) 등도 진주성을 지원하
는 활동을 했다. 이들도 밤에 망진산에 올라 군사들에게 4, 5개의 횃불을 들
고 이동하면서 북을 치고 함성을 질러 그 소리가 산곡을 진동하게 하니 적

---

43) 『宣祖實錄』권33, 25년 12월 辛卯條, "慶尙右道觀察使金誠一馳啓曰 … 至是尹鐸領二百餘名
　　鄭彦忠領百餘名 會于江邊 遇賊於馬峴 大戰良久 軍潰而歸."

44) 金誠一, 『鶴峯集』권3, 馳啓晉州守城勝捷狀(『亂中雜錄』2, 壬辰 10월 6일조에 실린 장계 내용
　　과 거의 비슷함) 초6일, "是夜郭再祐遣沈大承 率軍二百餘名 登鄕校後山 吹角擧火 城中之人
　　亦吹角相應 賊衆大驚擾亂 擧火登山 終夜不寐."

45) 金誠一, 『鶴峯集』권3, 馳啓晉州守城勝捷狀 초8일, "夜二更 固城假縣令趙凝道 州伏兵將鄭惟
　　敬 率軍五百餘名 各持十字炬擧火 列立於南江外晉峴上吹角 城中之人 望見援兵之至 卽鳴大
　　鍾吹角以應之 賊徒驚怖諠譟 卽燃火各幕 分遣伏兵 遮列江邊 以截援兵."

46) 金誠一, 『鶴峯集』권3, 馳啓晉州守城勝捷狀 초9일, "時伏兵將鄭惟敬 率軍三百餘名 自晉峴至
　　沙遷 列立觀兵 又抄勇士二十餘人 勦擊南江外焚蕩之賊 及竹物斫伐者 留陣倭人二百餘名 渡
　　江追逐 鄭惟敬乃退."

의 무리가 놀라서 어쩔 줄을 몰랐다. 성안외 장시들이 이를 듣고 기뻐 날뛰며, "이것은 모름지기 고성 의병장 최강과 이달이 지원하러 온 것이다"라고 했다. 이달도 두골평에 진을 치고 있으면서 곳곳에서 적을 습격하여 참살했다.[47] 왜적이 진주성 공략을 포기하고 퇴각하던 10일에도 최강·이달은 반성까지 왜병을 추적하여 20여 명의 왜적을 참살했다.[48]

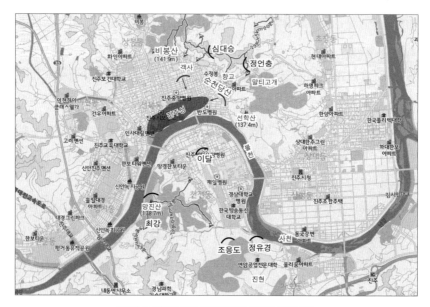

〈그림 6〉 제1차 진주성 전투에서 의병의 지원활동

진주성에서 멀리 떨어진 외곽에서의 지원활동도 있었다. 10월 9일 새

---

47) 趙慶南,『亂中雜錄』2, 壬辰 10월 초6일, "固城義兵將崔堈李達等 皆領兵援晉 堉夜登網陳山 令
    軍各擧四五炬 或進或退 撾鼓吶喊 響動山谷 賊衆驚駭 城中將士聞之喜躍曰 此必固城義兵將
    崔堈李達來援也 達亦領兵陣于頭骨坪 縱擊斬殺."

48) 趙慶南,『亂中雜錄』2, 壬辰 10월 초10일, "俊民等追至咸安 不及而還 崔崗李達亦以兵追至班
    城 斬二十餘級."

벽에 왜병 중 2천여 명이 단성과 단계, 살천 쪽으로 나아가 흩어져 분탕질하다가 김준민(金俊民) 등이 이끄는 의병에 의해 격퇴되었다.[49]

제1차 진주성 전투에서 이처럼 의병들의 지원활동이 가능했던 것은 진주성 전투 이전부터 진주성의 관군과 진주 주위의 의병들이 합세해서 여러 차례 크고 작은 왜병 세력들을 몰아내면서 관군·의병 상호 간의 신뢰관계를 쌓고 왜적과의 전투에 대한 자신감도 커졌기 때문일 것으로 보인다.

3. 제2차 진주성 전투

1593년(선조 26) 1월 조·명 연합군이 평양성을 공격하여 수복하자, 왜적은 서울까지 밀려났다. 한편 강화교섭이 이루어지면서 4월 18일을 기해 왜적은 서울을 내어주고 부산으로 남하하기 시작했다. 그러나 왜적은 남하와 함께 모든 군사력을 집중하여 진주성을 공략하려는 계획을 추진했다. 도

---

49) 趙慶南, 『亂中雜錄』 2, 壬辰 10월 초10일, "初晉州告急于諸陣 鄭仁弘令假將金俊民中衛將鄭邦俊等 自擇精銳射手五百餘名 馳送赴援 本月初九日于于丹溪 則日已出矣 有一巨村 在溪東 前有竹林 人困馬疲 卸鞍炊飯 全羅右義大將崔慶會 領軍二千 方駐丹城 欲與陜川兵合勢 前進晉州 … 先行者走來呼曰 大賊到此 俊民驚起視之 自丹城靑古介至丹溪 山野村落 一時焚蕩 烟焰漲天 炮聲動地 俊民等出於不意 勢甚蒼黃 挺身躍馬 出於竹林之外 上下馳突之際 軍官尹慶男等 亦爲馳來大呼曰 二將已入圍中 汝等不來相救耶 於是五百餘人吶喊幷進 賊望見我軍 從竹林中 次次閃出 恐有大軍之伏 接戰未久 退越溪水 兩陣對處 射矢如雨 飛炮若雷 賊猶敢戰不退 會僧義將信悅率軍繼至 聲勢益壯 士氣自倍 一時協擊 賊遂退走 追奔逐北 以至靑古介 賊棄旗登山而走 又西望縣內 烟焰蔽天 炮聲爆竹 鄭邦俊招俊民言曰 彼必全羅軍與賊相戰 不可不救 卽馳向丹城之路 僵屍相屬於道 全羅義兵已已爲潰退 餘賊落後 焚蕩作賊 見我軍突進 觀望退去 將士汲水滅倉庫之火 收爐餘米六百餘石 招官人守之 翌日進軍晉陽 則城已解矣."

요토미 히데요시(豊臣秀吉)가 왜장들에게 한성에 집결한 병력을 인수하고 신주성을 공격하여 1인이라도 남기지 말고 도살할 것을 명령했기 때문이다.

6월 15일 9만 3천여 명에 달하는 왜적이 김해·창원으로부터 대거 진격함으로써 제2차 진주성 전투의 서막이 올랐다. 적은 6월 16일 함안에 들어와 분탕했고, 6월 18일부터 정진을 공격하여 건너와 의령을 분탕했다. 6월 21일 점차 진주의 동쪽 방면으로 들어왔다. 이와 함께 군사를 단성·삼가 및 남강 건너편 등지로 진출시켜 원군이 이르지 못하도록 진주 일원을 완전히 봉쇄했다.

왜적이 함안으로 이동할 무렵 경상·전라·충청 3도의 군사와 주요 의병은 함안에 주둔하고 있었다. 적이 함안으로 오자 전라도관찰사 권율(權慄)은 본도 방비를 명분으로 의령·산음·함양을 거쳐 운봉으로 돌아갔고, 곽재우(성주 목사), 홍계남(洪季男, 경기 조방장), 고언백(高彦伯, 삼도 방어사) 등은 물러나 정진을 지킨 반면, 최경회(崔慶會)·황진(黃進)·김천일(金千鎰)·김준민(金俊民) 등은 진주성에 들어가 수성태세를 갖추었다. 적이 정진으로 육박해오자 곽재우 등은 다시 삼가 등지로 물러났고, 도원수에 임명된 권율은 다시 운봉으로 와서 주둔했다. 한편 명군은 당시 조선 정부의 거듭되는 요청에도 대구·남원·상주 등지에 각각 머물러 있으면서 원병을 보내지 않고 방관했다.[50]

이에 따라 진주 수성군은 포위된 이후 성 밖 100리 내에 외원군이 전무한 고립무원의 상태에 놓이게 되었다. 피아간의 병력 차이도 엄청났다. 아군병력은 진주 목사 서예원(徐禮元) 휘하의 본주군(本州軍) 약 2,400명과 경상우도·충청도의 관군과 전라도 의병을 포함해 대략 6, 7천 명 정도였지만, 진주성 공격에 참여한 왜병은 9만 3천여 명이었기 때문이다. 물론 성안

---

50) 지승종, 앞의 글(1995), 171-176쪽.

에는 '사민남녀(士民男女)'로 표현되는 민간인이 상당수 있어서 이들도 전투에 도움이 되었다.[51] 제2차 진주성 전투의 일별 전투상황을 요약해보면 다음과 같다.

- 6월 21일: 적의 기병 200여 명이 동북쪽 산 위에 출몰
- 6월 22일: 8시경에 적의 기병 500여 명이 북산에 올라 진을 벌이고 군세 과시. 10시경에 많은 적이 계속 들어와 한 패는 개경원 산허리에, 한 패는 향교 앞에 진을 침. 처음 교전하여 성중에서 적 30여 명을 명중하자 적이 퇴각. 초저녁에 다시 적이 진격하여 교전하다가 밤 8시경 퇴각. 밤 12시경에 다시 진격하고 4시경에 퇴각. 적이 성 서북쪽 참호를 터서 물이 빠진 후에 흙을 메워서 대로로 만듦
- 6월 23일: 적이 야음을 타서 크게 외치니 소리가 천지를 진동. 성 안에서 난사
- 6월 24일: 적의 군사 5, 6천 명이 와서 마현에, 또 5, 6백 명이 더 와서 동쪽에 진을 침
- 6월 25일: 적이 동문 밖에 흙을 메워 언덕을 만들고 거기에 흙집을 지어 성안을 내려다보며 비를 퍼붓듯 총을 사격. 충청병사 황진이 성내에 대응 언덕을 쌓음. 현자총통으로 적의 소굴을 격파하니 적이 다시 축조
- 6월 26일: 적이 생가죽으로 싼 나무 궤짝을 각자 짊어지고 와서 방패로 삼고 성을 헐자, 성안에서 큰 돌을 굴려 내리고 활을 비오듯 쏘아 적을 물리침. 적이 동문 밖에 두 대목(大木)을 세우고 그

---

51) 지승종, 위의 글(1995), 178-185쪽.

위에 판자집을 조성하여 성안으로 불을 많이 던짐. 성안 초가집들이 일시에 불에 탐. 목사 서예원이 겁을 내자, 김천일이 의병 부장 장윤(張潤)을 가목사(假牧使)로 삼음. 이때 큰비가 와서 궁시(弓矢)가 모두 풀어지고 군사의 힘도 바닥이 남. 적이 성안에 글을 던져 항복 요구. 성안에서는 끝까지 싸울 것이라고 대답

- 6월 27일: 적이 동문과 서문 밖에 다섯 언덕을 쌓고 대나무를 엮어 누각을 만들어서 성안을 내려다보며 비 오듯 총을 발사. 성안에 죽은 자가 300여 명. 적 수십 인이 철갑을 입고 네 바퀴 달린 커다란 궤짝을 밀고 들어와 철추(鐵錐)로 성을 뚫음. 이때 김해 부사 이종인(李宗仁)이 다섯 적을 죽이고, 성안 사람들이 횃불을 묶어 기름을 부어서 던지니 궤짝에 든 적이 모두 타죽음. 나머지 적은 물러남. 8시경에 적이 다시 신북문을 범함. 이종인이 수하 군졸과 함께 힘써 싸워 물리침

- 6월 28일: 지난 밤 서예원의 야간 경비 소홀로 적이 몰래 동문 쪽 성벽을 뚫어놓아 장차 무너질 지경. 새벽에 이를 알고 이종인이 크게 노하여 책망. 적이 성 아래까지 육박. 성중에서 죽을힘을 다해 싸움. 죽은 적이 매우 많았고, 적장 1인이 총에 맞아 죽어 적이 시체를 끌고 퇴각. 황진이 성 아래를 내려다보다가 성 아래에 잠복해 있던 왜적의 총을 맞아 죽음

- 6월 29일: 황진 대신에 서예원을 순성장으로 삼았으나 서예원이 겁을 내어 두려워하여 병사 최경회가 장윤으로 대신하게 함. 오래지 않아 장윤도 탄환에 맞아 죽음. 오후 2시경에 동문 쪽의 성이 비로 인해 무너지자, 적이 개미떼처럼 붙어서 올라옴. 이종인이 수하 군졸과 함께 결사적으로 싸움. 죽은 적이 산처럼 쌓이자

적이 퇴각. 적이 신북문으로 돌진. 여러 군사가 일시에 무너져 흩어짐. 이종인은 탄환에 맞아 죽음. 김천일은 아들 김상건(金象乾)과 함께 부둥켜안고 강물에 몸을 던짐[52]

이렇게 하여 제2차 진주성 전투는 왜적의 진주성 함락으로 끝났다. 성안에서 죽은 사람은 수만 명이었다. 그런데 임진왜란 때 주요 역할을 했던 유성룡은 제2차 진투성전투의 여러 가지 패전 요인 중의 하나로 창의사 김천일이 병사(兵事)에 대해서는 모르면서 자만이 심했고, 또 그가 거느리는 군사는 서울 거리에서 모은 오합지졸이며, 목사 서예원을 싫어하고 주객(主客)이 서로 시기하여 명령이 제대로 서지 못한 것에서 찾았다.[53] 물론 김천일이 제1차 진주성 전투에서 김시민의 체계적인 지휘활동에 비해 제대로 통솔하지 못한 것은 사실이다. 그러나 패전의 주요 요인은 다른 곳에 있다.

우선 1차 전투와는 비교도 안 되는 10만 명 정도의 왜적을 상대해야 했다는 것이다. 이런 엄청난 전력의 차이라는 불리한 상황 속에서도 김천일·최경회 등은 진주성이 지닌 전략적 중요성(호남의 보장)을 포기해서는 안 된다는 굳은 신념하에서 사수(死守)를 결심하고 저항했다. 둘째로 고립무원(孤立無援)의 상태에서 저항해야 했다는 것이다. 명군을 포함한 아군은 왜적을 중도에서 차단하지 못한 채 원거리까지 후퇴하여 관망할 뿐이어서 적군은 진주성을 완전히 포위한 상태에서 성 공격에 전념할 수 있었다.

제2차 진주성 전투의 결과, 진주의 많은 사람이 죽고 또 성곽이 허물어진 상황이어서 진주성은 이후 그 전략적 중요성이 크게 감소되었다. 그러나

---

52) 지승종, 위의 글(1995), 185-193쪽.

53) 柳成龍, 『懲毖錄』 권2, (癸巳)六月, "千鎰所率 皆京城市井召募之徒 千鎰又不知兵事 而自用太甚 且素惡徐禮元 主客相猜 號令乖違 是以甚敗 惟黃進 守東城 戰數日 爲飛丸所中死."

왜적도 진주성 공략 과정에서 막대한 전력상 손실을 입지 않을 수 없었으므로 호남점령의 목표까지는 달성하지 못한 것을 되새겨보아야 한다.

제2차 전투가 본격적일 때는 거의 매일 "세 번 싸워 세 번 물리쳤다. 밤에 또 네 번 싸워 네 번 물리쳤다"라고 하듯이 계속 벌어지는 전투에서 여러 방식을 동원한 방어활동이 치열하게 전개되면서 많은 왜적이 죽었다. 왜적이 죽은 상황에 대한 기록의 일부를 들어보면 다음과 같다.

- 6월 23일: 적이 야음을 타서 일시에 크게 외치니 소리가 천지를 진동했다. 성안에서 난사하니 죽은 자가 헤아릴 수 없이 많았다.
- 6월 28일: 적이 성 아래까지 육박해 들어왔다. 성안에서 죽을힘을 다해 싸워서 적을 죽인 것이 매우 많았다. 적장 1인이 총에 맞아 죽으매 여러 적이 시체를 끌고 갔다. 황진이 성 아래를 내려다보며 "오늘 싸움에서 죽은 적이 1천여 명 되겠구나"라고 했다.
- 6월 29일: 미시(未時)에 동문 쪽의 성이 비로 인해 무너졌다. 뭇 적이 개미 떼처럼 붙어서 올라왔다. 이종인이 수하 군졸과 함께 궁시를 버리고 창과 칼을 써서 싸웠다. 죽인 적이 산처럼 쌓였다. 적이 이에 물러갔다.[54]

진주성이 함락된 뒤 적은 전라도 구례 · 광양 · 남원 · 순천 등지로 흩어져 들어가서 마을을 노략질했고, 이후 호남에서 퇴거하여 사천 · 고성 · 삼가 · 의령으로 나아가 분탕질하다가 함안 · 창원 · 김해 등지로 돌아갔

---

54) 『宣祖實錄』 권40, 26년 7월 戊辰, "二十三日 … 賊乘夜 一時大呼 聲振天地 城中亂射 死者不記其數 … 二十八日 … 賊進迫城下 城中殊死力戰 賊死者甚衆 賊酋一人 中丸而死 群賊曳尸而去 黃進俯視城中曰 今日之戰 賊死者多至千餘 … 二十九日 … 未時 東門城子 因雨頹落 衆賊蟻附以上 宗仁與其親兵 捨其弓矢 直用槍刀 相對搏戰格殺 死者積堆如山 賊仍以退去."

다.[55] 왜적이 이처럼 잠시 호남을 공략했다가 얼마 안 있어 김해·부산 등지로 돌아간 것은 제2차 진주성 전투에서 많은 병력을 잃어서 호남과 부산을 잇는 곳곳의 요충지에 군사를 배치하고 버틸 수 있을 만한 조건이 되지 못했기 때문이다. 『선조수정실록(宣祖修正實錄)』에는 다음과 같은 기사가 있다.

적병이 진주에서 호남을 침범하고 돌아갔다. … 적이 마침내 군사를 철수해 진주로 돌아갔고, 이어 해상으로 돌아가서는 다시 강화의 일을 의논했다. (적이 처음 와서 여러 번 호남에서 실패하고 또 진주에서 패전했기 때문에 도요토미 히데요시가 꺼려 기필코 함락하려고 했다. 이미 진주를 함락하고 호남에 들어가서는 오래지 않아 철수해 돌아갔으니, 대개 진주를 칠 때 힘이 빠졌기 때문이다. 정유년에 이르러서는 양호(兩湖)만을 공략하다가 물러갔으니, 그 계략이 비로소 이루어진 것이었다.)[56]

인조 때 좌의정이던 조익(趙翼)의 계사(啓辭)와 숙종 때 이조판서였던 이민서(李敏叙)가 쓴 '정충단비명(旌忠壇碑銘)'에도 제2차 진주성 전투에 대해 다음과 같이 언급되고 있다.

대개 가등청정이 진주를 공격하러 올 적에 자기의 정예 군대를 총동원하여 그 숫자가 10만을 넘었으니 실로 천하의 엄청나게 큰 도적

---

55) 『宣祖實錄』 권40, 26년 7월 戊辰, "城旣陷 賊分數起 一起向丹城山陰 一轉入智異山 一起直出本州西面 與智異山賊合勢 散入求禮光陽南原順天 搶掠閭里 … 賊因以退去 一起向泗川固城焚掠 一起向三嘉宜寧 焚燒公私閭家 還屯咸安昌原等地 一起裝載被擄男女卜物 還向金海".

56) 『宣祖修正實錄』 권27, 26년 7월 癸丑, "賊兵自晋州 犯湖南而還 … 賊遂捲兵 還晋州 仍歸海上 復議和事(賊之初來 屢創於湖南 又敗於晋州 故秀吉忌之 必欲攻陷 旣陷晋州 入湖南 不久撤歸 蓋力倦於攻晋也 至丁酉 偏創兩湖而退 其計始遂)."

으로서, 그 왜적이 날래고 강한 것으로 말하면 윤자기(尹子奇)와 영호조(令狐潮)의 무리 정도일 뿐만이 아니었다고 할 것입니다. … 당시에 진주에서 길목을 차단하고 저지함으로써 왜적의 예봉이 여기에서 거의 모두 힘이 빠지게 하지 않았던들, 호남에 재앙이 미치게 되는 일을 어찌 또 말로 다할 수 있었겠습니까.[57]

이로부터 적의 날카로움이 꺾이고 칼날이 무디어져 다시 떨칠 수 없었다. 이에 힘입어서 호남이 온전하게 되었으니, 대개 적이 이미 진주에서 많이 죽었기 때문이다. 제공(諸公)이 약한 군졸로서 고성(孤城)을 지키는데, 외원이 이르지 아니하니, 결국은 반드시 꺾이고 구하지 못할 것을 사람마다 알았다. 그러나 제공은 죽음을 맹세하여 떠나지 않고 힘써 지켰으며, 일이 틀어진 후에는 성과 함께 죽음으로써 호남을 막았으니, 그 충장(忠壯)·의열(義烈)은 진실로 장순(張巡, 당나라 장수)과 더불어 그 아름다움이 필적된다.[58]

이처럼 제2차 진주성 전투에서 성이 유린되고 많은 사람이 죽었음에도 이 전투는 왜적에게도 심대한 타격을 입혀 적의 전투 의지를 약화시키는 데 주요한 역할을 했다. 왜적도 이젠 강화를 서두를 수밖에 없는 처지가 되었다.

---

57) 趙翼, 『浦渚集』 권14, 啓辭 李宗仁子得華上言回啓, "蓋淸正之來攻晉州也 悉其精銳 數踰十萬 實天下之劇賊也 其精且强 非特如尹子奇令狐潮之衆也 … 而金千鎰黃進等數人 非有朝廷之令必守之責也 城非甚堅不可毁也 兵皆殘破之餘 烏合之衆也 而以義相激屬 誓以死守 … 其時非晉州蔽遮沮遏 使賊之鋒銳殆盡於此 則其禍之被於湖南者 何可勝道哉."

58) 『忠烈實錄』 권2, 旌忠壇碑銘, "自是賊亦挫銳頓鋒 不能復振 湖南賴以全 盖賊旣致死於晉 而諸公以弱卒守孤城 外援不至 終必折而不救 人人皆知之矣 然諸公 誓死不去力守 於事去之後 要與城俱斃 以蔽遮湖南 忠壯義烈 固當與張巡匹美."

4. 진주인의 저항성과 논개

1) 의병활동과 제1, 2차 진주성 전투에서 진주인의 저항

이처럼 임진왜란 초기 경남 서부지역에서의 의병활동은 자기 지역의 방어뿐만 아니라 왜적의 호남 침입을 막아내고 전국의 의병봉기에 촉매제 역할을 했으며, 그 결과 왜적에게 심대한 타격을 입혔다. 이수건은 그 전과를 ① 전국에서 가장 먼저 창의함으로써 다른 지방의 창의를 촉발시키는 효과를 가져왔고, ② 남해상에서 아군의 제해권 장악을 위한 배후기지를 제공해주었으며, ③ 낙동강 방어선과 진주성을 잘 지킴으로써 왜적의 호남 진입을 차단하는 동시에 군량을 비롯한 군수 · 민수 물자의 공급을 원활히 할 수 있었고, ④ 초기 관 · 의병 사이의 갈등을 해소하고 상호협조체제를 유지함으로써 전수 양면에 많은 성과를 거둔 동시에 다른 지방에도 모범이 될 수 있었다고 정리했다.[59] 이를 주도한 것은 곽재우 · 정인홍 · 김면 등 남명 문인이었다.

진주와 인근에서 의병활동을 주도하거나 이의 지원활동에 참여했던 인물들도 많았다. "초유사 김성일의 독려에 호응해서 진주 유생 300여 명이 서로 통문을 돌리고 거병을 도모했다"[60]라고 하는 것에서도 이를 알 수 있다. 실제로 김성일이 판관 김시민에게 수천 명의 군사를 정돈해서 부대를

---

59) 이수건, 「南冥學派 義兵活動의 歷史的 意義」, 『남명학연구』 2, 경상대 남명학연구소, 1992, 22~23쪽.

60) 『宣祖實錄』 권27, 25년 6월 丙辰, 김성일 장계, "晉州居儒生三百餘人 又相通文 謀起兵禦賊 雖未知闕終如何 國家所恃者 人心也."

나누이 성을 지키게 할 때, 김대녕이 소모관으로, 손승선이 수성유사로, 허국주와 정유경이 복병장으로, 하천서가 군량 책임자로, 강기룡이 병기 책임자로 활동했다.[61] 김대명은 생원 한계·정승훈과 함께 군사 600여 명을 모집하여 고성의 의병장 최강 등과 합세하여 적을 유인하기도 하고 매복했다가 야습하기도 했다. 조선군의 집요한 공격으로 왜적의 무리가 무너져 웅천·김해 등지로 향하자, 김대명 등은 군사를 거느리고 왜적을 추격하여 창원의 마산포까지 들어가서 진을 치기도 했다.[62]

정유경도 복병장으로서, 7월의 진주 인근 전투에서 고성 왜적이 진주로 진입하는 것을 막기 위해 여러 가지 활약을 했다. 최기준(崔琦準)은 5월 말 왜적의 침입에 대비해 정병 150명을 이끌고 진주 외곽인 지리산 기슭에 있는 살천창(薩川倉)에 진을 치고 대비하고 있었다.[63] 하수일(河受一)과 문할(文劼)·손경례(孫景禮) 등도 6월에 소모유사(召募有司)가 되어 흩어진 사람들을 불러 며칠 후 400여 명 군사를 모았다. 그러나 군자곡이 공급되지 못하여 군사들이 흩어지자, 8월에 다시 군사를 모집하는 활동을 하기도 했다.[64] 자료상의 한계로 구체적으로 알 수 없지만, 이 외에도 의병활동이나 지원활동을 주도하고 참여했던 인물들은 적지 않았을 것이다.

---

61) 趙慶南, 『亂中雜錄』 1, 壬辰 5월 20일, "誠一令金時敏 整軍數千 分隊守城 又以前郡守金大鳴 爲召募官 孫承善爲守城有司 許國柱鄭惟敬爲伏兵將 河天瑞管粮餉 姜起龍治軍器."

62) 趙慶南, 『亂中雜錄』 1, 壬辰 5월 20일, "賊兵自固城來屯泗川 將犯晉州 金誠一令軍官勇健者十餘人 渡江擊逐 賊乃退 又分兵進迫泗川城下 絶其樵汲 賊退還固城 又以前郡守金大鳴爲都召募官 與生員韓誠鄭承勳 募得六百餘兵 與固城義兵將崔堈等合兵 或誘引或設伏夜擊 未久賊衆潰 向熊川金海等地 大鳴等領軍 入陣于昌原馬山浦."

63) 鄭慶雲, 『孤臺日錄』 권1, 壬辰 5월 25일, "都事 以奉事崔琦準 率精兵一百五十名 結陣于晉州薩川倉."

64) 河受一, 『松亭歲課』 次文上舍子愼題樓上韻(是歲夏六月 余與文劼子愼 孫景禮士和 爲召募有司 招集散亡 纔數日幾得四百餘人 (時金相公誠一 承招諭之命 節制一道 而不給軍資 所募軍卒 一朝潰盡 事將垂成 而不得成 … 越八月旣望 新穀旣登 自相備糧 更事召募 …). 이는 河受一의 『松亭日記』 壬辰 6월 2일, 6월 24일, 8월 15일조에도 기록되어 있다.

이런 의병활동은 제1차 진주성 전투 때의 지원활동으로도 이어진다. 다른 고을 의병들의 지원활동도 있었지만, 진주에 살던 고성 현령 조응도와 진주 복병장 정유경은 고성 의병장 최강 · 이달 등과 함께 제1차 진주성 전투에서도 외곽에서 응원활동을 하기도 했다. 진주성 전투 때 진주성 내에 들어가 방어활동에 참여한 인물들도 적지 않다. 『충렬실록(忠烈實錄)』에 의하면 최기필(崔琦弼)과 수성유사였던 손승선이 제2차 진주성 전투에서 순절한 것으로 나타나고,[65] 『진양속지』에는 정유경 · 장윤현(張胤賢) · 박안도(朴安道) 등도 제2차 진주성 전투에서 순절하여 창렬사에 배향된 것으로 나타난다.[66] 이 외에도 제1, 2차 진주성 전투에 참여한 인물이 적지 않았을 것이다.

이처럼 진주지역의 의병활동과 진주성 전투에는 이 지역과 인근 고을 인물의 의병 창의와 방어활동이 중요한 역할을 했는데, 이들은 이 지역에 탄탄한 사회경제적 기반을 가지고 있던 전 관리 또는 사족 가문의 인물이었다. 김대명은 울산김씨로서 그의 고조인 국로(國老, 봉화 현감)가 진주 토성 출신 정순(鄭淳)의 딸과 결혼하여 처가가 있는 진주 상사리로 들어온 이후 이곳에 정착했다. 그는 1570년 문과에 급제하고 전적 및 봉산 군수를 역임하다가 이후 낙향하여 이곳에 은거하고 있었다. 정승훈은 정순의 후손이었고, 김대명과 같은 마을에 살고 있었다. 그는 1588년 생원시에 합격했고, 당시 그 지역에서 중요한 영향을 미치고 있던 사람 중의 하나였다. 그 인근인 정수개리에 살고 있던 청주한씨 한계도 1590년 생원시에 합격한 인물이었다.

진주 수성유사를 맡고 있던 손승선은 진주 덕산동에 거주하던 밀양손씨 출신으로 참봉직을 지니고 있었다. 진주 복병장 허국주는 김해허씨로 무과에 합격해 우후를 지냈으며, 상사리 북쪽 용봉리에 살고 있었다. 임란 당

---

65) 『忠烈實錄』권2, 崔兵曹參議公實錄 및 孫戶曹佐郎公實錄 참조.

66) 『晋陽續誌』권3 忠義條 참조.

시 참봉이던 하천서는 남명의 소카사위이기도 했다. 허국주와 함께 복병장으로 임명된 정유경은 삼포왜변 때 공을 세운 정은부(鄭殷富)의 증손으로 훈련원 주부를 지낸 인물이었다. 이 외에도 봉사 최기필과 최기준 형제는 진주 대야천에 살던 전주최씨 출신이었다.[67]

이들은 '진주 유생 300명' 중의 일부이겠지만, 진주지역에서 나름대로의 사회경제적 기반을 가지고 있어서 이를 바탕으로 향병을 동원할 수 있었다. 그들이 동원한 병력 중에는 가솔들도 있었겠지만, 흩어진 병졸이나 주위 농민들도 많았을 것이다. 앞에서도 언급되었듯이 김대명 등이 모집한 병력이 600명 정도 되는 것으로 나타난다. 『용사일기』에 의하면 허국주도 6, 7백여 명의 징정을 모아 진주 방어에 참여했던 것으로 서술되고 있다.[68] 아무튼 초유사의 진주 방어책 강화에 호응해 진주목 내에 거주하는 문관·무관직을 거친 인물이나 유생들이 인근 마을의 인물들과 연대하거나 독자적으로 병력을 모집하여 진주성으로 몰려들었고, 그 이후 김시민을 중심으로 한 관군지휘체계와 연결되어 여러 가지 임무를 부여받아 활동한 것으로 보인다.

또 이들 중 대다수는 남명 문인이거나 사숙인(私淑人)이었다. 원래 진주지역의 주민에게는 과격하고 저항적인 기질이 잠재되어 있었다고 할 수 있는데, 여기에 남명학파의 저항적 기질이 더해져 임진왜란 때 또 다른 형태로 표출된 셈이다. 이런 의병활동과 진주성 전투 과정에서 저항적 분위기가 고조되면서, 사족층뿐만 아니라 진주의 일반 주민의 저항적 기질도 발현되어 수많은 주민의 결사적 항거로 나타났다. 제1, 2차 진주성 전투 때의 상황을 알려주는 일부 기사를 보면 이를 잘 알 수 있다.

---

67) 김준형, 「진주 주변에서의 왜적방어와 의병활동」, 『경남문화연구』 17, 1995, 124-126쪽.

68) 李魯, 『龍蛇日記』 15엽, "丹城權世春等 亦聚兵五百人 晉州許國柱等 亦募衆六七百人 草溪全致遠李大期 亦起兵分掌之."

- 제1차 진주성 전투: 10월 10일 … 한 부대 1만여 명(의 왜적)이 야음을 타 몰래 이동하여 갑자기 구북문 바깥에 다가왔는데, 긴 사다리를 지니고 방패를 지고 있었다. 장차 그들이 올라올 기세라 성벽을 지키는 자들이 모두 놀라 무너졌다. 전 만호 최덕량(崔德良), 목사 군관 이눌(李訥)·윤사복(尹思復) 등이 죽음을 무릅쓰고 맞서 싸우니, 흩어졌던 병졸들이 다시 모여들어 같은 방법으로 적에 항거함이 동문에서와 같았다. 노약남녀(老弱男女)들도 돌과 불을 투하하여 성안의 기와, 돌, 초가지붕이 거의 사라졌다.[69]
- 제2차 진주성 전투: 6월 25일 충청병사 황진이 성내에 대응 언덕을 높이 쌓았다. 저녁부터 밤까지 황진이 의관을 벗고 친히 돌을 져 나르니 성안 남녀들이 감격하여 울면서 힘을 다하여 축조를 도왔으므로 하룻밤에 다 마쳤다.[70]

여기에서 언급되는 '노약남녀'나 '성안 남녀'는 정규 병사들이 아니었고, 또 다른 지역 출신 주민도 있겠지만 대부분 진주 주민이었을 것이다. 사족층도 있었겠지만, 대부분 일반 서민이나 노비 계층들이었을 것이다. 위의 글에서만 보더라도 성안에 남아 있던 일반 서민이 남녀노소를 가리지 않고 얼마나 결사적으로 항전했던가를 짐작할 수 있을 것이다. 특히 제2차 진주성 전투에서는 일반 서민의 처절한 항전의 결과가 수만 명의 순절로 나타나

---

69) 趙慶男,『亂中雜錄』2, 壬辰 冬十月, "初十日 … 又一運萬餘名 乘暗潛行 突至舊北門外 持長梯 負防牌 勢將騰入 守陣者皆驚潰 前萬戶崔德良·牧使軍官李訥·尹思復 冒死拒戰 潰卒復集 隨方拒賊 一如東門 老弱男女亦爲之下石投火 城中瓦石蓋茨殆盡."

70) 『宣祖實錄』 권40, 26년 7월 戊辰, "二十五日 賊於東門外 塡土爲陵 因作土屋 俯視城中 放丸如雨 忠淸兵使黃進 亦於城內 對築高陵 自昏達夜 進盡脫衣笠 親自負石 城中男女 感激涕泣 竭力助築 一夜而畢."

게 된다. 『선조실록』에는 다음과 같이 기록되어 있다.

　　적이 본성(本城)을 헐어 평지로 만들었는데, 성안에 죽은 자가 6만
여 인이었다. [어떤 이는 8만여 인이라 하고, 또 어떤 이는 3만여 인이라고 한다. 뒤에
감사 김륵(金玏)이 사근찰방 이정(李瀞)을 시켜 조사하게 했는데, 성안에 쌓인 시체가
1천여 구이고, 촉석루에서 남강의 북안까지 쌓인 시체가 서로 겹쳤으며, 청천강에서부터
옥봉에 이르기까지 5리에 걸쳐 시체가 강 가득히 떠내려갔다.][71]

　　죽은 자의 숫자가 사람에 따라 다르게 언급되고 있지만, 대략 6만여 명
으로 추정해볼 수 있을 것이다. 전투가 끝나고 얼마 후에 진주성에 가서 상
황을 조사한 사근찰방 이정의 보고에 의하면, 시신이 성안이나 남강변에 가
득히 쌓여 있었고 강에 5리에 걸쳐 시체가 가득히 떠내려가고 있었다고 한
다. 진주성이 함몰되어 성안에 있던 6만여 명이 도륙당했다고 했는데, 6만
명 중 군사 6, 7천 명 정도를 제외한 나머지는 일반 서민이 대부분이었을 것
이다. 이를 토대로 상상해보면 당시 전투 상황이 얼마나 처절했고, 일반 주
민의 저항이 얼마나 결사적이었는가를 짐작할 수 있다.

---

71)　『宣祖實錄』 권40, 26년 7월 戊辰, "二十九日 … 賊屠夷本城 作爲平地 城中死者六萬餘人(或
　　云八萬餘人 或云三萬 後監使金玏令沙斤察訪李瀞驗視 則城中積屍千餘 自矗石樓至南江北岸
　　積屍相枕 自菁川江至玉峯 遷五里 死者塞江而下)."

2) 논개의 저항과 진주인의 추모

조선왕조 당시 천한 신분에 속하는 관기(官妓) 논개(論介)의 저항도 이런 분위기에서 표출되었다고 할 수 있다. 논개의 순절 사실은 유몽인(柳夢寅)의 『어우야담(於于野談)』에 처음 등장한다.

논개는 진주의 관기였다. 만력(萬曆) 계사(癸巳)년에 김천일의 창의 군이 진주성에 들어가 왜적에 맞서 싸우다가 성이 함락되고, 군사는 패했고, 백성이 모두 죽었다. 논개는 얼굴과 옷을 아리땁게 꾸미고 촉 석루 아래 우뚝한 바위 위에 서 있었으니, 그 아래는 바로 깊은 강물 로 떨어지는 곳이었다. 여러 왜적이 바라보고 좋아하면서도 모두 감 히 접근하지는 못했다. 유독 한 왜적이 당당히 나서서 다가오니 논개 가 웃으며 그를 맞이했다. 왜적이 바야흐로 논개를 꾀어 끌어당기려 하자, 논개는 드디어 그의 허리를 끌어안고 바로 물속으로 몸을 던져 함께 죽었다.

임진왜란 때 관기로서 왜적을 만나 욕을 보지 않으려고 죽은 자는 셀 수 없이 많아 논개 한 사람에 그치지 않지만, 그들의 이름은 대부 분 잊어버렸다. 저들 관기는 음탕한 창녀들이라 정렬(貞烈)을 칭할 수 없지만, 죽는 것을 집에 돌아가는 것처럼 여겨 왜적에게 몸을 더럽히 지 않았으니, 그 또한 임금님의 교화 속에 살아가는 백성 중의 하나로 다. 차마 나라를 저버리며 왜적을 따르지 않았으니, 충성이 아니고 무 엇이겠는가. 아, 애달프다.[72]

---

72) 柳夢寅, 『於于野談』, "論介者 晋州官妓也 當萬曆癸巳之歲 金千鎰倡義之師 入據晋州以抗倭 城陷軍敗 人民俱死 論介凝粧靚服 立于矗石樓下峭巖之巔 其下萬丈 卽入波心 羣倭見而悅之

이것은 유몽인이 야담의 한 가지로 소개한 것이어서 논개 행적의 실체에 대한 신빙성이 의심될 수도 있다. 비슷한 시기에 살았던 장유(張維, 1587~1638)도 일부 예를 들면서 유몽인의 『어우야담』 내용에 대한 의문을 다음과 같이 제기했다.

> 유몽인이 『어우야담』을 지었는데, 민간의 비속한 일들을 많이 기록하면서 그 사이에 시화(詩話)나 국조(國祖)의 고사(故事)도 언급했다. 그런데 내가 우연히 한 권을 얻어서 들춰보았더니, 그 글이 매우 속될 뿐만 아니라 기록 자체도 사실과 다른 곳이 눈에 많이 띄었다.[73]

그러나 장유의 글은 야담의 전체 내용에 대한 부정은 아니었고 일부 잘못된 부분이 있다는 것을 강조했을 뿐이다. 따라서 이 글과 관련해 당시 유몽인의 행적을 살펴볼 필요가 있다. 『어우선생연보(於于先生年譜)』에 의하면, 그는 제2차 진주성 전투가 있었던 해 겨울, 세자가 전라·경상도 등지를 감무(監撫)할 때 문학[文學, 세자시강원(世子侍講院)에 둔 정5품의 관직]으로서 세자를 배종했다. 이듬해에도 세자를 배종하면서, 삼도순안어사(三道巡按御史)를 겸하여 삼남을 돌아다니면서 탐관오리들을 처벌하고 민심을 어루만지는 역할을 했다.[74] 따라서 그는 제2차 진주성 전투가 끝난 지 얼마 지나지 않은 시기

皆莫敢近 獨一倭挺然直進 論介笑而迎之 倭將誘而引之 論介遂抱持其腰 直投于潭俱死 壬辰之亂 官妓之遇倭 不見辱而死者 不可勝記 非止一論介 而多失其名 彼官妓 皆淫娼也 不可以貞烈稱 而視死如歸 不汚於賊 渠亦聖化中一物 不肯背國從賊 无他 忠已矣 猗歟哀哉."

73) 張維, 『谿谷漫筆』 권1, 漫筆 柳夢寅於于野談多失實, "柳夢寅著於于野談 多記閭巷鄙事 間以詩話 或及國朝故實 余偶得一卷觀之 其文俚甚 所記亦多失實."

74) 『於于先生年譜』 癸巳, "是歲克復三京 大駕還都 冬皇帝勅使 世子監撫南方全慶等地 公以文學陪從"; 甲午, "春陪世子駐公州 夏移次全州 轉往洪州 又兼三道巡按御史 時倭賊尙聚釜山 干戈未息 饑饉荐仍 人或相食 公衣繡持節 遍行三南 搏擊貪汚 振接窮乏 所至人心 莫不驩洽."

에 진주 인근과 진주성에도 들러 전투에 관한 주민의 이야기를 들었을 가능성이 크다. 이 중에 논개와 관련된 이야기도 있었을 것으로 짐작된다. 이를 토대로 유몽인이 논개의 순절을 기록한 것으로 본다면, 약간의 착오가 있다 하더라도 논개의 행적은 신빙성이 있다고 볼 수 있다.

어쨌든 1651년 오두인(吳斗寅)이 쓴 『의암기(義巖記)』에 의하면, 이후 진주 주민은 그의 의로운 행적을 기리기 위해 그 바위에 '의암'이라 새겼고, 해마다 성이 함락된 날에 강변에서 제사를 지내며 의로운 영혼을 달랬다고 한다.[75] 이 '의암'이라는 글자는 임진왜란 때 함경도에서 활약했던 정문부(鄭文孚)의 아들인 정대륭(鄭大隆)이 쓴 것으로 알려져 있다.[76]

진주인의 논개에 대한 추모는 여기에 그치지 않았다. 1721년(경종 1) 경상우병사로 부임한 최진한(崔鎭漢)[77]이 비변사에 충민사(忠愍祠)·창렬사(彰烈祠) 양 사당의 개수를 요청하는 보장(報狀)을 올렸는데, 여기에는 다음과 같이 논개의 순절과 관련된 사연과 이에 대한 포상을 요구하는 내용도 담겨 있다.

또 진주 사람 전 별장 윤상보(尹商輔) 등 수십여 인이 올린 등장(等狀)에서 낱낱이 들어 말하기를, "촉석루 아래, 남강 위에는 천하에 마음 아픈 곳이 있으니, 여기가 의암입니다. 바위에 '의'라는 호가 있게 된 것은 옛날 임진왜란 후부터이니, 어찌 천고만고에 불후의 대의가

---

75) 吳斗寅, 『陽谷集』 권3 記 義巖記, "晉陽之城矗石之下南江之濆 有一峭巖 … 故後之人哀而義之 遂刻義巖二字 以旌其義云 … 余以辛卯首冬之旣望越八日戊辰 行到晉陽 適値昔年陷城之日 州之人 例於是日 設祭江邊 以醑義魂云 余於此尤有所感 遂書于矗石樓 以爲義巖記."

76) 『晉陽續誌』 권2, 人物 鄭大隆, "字汝準 大榮之弟 文章筆法 爲世所推 性至孝 痛先考寃歿 衰經南下 仍居焉 義妓祠前巖面義巖二字 即其筆也 後贈左承旨."

77) 『矗營先生案』에 의하면, 그는 1721년(경종 1) 4월부터 1723년 5월까지 우병사로 있었다.

아니겠습니까? 어떤 것이냐고요? … (논개 순절 사실 거론) … 논개가 자신을 보기를 털과 같이 하여 절개를 세우기를 산과 같이 했으니 가히 해·달과 더불어 빛을 다투어도 남음이 있을 것입니다. 후대 사람들이 그 바위를 '의암'이라 이르고 사군자가 또한 그 바위에 '의암'이라는 호를 전서(篆書)로 새겼습니다. … 논개에 대해서는 백여 년이 지나도록 아직 임금님에게 알려드리지 못했으니 전후의 식자들이 애석해하고 의리상 유감으로 여기는 것이 어떠하겠습니까? 다행히도 이 뜻을 묘당에 낱낱이 고해 처분을 기다리는 것이 어떨지요?"라는 정장(呈狀)이었습니다. 다만 상고할 수 있는 옛 기록을 볼 수 없어 사실인지를 파악할 수 없었습니다. 근래 야담고기(野談古記)에서 비로소 그 근원을 찾을 수 있었으니, 거기에 말하기를, "… (『어우야담』의 내용) …"이라 했습니다. 의암의 전각(篆刻)이 보이는 바가 명백하며 야기(野記)가 남겨 전하는 것이 또한 가히 사실의 흔적이라 할 수 있으니 거짓된 전설은 아닌 듯합니다. 처음에는 창기였다고 하더라도 끝에 가서는 죽음으로 의를 얻었으니, 격려하고 권장함으로 보건대 아예 사라지도록 두는 것은 옳지 못합니다.[78]

이 보장에 의하면, 당시 진주인 전 별장 윤상보 등 수십여 인이 우병사

---

78) 『忠烈實錄』권2, 狀 兩祠宇修改先報備邊司狀, "又有晉州人前別將尹商輔等數十餘人 枚擧等狀中 有曰 矗樓之下 南江之上 有天下傷心處 乃義巖也 巖之義號 昔自龍蛇倭變後 始有其名 則豈非千萬古不朽之大義哉 何者 … 論介之視身如毛 立節如山 可與日月爭光有餘耳 後人名其石曰義巖 士君子又以篆刻義巖之號 此巖未爛之前 則堂堂節義之稱 何獨泯於覆載之間乎 … 而至於論介 則百餘年來 猶未能上徹天聽 前後識者之心惜義憾 當復如何 何幸 以此意枚稟廟堂 以待處分 何如事 呈狀 第未見可考之舊錄 無以取實 近於野談古記中 始見根因 則有曰 … (어우야담 내용) … 云云 義巖篆刻 所見明白 而野記留傳 又爲現閱 則可謂實迹 而似非虛濫之傳說 初雖娼妓 末乃死得其義 則揆以激勸 終不可爲全然泯滅之歸."

에게 등장을 올렸다고 하는데, 이들 수십여 명은 진주의 엘리트충인 사족이었을 것으로 보인다. 이들은 논개에 대한 진주인의 사사로운 추모와 제사에 그치지 않고, 이를 넘어 논개의 순절에 대한 국가의 공식적인 인정과 포상을 원했다. 그래서 우병사 최진한은 이에 대한 증거를 찾았고, 결국 '의암'이라고 전서로 새긴 글씨와 『어우야담』에 전하는 내용을 증거로 비변사에 보장을 올려 논개의 포상을 요구한 것이다. 이에 대해 비변사는 명백하게 근거할 문적이 없으면 미덕을 포상하는 중대한 조치를 가벼이 의논할 수 없으니, 근거할 문헌이 있으면 비변사에 보고하여 시행하는 것이 마땅하다고 지시하는 관문(關文)을 내려보냈다.[79]

이에 진주인이 우병사와 대책을 논의했던 것 같다. 그 결과 『어우야담』의 내용과 '의암'이라는 전각만 가지고는 증거로 삼을 수 없다는 것을 알고, 의암과 관련해 논개의 순절을 기리는 비를 세우기로 했다. 이 비문은 '의암'이라는 전각 글자를 남긴 정대륭의 종증손인 정식(鄭栻)이 1722년 작성했는데,[80] 여기에는 『어우야담』의 내용이 그대로 담겨 있다. 그의 가장(家狀)에는 그가 "논개의 흔적이 민몰될 것을 애석하게 여겨 이름난 흔적을 찾아서 관아에 정장을 올려 비석을 세워 기렸다"라고 기록되어 있지만,[81] 아마 정식 외에도 진주의 뜻 있는 사족이 같이 이를 논의하고 실행했을 것으로 추측된다.

우병사 최진한은 비변사에 보고문을 다시 올려 관련 비석을 세운 과정

---

79) 『忠烈實錄』권1, 備邊司關文, "觀此慶尙右兵使崔鎭漢狀啓 則 … 官妓論介 則臨亂忘身 與賊俱死 果如流傳之說 則有足可尙 旣無明白可據之文籍 則褒美重典 有難輕議 如有可據文籍 令本營論報本司後 施行宜當 以此回移 如何 同副承旨臣李宜晩次知啓 依允敎旨內事意 奉審施行."

80) 鄭栻,『明庵集』권4, 記 義巖碑記 ;『忠烈實錄』권1, 義嵓事蹟碑銘(壬寅) 明庵 鄭栻 찬.

81) 鄭栻,『明庵集』권6, 附錄 家狀, "公諱栻 … 壬辰之亂 妓論介殉節於矗石巖上 公惜其翳沒 搜訪名蹟 呈官樹碑 以旌褒之."

에 대해 밝히고 이 비분을 인줄해서 올리니 계속 논의해 달라고 요구했다.[82] 보고를 받은 비변사는 "자손을 찾아 별도로 복호(復戶)를 내려주어 포상의 조치가 있음을 보이라"라는 왕의 재가를 얻어 이런 명령을 우병영으로 내려 보냈다.[83] 이 지시에 따라 우병영에서는 각 고을에 관문을 내려 논개의 자손을 찾게 했지만, 지방관들은 고을 내 곳곳의 촌노들을 찾아가 논개 자손의 유무를 알아보았으나 확인할 수 없다고 보고했다. 그래서 우병영에서는 다시 비변사에 자손이 없어서 복호를 내려주는 조치를 시행할 수 없다는 보고를 올렸다.[84]

최진한의 노력은 여기에서 끝나지 않았다. 그는 1724년(경종 4) 2월 전라병사로 임명되었시만, 병이 있다는 이유로 개차되고 부총관으로 중앙 조정에 있다가 1725년(영조 1) 6월 경상좌병사로 부임했다. 따라서 자신의 직무가 경상우도와는 관련이 없었지만, 이듬해에 상소문을 올려 논개 문제를 다시 제기하며 그에 대한 정표(旌表)를 요청했다. 그러나 왕은 의암이나 야담의 내용을 그대로 믿을 수 없어 정표 조치를 내리기 어렵지만, 비변사에서 논의하도록 해보겠다는 비답을 내렸다.[85]

---

82) 『忠烈實錄』권1, 申報備邊司文, "旣無子孫 又少族屬 堂堂美名 傳後無階 公私幷力 才竪尺碑 於義嵒之上 序以銘之 俾不至泯滅之歎 碑文辭緣 則乃昔年柳夢寅所作之野談云 而因其談說 劊之於此 則豈不士林以下 千萬人所共知實蹟 刻義之石 萬目之所覩 而野談之文 古人之公意 則可據一節 無出於此碑文 印出一度 亦爲監封上送 參商變通行下 以答嶺俗過百年抱憾之弊."

83) 『忠烈實錄』권1, 備邊司再關文, "官妓論介 抱賊投江 視死如歸 義嵒之稱 至今傳說 官妓中有此 奇節 亦足可尙 尋訪子孫 別爲給復 以示褒異之典 有不可已."

84) 『忠烈實錄』권1, 連報備邊司文, "義妓論介子孫有無 發關査問 地方官回報內 論介子孫有無 境內坊曲 古老人處 詳加訪問 元無子孫云 則給復一節 元無可施之地 緣由牒報."

85) 『承政院日記』제617책, 영조 2년 5월 16일, "慶尙左兵使崔鎭漢疏曰 … 野記一編 芳名昭載 蒼 巖半面 義字不爛 而泯沒至今 獨無旌美 此不但賤臣之所歎惜 實是南士之共咨嗟者也 … 伏願 殿下 勿以人廢言 特於卄一諸臣 均施贈職之典 官妓論介 亦加旌表之章 用慰抑鬱之魂 以爲激 勸之方 … 答曰 … 義巖雖存 野談所記 何可憑信 且百餘年之事 似難輕擧 而卿之欲襃忠烈之 意 嘉矣 其令廟堂稟處."

이처럼 우병사를 지낸 최진한이 좌병사로 임지가 달라졌는데도 논개의 정표를 주장한 것은 이에 대한 개인적인 열정도 있었겠지만, 그가 우병사로 진주에서 지낼 당시 진주의 유지인 여러 사족이 지속적이고 적극적으로 그에게 이를 부탁한 것도 작용했을 것이다. 그가 논개의 순절이 오랫동안 국가의 인정을 받지 못한 것을 "제가 한탄하고 애석해하는 바일 뿐만 아니라 실로 남쪽 선비들이 공히 탄식하는 것"[86]이라고 강조한 것에서 이를 짐작할 수 있다.

어쨌든 정부에서는 이후에도 이 문제에 대해 소극적인 입장을 취해왔다. 1729년(영조 5) 그동안 비변사에서 처리하지 못하고 밀려 있던 상소 부분을 정리하는 조치를 취하는데, 여기에서 위에 언급된 최진한의 상소 문제도 언급되는 것을 보면 이를 알 수 있다.[87] 이후의 논개 포상을 위한 진주인의 활동과 해당 관리의 대응 과정은 구체적으로 알 수 없으나, 아마 기회가 있을 때마다 꾸준히 이 일은 추진되어왔을 것이다. 그래서 마침내 1740년(영조 16) 우병사였던 남덕하(南德夏)가 장계를 올려 논개의 정표 조치를 요구해서 허락을 받게 되었다.[88] 촉석루 아래 의암 위쪽에 논개를 기리는 정려(旌閭)가 세워짐으로써 논개의 순절은 국가가 공식적으로 인정하는 사실이 된 것이다. 이후 언제인지는 알 수 없으나 촉석루 옆에 논개를 모시는 사당 '의기사(義妓祠)'도 세워진다.[89]

---

86) 위의 주 85) 참조.

87) 『備邊司謄錄』제87책, 영조 5년 6월 22일, "疏狀抄略覆啓別單 … 一. 丙午五月十六日啓下慶尙右兵使崔鎭漢上疏 請以影烈祠 竝享倭亂戰亡李郁等 均施贈職之典 晉州妓論介旌褒事也 此事曾因鎭漢狀聞 有所覆啓分付 今無可論是白齊."

88) 『忠烈實錄』권2, 忠愍彰烈兩祠助享節目, "英廟庚申 本營兵使南公德夏 又啓請二十一臣贈職及義妓旌褒之典 竟得蒙允 … 且於六月二十九日 爲戰亡壯士及義妓 而私設酹餉之資 則營有助需之例 而況此春秋正享 豈獨闕之也."

89) 김준형, 『진주성이야기』, 알마, 2015, 106-111쪽.

지금까지 보았듯이 논개는 '관기' 또는 '의기'로 표현되었다. 그런데 1750년 무렵부터 논개는 관기가 아닌 다른 사람의 첩이나 부인으로 바뀐다. 이런 변화가 처음 나타난 것은 1750년 좌참찬 권적(權適)이 제2차 진주성 전투에서 순절한 경상우병사 최경회의 시호를 내려달라고 청하기 위해 올리는 행장(行狀)에서다. 이 행장에 논개가 최경회의 천첩으로 등장한다.[90] 이후 1799년 만들어진 『호남절의록(湖南節義錄)』에는 논개가 장수 사람으로 최경회를 따라 진주에 들어간 것으로 기록되었고, 그 이후에 제작된 여러 소설 등에는 논개가 원래 주(朱)씨 가문의 규수였다는 내용까지 덧붙여진다.[91] 그러나 이런 내용은 후대에 덧붙여진 것으로 신빙성이 떨어진다.

이보다 중요한 것은 논개를 억지로 양갓집 규수로 끼워 맞추기보다는 원래의 이야기처럼 나라에서 천대받는 관기였다는 관점에서 바라보는 것이 나라를 위한 그의 순절이 더욱더 돋보인다는 점이다. 양갓집 규수가 자신의 몸을 더럽히지 않기 위해 죽음을 택한다는 것은 조선 시대의 양반 사족 가문에서는 당연한 것으로 여겨졌기 때문에 그런 사례들이 많았다. 그러나 아무나 노리개처럼 여기는 관기는 그럴 의무도 없었고, 또 국가에서는 이들에게 외적에 맞서는 순절을 강요하기도 어려웠다. 논개는 비록 관기에 지나지 않지만, 당시 남녀노소를 가리지 않고 죽음을 무릅쓴 진주 주민의 저항 분위기에 동감해 자신도 순절을 택했다고 보는 것이 더 큰 의미가 있을 것이다.

진주 주민도 원래 그가 관기임에도 왜적의 침략에 몸으로 맞서 순국했다는 것을 자랑스럽게 여기고 지속적으로 그를 추모해왔다. 원래 저항적 성

---

90) 『太常諡狀錄』 권14, 慶尙右兵使贈左贊崔公請諡行狀, "公姓崔氏 諱慶會 … 且其賤妾 公死之日 盛服婆娑於江中巖石 誆誘賊將 因擠而俱墜死 至今人稱義岩."

91) 김수업, 『논개』, 지식산업사, 2001, 85-91쪽.

격이 강한 진주인은 이미 제1, 2차 진주성 전투에서 수많은 사람이 목숨을 걸고 처절하게 저항한 경험도 있다. 이로 인해 저항의 열기와 순절자에 대한 추모의 분위기가 오래 이어지고 있었다. 그래서 기회 있을 때마다 논개의 순절을 사사로운 전설로 끝내지 않고 국가의 공식적인 포상을 통해 이를 공식화하고, 논개의 저항정신을 진주 주민의 저항정신을 분출한 또 하나의 표상으로 삼고자 했을 것이다.

진주농민항쟁의 재음미

1. 진주농민항쟁의 발생 원인

1862년 진주에서 농민항쟁이 일어나게 된 직접적 원인은 앞에서도 언급했듯이 수취체제의 문란, 그중에서도 환곡 등의 폐단과 도결 실시에 대한 주민의 반발이었다. 1859년(철종 10) 진주의 대소민(大小民)이 연장(聯狀)을 올려 진주 관아에서 1855년에는 도결을 1년에 한 번 매결당 2냥씩 거두었으나 지금은 2개월에 한 번 혹은 3, 4월에 한 번씩 연속으로 거두어 주민이 파산해 다른 고을로 유리한 자가 3,300여 호나 된다고 호소한 것[1]에서 이를 알 수 있다. 이의 내력에 대해 상세하게 조사하라는 조정의 지시에 따라 경상감사가 조사한 후 장계를 올렸다. 조정에서는 1855년 이후 1859년까지 진주 목사를 지냈던 자들과 이를 잘 살피지 못한 관찰사에 대해 징계하고 도결을 일체 혁파한다는 지시를 내렸다.[2] 그런데 1861년 목사로 부임한 홍병원(洪秉元)도 전임자들과 마찬가지로 도결을 시도했다. 이때 1결당 부담 액수는 이전에 비해 훨씬 많은 6냥 5전에 달해 환곡 포흠 총액을 한꺼번에 해결하려는 의도가 드러난다. 이 시도는 주민을 격분시켰다.

이 외에도 진주에는 특별한 원인이 있었다. 앞에서 언급했듯이 진주 경내에는 진주 목사, 경상도 우병사, 진주진 영장, 소촌역 찰방, 창선목장 감목

---

1) 『備邊司謄錄』 제246책, 철종 10년 6월 19일, "司啓曰 卽見晉州大小民人等聯狀 則以爲閫境之今至倒懸之境者 卽無名色之結斂也 官有用處 則輒於民田每結 加徵二兩 初則一歲一徵 今則間月或三四朔連徵 自乙卯至今年所捧 爲十八萬三千九百餘兩 土戶之蕩柝流徙者 昨今兩年爲三千三百餘戶 一境空虛 卽朝夕間事也 至寃極痛 有此呼訴於上司云矣."

2) 『備邊司謄錄』 제246책, 철종 10년 10월 29일, "(領議政鄭)又所啓 頃因晉州民狀 田結加斂及狀中諸條 詳査具報之意 草記行會矣 卽見該監司洪祐吉所報 則以爲結斂 自乙卯爲始 凡爲九次 而統計爲十二萬五千餘兩 此蓋由邊逋之指徵無處 各樣耗作及 各項上下之排比無路也而然也 … 此後則結斂一切革罷 爲先曉喩於將散之民 … 自乙卯至今年結斂之前後守令 並拿問 從輕重勘處 不察之前後道臣 捧現告並施越俸之典 … 上曰 … 並依所奏施行 可也."

관, 적량진 첨사 등이 이끄는 6개 독립 아문(衙門)이 있었는데, 이로 인해 장점도 있었지만 폐단도 있었다. 즉 진주 경내에는 6개 아문이 있어서 각자 호령을 내니 이를 따르느라 분주해서 주민이 피곤한데, 그중에서도 진주진영의 폐단이 가장 심하다는 것이다.[3] 박규수가 올린 상소에는 진주 등의 폐단을 언급하면서 진주에 속하는 창선도에 있는 적량진은 호가 100호 미만인데 제반 환곡은 10만여 석을 넘어선다고 했다.[4]

그러나 무엇보다 폐단이 심한 기관은 우병영이었다. 우병영과 관련해서도 환곡이 큰 문제였다. 병영곡은 병영에서 직접 운영하는 것과 각 읍에 나누어주어 운영하는 것이 있었다. 1854년의 경우 진주목에서 운영한 것이 1,632식인 데 반해, 우병영에서 직접 운영한 것은 3만 1,368석이었다.[5] 병영이 진주에 있었기 때문에 우병영에서 직접 운영하는 곡식은 진주 주민에게 분급하는 형태를 취하고 있었을 것이다. 따라서 한 지역에서 두 가지가 모두 운영되는 진주의 경우, 주민에게 분급되는 병영곡의 양은 우병영 관하의 어느 고을보다 압도적으로 많았다고 생각된다.

그래서 1789년(정조 13) 우병사가 각 고을의 병영곡 일부를 진주로 옮기는 조치를 건의하지만, 조정에서는 이는 진주민을 더 괴롭히는 조치라 해서 보류시켰다.[6] 반면 1791년에는 우병영의 환곡으로 인한 진주민의 고통을 줄이기 위해 그 곡식 일부를 다른 고을로 이전해 달라는 경상도사 김계락(金啓洛)의 서계(書啓)가 올라왔다. 이에 대해 조정에서는 그 곡식을 다른 고

---

3) 『備邊司謄錄』 제245책, 哲宗 元年 4월 16일, "司啓曰 卽見慶尙右道暗行御史徐相至別單 則 … 其一 晋州一境有六衙門 各出號令 疲於奔走 而鎭營之弊尤甚."

4) 『龍湖閒錄』 제13책, 三南民擾錄 上(三月二十九日) 副護軍朴珪壽上疏, "臣今留滯晉州 試擧耳目最近者言之 晉州虐逋 旣有査啓專論 … 赤梁鎭者 晉境之彈丸鳳島也 戶未滿一百 而還餉各穀 爲十萬八千九百餘石 驟而聞之 其虛謊孟浪 夫豈近於理哉."

5) 송찬섭, 『朝鮮後期 還穀制改革 硏究』, 서울대 출판부, 2002, 157-158쪽의 〈표 2-13〉 참조.

6) 『承政院日記』 제1660책, 정조 13년 7월 9일조 참조.

을도 원하지 않으므로 대신에 '2/3는 남기고 1/3만 분급하는[二留一分]' 형태로 운영하라는 지시를 내린다.[7] 원래 환곡은 '반은 남기고 반을 분급하는[半留半分]'의 형태로 운영되는데, 분급량을 1/3로 줄여주는 특별한 조치를 취함으로써 진주민의 고통을 조금이라도 줄여보려고 한 것이다. 그러나 이것도 19세기에 들어와 가분(加分)이 늘어나면서 거의 다 분급하는 '진분(盡分)'이 되었다.[8]

이런 병영곡의 운영과정에서 여러 가지 편법이 동원되어 진주민을 괴롭혔기 때문에 진주민이 "차라리 진주 고을의 환곡 10석을 (받아먹고) 납부할지언정 병영의 환곡은 1석도 납부하지 않겠다"라고 말할 정도였다는 것을 병영에서도 알고 있었다.[9] 그런데 농민항쟁 직전인 1860년 병영에서는 재정 위기를 맞아 이에 대한 대책이 모색되었다. 당시 병사 윤수봉(尹守鳳)은 중앙에 아문곡 절미 2만 석을 요구했으나, 이 건의는 받아들여지지 않았다. 윤수봉에 이어 부임한 백낙신(白樂莘)도 환곡 포흠을 거두어들이는 데 주력했지만, 많은 부분이 '징수할 대상을 알 수 없었기[指徵無處]' 때문에 해결하기는 어려웠다. 그러다가 진주목의 도결 실시를 기회로 포흠을 처리하고자 결국 통환(統還)을 시도했다.

원래 병영곡도 진주목의 환곡처럼 토지를 단위로 분급하는 형태를 취하고 있었다. 그런데 이때 우병영에서 시도한 통환은 환곡 분급이 아니라 포흠 충당을 호 단위로 강제로 부담시키는 것이었다. 그 액수도 6만 냥으로, 거의 일시적으로 포흠을 청산하고자 했다. 그러나 이때 실시한 통환의 실제

---

7) 『承政院日記』제1694책, 정조 15년 9월 20일조 참조.

8) 송찬섭, 앞의 책(2002), 151-152쪽.

9) 『各樣報草謄書』社倉事呈訴, "昨年營門之關辭 有曰 晉民之言 寧納十苞邑還 不納一苞營還云 營門亦已知矣."

내용이 이서에 의한 환곡의 쇄흠분을 민간에 강제로 징수한 것이기 때문에 읍민은 당연히 반발할 수밖에 없었다.[10]

그런데 진주민의 반감은 환곡 문제만이 아니었다. 우병사의 진주 주민에 대한 여러 가지 비리·수탈로 진주인이 고통을 받고 있었기 때문이다. 그 일례가 1806년(순조 6) 경상우병사였던 조문언(趙文彦)의 탐학상이다. 그는 간민(奸民)의 무고를 계기로 대곡면 마진촌 주민에 의해 조성된 대림수(大林藪)를 주인 없는 것으로 간주해 속공(屬公)시키고, 많은 민정(民丁)을 동원해 나무를 모두 벌목하고 판매해 이득을 취했다. 또 해당 마을 양반 이재훈(李再勳)이 집 뒤에 조성한 수만 그루의 소나무를 다른 사람의 무고를 계기로 모두 속공시키고 베어 판매했나. 신주 사민(士民)이 우병영의 환곡 폐단을 비변사에 정소하자, 조문언은 그 정소가 사족 하진영(河鎭英)·박천건(朴天健)에게서 나왔다면서 이들을 가두어 엄하게 곤장을 때려 거의 절명에 이를 정도였다고 한다.[11] 이 외에도 그의 탐학상은 많았다.

1861년 4월 우병사로 부임한 백낙신도 마찬가지였다. 백낙신은 이전부터 탐학이 심하여 평판이 좋지 않았다. 그는 1859년 전라좌수사로 근무할 때도 환곡의 포흠분을 농민들에게 거두어서 상당한 액수를 착복한 죄로 처벌받은 적이 있었다. 이 같은 행적을 남긴 그가 4년도 채 안 되어서 경상우병사로 부임하게 된 것이다. 우병사로 진주에 온 이후에도 여러 가지 수탈을 자행했다. 1861년 겨울 환곡 수납 때 돈으로 환산하여 높은 액수를 매겨

---

10) 송찬섭, 앞의 책(2002), 158-161쪽.

11) 『各樣報草謄書』丙寅五月日啓草, "前右兵使趙文彦貪虐之狀 … 晋州麻津里 有大林藪 … 昨年良中 本村班民李命範者 … 訐訴兵營 則前兵使以爲此是無主之物 合爲屬公 仍卽多發民丁 沒數斫伐 次第散賣 … 班民成師說墳山 在於該村李再勳家後 李再勳禁養松木 大至連抱者 幾爲屢萬株 又有村人所養之竹田 … 師說又訐告兵營 同松竹田 亦使屬公 並爲斫賣 … 晋州士民 以該營還弊 呈訴備局 而該兵使段 其製出於本州文士河鎭英·朴天健是如 捉囚重棍 幾至致命."

거두어서 여분을 취했다. 또 그는 병고전(兵庫錢)을 마음대로 사용하여 고리대를 했다. 즉, 병고전 3만 8천 냥으로 쌀 1,266석을 마련하고는 병고의 폐단을 줄이기 위함이라는 명목으로 농민에게 강제로 나누어주고 가을에 1석당 5냥 5전씩 거두어들였다. 3만 8천 냥 이외의 남은 부분은 그의 주머니로 들어갔다.

진주읍에서 서쪽으로 3리 정도 떨어진 지점의 '청천(菁川)'이라는 너른 저지지역은 오래전부터 군사 조련장으로 이용되고 있었지만, 이후 실제로 군사 조련이 제대로 행해지지 않자 농민들이 그 변두리를 점차 개간해나갔다. 그것이 이미 여러 해가 되었는데도 백낙신이 부임하면서 갑자기 이를 불법 경작이라고 트집 잡고 강제로 세를 징수하여 2천여 냥을 착복했다. 부호들에 대해서도 여러 명목을 붙여 돈을 뜯어냈다. 우병영에서 가까운 칠원·진해·함안·창원 등지에서 부호들을 잡아다가 법에서 금하는 광산을 채굴했다는 죄목으로 마구 형벌을 가했다. 사족일지라도 마찬가지로 주리를 틀었다. 이렇게 해서 강탈한 액수가 이름을 알 수 있는 것만 해도 2천 냥이 넘었다고 한다.[12] 이 때문에 우병영과 우병사에 대한 진주민의 감정이 매우 악화되어 있는 상황이었는데, 진주목의 도결 시행 이외에 우병영의 통환이라는 편법적 시도가 뒤따르자 진주인의 분노가 폭발했다.

그런데 이 외에도 진주에서 먼저 농민항쟁이 일어나게 된 데는 이 지역에 영향을 미치는 엘리트층이라 할 수 있는 사족층과 일반 서민의 성향과 분위기도 작용했다. 그동안 진주농민항쟁과 관련한 연구에서는 '요호호민(饒戶豪民)' 또는 '요호부민(饒戶富民)'이라 불리는 명망 사족층이 초기 과정에 참여하여 영향을 미치지만, 본격적인 항쟁 과정에서는 이탈한다고 보는

---

12) 망원한국사연구실 19세기 농민항쟁분과, 『1862년 농민항쟁: 중세 말기 전국 농민들의 반봉건 투쟁』, 동녘, 1988, 136-138쪽.

연구와 사족층이 항쟁 과정에도 어느 정도 참여했다고 보는 연구로 갈려 있었다.[13] 진주의 독특한 항쟁 원인을 설명하기 위해서는 항쟁의 초기 과정을 주도해온 사족층이 본격적인 항쟁대열에서 일찍이 이탈하고 항쟁은 초군이 주도했다고 보는 것이 타당한가에 대한 재검토가 필요하다.

2. 항쟁 주도 세력의 재검토

진주농민항쟁의 핵심 세력은 이를 전해주는 자료의 제목이나 내용에서 상징적으로 나타난다. 즉 '초변(樵變)'(『진양초변록(晉陽樵變錄)』)이라든지, '초군작변(樵軍作變)' · '초정작경(樵丁作梗)'(『진주초군작변등록(晉州樵軍作變謄錄)』)이라고 불리듯이 초군이 핵심 세력이었다. 처음 모의 단계에서 내평촌 초군 좌상(座上)이던 이계열(李啓烈)이 유계춘(柳繼春)에게 초군 회문(回文)을 작성하게 한 것[14]도 이 같은 사실을 알려준다. 또 2월 14일 덕산장시에서 본격적인 봉기를 하기 직전에 열린 수청가회의를 위해 초군취집회문이 유포된 것[15]도 이를 말해준다. 그런데 진주 삼공형(三公兄)이 올린 문장(文狀)에는 "초군이라

---

13) 송찬섭의 「1862년 농민항쟁의 조직과 활동」(『한국사론』 21, 서울대 국사학과, 1989)은 전자의 입장이고, 李榮昊의 「1862년 진주농민항쟁의 연구」(『한국사론』 19, 서울대 국사학과, 1988)는 후자의 입장이다.

14) 『壬戌錄』晉州按覈使査啓跋辭, "李啓烈段 … 樵軍之座上也 使繼春而製出樵軍回文 渠所納招 如此 繼春所供如此."

15) 『晉州樵軍作變謄錄』 제6호(柳桂春 공초), "午後聞傳說 則樵軍聚集回文 未知出自何處 而十四日 打德山市 毁訓長李允瑞家云云."

자칭하는 도당들이 천 명, 만 명 무리를 지어"[16]라는 문구가 있다. 초군이라 '자칭'한다는 표현에서 그동안 규정해온 초군에 대한 개념을 다시 생각해볼 필요가 있지 않나 하는 의문이 제기된다.

그동안 학계에서는 초군이 대체로 빈농을 중심으로 이루어져 있던 것으로 파악했다. 송찬섭도 여러 자료를 이용하여 초군은 원래 빈농들로서 생계유지를 위해 땔나무를 채취해 시장에 내다 파는 자들로 조직화되어 있었다고 추정했다.[17] 그런데 그 근거로 제시된 『임술록(壬戌錄)』의 남해현 주민의 등장(等狀)에 나타나는 "산에 오르면 초군이요 들에 나가면 농부"라는 표현을 좀 더 분석해볼 필요가 있다.

저희는 나무하고 가축을 기르는 무리로, 오래된 원통함을 이기지 못하여 기약하지 않았어도 모인 자들이 수천 명에 이르렀습니다. 맹호(이서배)를 잡기로 하고 갑자기 불을 질러서 부모(수령)의 마음을 놀라게 했으니, 저희의 죄는 만 번 죽어도 아깝지 않습니다. ⋯ 저희(초군)는 낫을 지니고 지게를 지는 자들로, 산에 오르면 초군이고, 들에 나가면 농부입니다. 어찌 사체(事體)를 알겠으며 의리를 알겠습니까.[18]

남해 7개 면의 '민인(民人)'이라 표현한 데서도 알 수 있듯이 이들은 농사짓고 가축을 기르고 땔나무를 채취하는 일반 서민으로 표현되고 있고, 빈농에 국한되지 않는 주민 전체를 암시하고 있다. 그들은 자신을 낮추어 '미

---

16) 『晉陽樵變錄』晉州牧三公兄文狀, "徒黨之自稱樵軍者 千萬爲羣."

17) 송찬섭, 앞의 글(1989), 354-356쪽.

18) 『壬戌錄』等狀(101쪽), "七面民人等狀內 矣等 以樵童牧豎之輩 不勝宿昔憤菀之際 不期而會者數千人 期獵猛虎 突出衝火 大驚父母案前之心 矣等之罪 萬死無惜 ⋯ 矣等者 荷鎌負械者也 登山樵軍也 出野之農夫也 安知事體也 豈識義理哉."

천하고 도리도 잘 모르는 백성'이라고 변명하며 자신의 죄를 덜려고 했던 것으로 보인다. 필자는 이런 초군의 성격을 규명하기 위해 19세기 초군에 대해 진주지역을 중심으로 살펴보는 글을 쓴 적이 있다. 장황하긴 하지만, 이 내용을 정리해보면 다음과 같다.

19세기에 오면 대부분의 마을은 인근 야산을 해당 마을의 금양처(禁養處)로 삼고 보호하고 있었다. 마을 주민 개개인은 이런 금양처에서 땔감이나 가옥건축의 자재들을 공급받았고, 거기에서 나오는 송추(松楸)나 시초(柴草)를 판매하여 자신의 생계를 보충하기도 했다. 이처럼 마을마다 금양처가 중요한 구실을 하기 때문에 이에 대한 적절한 수급 조절과 통제가 뒤따라야 했다. 그래서 많은 곳에서는 금양계(禁養契)가 만들어지거나 동계(洞契) 속에 이와 관련된 조항이 들어가기도 했다. 금양과 채초활동은 서로 직결되어 있어서, 금양자와 채초자(採樵者, 초군)가 분리되지 않고 서로 겹쳐 있었다.

따라서 초군에는 일반 서민 이외에 노비나 고공도 적지 않게 참여하고 있었고, 양반층이나 아전·장교들도 자신의 땔감 등을 얻기 위해 자신의 고노(雇奴)들을 초군에 참여시키고 있었다. 초군 동원을 주도하는 자도 마을의 상황에 따라 다양하게 나타나고 있었다. 일반 서민이 주도하는 경우가 많기는 하지만, 양반이 주도하는 경우도 있고, 양반이나 아전의 노비가 주도하는 경우도 있었다. 신흥계층이 함께 주도하는 경우도 적지 않았던 것 같다.

초군조직은 기본적으로 마을을 단위로 구성되고 있었지만, 어떤 목적을 위해 동원될 때는 여러 동이 합세하거나 또는 면 단위로 확대하여 연대하는 경우도 있었다. 이 경우 상황에 따라 그 규모가 적으면 수십 명, 많으면 천여 명에 이르기도 했다. 그런데 채초활동 과정에서는 다른 마을 및 산주(山主)와의 충돌이 적지 않았다. 채초를 둘러싼 마을 간의 다툼은 진주 오읍곡면과 성을산면 죽곡동 간의 싸움처럼 장기간에 걸쳐 격렬하게 전개된 예도 있다. 초군의 활동이 관의 처결에도 아랑곳하지 않고 저항적이고 완강한 모습을 보인 것은 초군의 채초활동이 농경활동과 함께 촌락 주민들의 생존문제와 직결되어 있었기 때문이다. 따라서 이처럼 빈번하게 일어나는 충돌과정에서 마을 주민들이 번번히 초군이라는 형태로 결집하고 완강한 모습을 보였던 것이다.

18세기 이후 일반 농민들의 다른 공동체 조직인 두레와 달리 초군의 활동, 즉 금양과 채초활동은 마을 간의 다툼으로 발전할 가능성이 컸고, 마을 간의 격렬한 투쟁이 일상화되는 경우도 있었다. 초군의 이런 단결력과 완강성, 그리고 전투성은 고을 내의 공통적인 사회문제에 대처하는 과정에서, 계기가 주어지면 초군이 농민항쟁, 변란의 핵심 세력으로 결집되어 나갈 가능성을 내포하고 있었다.[19]

이처럼 초군은 빈농이 다수를 이루지만, 신분에 관계 없이 마을 단위로 구성되면서 여러 계층이 혼합되어 있었다. 또 주도자도 여러 계층에서 등장할 수 있었다. 지역에 따라 편차가 있기는 하겠지만, 유사시에는 상당한 동원력을 발휘하는 조직이기도 했다. 따라서 진주농민항쟁도 '초군작변'으로 표현되고 있지만, 이때의 초군이 빈농층이라는 특정 계층에만 국한되지 않고 여러 계층이 참여하고 있었고, 사족층의 참여도 배제할 수 없다.

진주에서의 농민시위의 규모와 참여 범위는 상당했던 것으로 나타난

---

19) 김준형, 「19세기 樵軍에 대한 재검토」, 『역사교육논집』 67, 역사교육학회, 2018, 227-229쪽.

다. 『진양초변록』에는 "서면의 주민이 철시론(撤市論)을 선창하자, 동·남·북면(大面)의 주민이 화응했고, 초군이라 자칭하는 도당들이 머리에 백건을 쓰고 손에 목봉을 들고 천 명, 만 명 무리 지어 일제히 고을 관아에서 서쪽으로 5리 정도 떨어진 곳에 모였다"[20]라고 기록되어 있다. 『임술록』에는 고을 도회지에 모인 진주민 숫자가 수만 명이라고 기록하고 있고, 심지어 『단계일기(端磎日記)』에는 초군 십만여 명이 모였다고 되어 있다.[21] 십만여 명은 과장된 숫자이겠지만, 아마 수만 명이 모였을 가능성은 있다. 따라서 이들이 모두 빈농이라 할 수는 없다.

『경상도읍지(慶尙道邑誌)』에 의하면, 1831년 당시 진주 호구는 원호 1만 5,671호, 인구 7민 1,808명(남 3만 4,347명)이었다.[22] 누석(漏籍)된 호수와 협호(夾戶) 및 그동안 늘어난 인구를 감안하면 1862년의 호구는 더 많았다고 볼 수 있는데,[23] 이 중에서 수만 명이 참여했다면 참여율이 대단했음을 알 수 있다. 당시 진주목 내의 71개 면(小面) 중 개천면을 제외한 70개 면의 주민이 항쟁에 참여했고, 항쟁에 참여하지 않은 개천면 주민에게서는 벌전 200냥을 징수했다[24]고 하는 기사에서 보듯이 진주 경내 거의 모든 지역에서 항쟁에 참여했다.

그런데 안핵사 박규수가 진주항쟁과 관련해 죄인들을 문초한 결과를

---

20) 『晉陽樵變錄』晉州牧三公兄文狀(戶長吏房承發), "本月十八日巳時量 本州西面民先唱悖論 東南北亦皆和應 徒黨之自稱樵軍者 千萬爲羣 頭白巾手一棒 一齊來會于距邑西五里許."

21) 『壬戌錄』嶺南, "同治元年(壬戌)二月十九日 晉州民數萬名 頭着白巾 手持木棒 結黨聚會于該 牧邑中"; 『端磎日記』壬戌日記 2월 23일, "晋陽樵夫 會十餘萬 燒殺逋吏五漢."

22) 『慶尙道邑誌』晉州牧邑誌 戶口條 참조.

23) 河達弘, 『月村集』권5, 書 答鄭侯(縣奭) 別紙, "本邑還總 不滿四萬 本邑戶總 一萬八百餘戶 幷 夾戶漏戶私奴等戶 不下四五萬戶 以四萬之還 分授五萬之戶 則是戶不滿一碩."

24) 『盡營』錄草 3월 20일 上廟堂錄草, "翌日曉後 以介川里不參之闕錢二百兩 逢授本寺曰 將補 客舍重修云(只捧一里闕錢 則一境之皆動 可知) … 血冤之包在心骨 一境億兆之所同 一二人 先倡 其應如響 介川一里之外 境內跋躐皆動."

종합한 보고서에는 다음과 같이 언급되고 있다.

> 며칠 안 되어 마동·원당면의 민은 먼저 수곡장시를 범하고 백
> 곡·금이만면의 무리는 삼장·시천면으로 돌아 들어가서 바로 읍치
> 가 있는 곳으로 오지 않고 점차 관아에서 더욱 먼 서쪽으로 이동한 것
> 은 무엇 때문입니까. 움직이지 않는 자에게는 벌전으로 위협하고 논
> 의가 다른 자에게는 집을 부순다며 두려워하게 하여 드디어 논밭에서
> 도 모두 일어나고 산간 계곡에서도 모두 화응하게 했습니다. 덕산시
> 장을 공략한 데서 용기를 북돋우고 시험 삼아 훈장(訓長)의 집을 파괴
> 한 후 소문이 퍼지고 세력이 커져 곳곳을 점령하며 멀리 달려 도회지
> 에 나타나니 누구라고 할 것 없이 날뛰어 하지 못하는 것이 없었습니
> 다. 이에 북·동·남 3면의 무리도 퍼진 위력에 얹혀 화응하여 사나
> 운 불길을 도와 더 타게 했습니다.[25]

즉 바로 관아가 있는 도회지에 모여 시위하지 않고 서면(대면) 예하의 여
러 리(소면)에서 사람들을 결집하여 서북쪽 끝 지리산 자락에 있는 덕산으로
가서 세력을 키워 봉기하고, 이후에도 도회지로 향하면서 계속 주위의 여러
리 주민의 참여를 이끌어내는 양상을 취했다는 것이다. 이처럼 항쟁이 치밀
하게 계획되고 실행되었다는 점에 유의해 박규수는 사족이 항쟁을 주도한
것으로 의심했다. 그는 이어 다시 다음과 같이 언급했다.

---

25) 『晉陽樵變錄』按覈使朴公○○啓草 樵軍作變後各人等捧招跋辭, "不幾日 馬洞元堂之民 先犯
水谷場市 栢谷金伊萬之徒 轉入三壯矢川 其不直赴邑治 而漸西益遠之城府者 何也 不動者 脅
之以罰錢 異論者 怵之以毁屋 遂令隴畝咸起 谿洞皆應 賈湧(勇)於德山市之剽掠 試手於訓長
家之摧破 然後聲張勢盛 席捲長驅 充斥入邑 莫敢誰何 狼奔豕突 無所不爲 以至北東南三面之
衆 攝餘威而響應 助狂燄而益肆."

도결과 통환은 소민(小民)만이 원하지 않는 것이 아니며 이회(里會)와 도회(都會)는 모두 대호(大戶)의 주장인즉, 이처럼 산을 채우고 대지를 덮을 만큼의 군중이 와서 읍내에서 소란을 피우고 변란을 일으킨 것을 어찌 이른바 초군에게만 책임 지울 수 있겠습니까. … 변란이 진행되는 순서를 보고 개시의 선후를 추적해보면, 기략을 추측할 수 없는 자의 소행이고 결코 땔나무를 지는 자가 능히 하루아침에 해낼 수 있는 것은 아닌 듯합니다. 필히 요호호민이 고을 내에 토지를 널리 가지고 있어서 도결에서는 돈을 많이 거둔다는 고통이 있고 통환에서는 호에서 빼는 불수(不受: 환곡을 받지 않는 혜택)의 특권을 잃게 되니, 자기에게 해가 되는 것을 싫어하고 크게 불편하여 이에 일 벌이기 좋아하는 무리를 부추기고 무뢰배를 선동하여 지휘하고 널리 배치하여 뜻대로 이루고자 한 것입니다. 그 정상을 살피건대 정말 통탄스럽습니다.[26]

이때 '대호'나 '요호호민'은 경제력과 사회적 영향력이 있는 사족 양반층을 일컫는 용어다. 진주에 도착한 직후 경상도 각 고을에 내린 관문에서도 그는 통문을 내어 사람들이 모이게 하는 데는 글자를 알고 고을 내에 영향력을 행사할 수 있는 명망 가문의 인사가 아니면 불가능하다고 보았다. 결국 그는 이것을 사민부로(士民父老), 즉 명망 사족의 책임으로 규정했다.[27]

---

26) 『晉陽樵變錄』按覈使朴公○○啓草 樵軍作變後各人等捧招跋辭, "都結統還 非獨小民之不願 而里會都會 皆是大戶之主張 則惟彼漫山盖地之來 開鬧作變於邑中者 何得諉之於所謂樵軍者乎 … 觀其爲亂之次第 跡其起手之先後 有若機謀叵測者所爲 決非擔柴負薪者之所能一朝而可辦也 必饒戶豪民 田連阡陌 氣壓邑村 以都結 則有斂錢居多之苦 以統還 則失拔戶不受之權 惡其害己 大不便宜 於是慫恿喜事之徒 惹起無賴之輩 指揮排鋪 惟意所欲 苟究情狀 噫可痛矣."

27) 『壬戌錄』到晉州行關各邑, "亂民悖擧之初 必通文而聚會 蚩蠢之類 豈能人人識字乎 發文者必有其人 傳告者必有其人 苟非地閥 有異於凡民 號令素行於一鄉 何以能倡起激動 千百齊奮如彼哉 以此推究 則都是士民父老之責也."

이에 대해 일부 관료들의 반발이 있었다. 장령 정직동(鄭直東)은 상소하여 박규수가 진주 일을 두고 영남 전체의 사족에게 책임을 전가하고 있다고 비판했다.[28] 영남 출신인 부호군 이만운(李晚運)도 상소를 올려 소민의 죄를 명망 사족에게 억지로 덮어씌우려 하고, 진주의 일만 처리하면 될 것을 영남 전체에 간여하려 한다고 비판했다.[29]

농민항쟁 참여 세력은 주도층과 참가 대중으로 나눌 수 있다. 주도층은 처음부터 모의에 가담한 층과 전개 과정에서 항쟁을 선도한 층을 말한다. 안핵사 박규수는 보고서에서 진주농민항쟁과 관련하여 100명 정도의 죄인을 제1급 3명, 제2급 7명, 제3급 19명, 제4급 24명, 제5급 24명, 제6급 16명 등 6등급으로 나누어 각각의 죄상에 대해 간략하게 언급하고 있다. 그리고 그는 제1급 죄인 3명에 대해서는 극률(極律)에 처하고 제2급은 엄중한 형벌, 제3급은 별반엄징(別般嚴懲: 별도의 무거운 형벌), 제4급은 엄징을 시행할 것 등을 제의했다. 제5급 이하의 등급에 대해서는 참작해서 용서하거나 혐의가 없는 것으로 판정했다.

제1급: 유계춘, 김수만(金守萬), 이귀재(李貴才)

제2급: 이계열, 박수익(朴守益), 정순계(鄭順季), 곽관옥(郭官玉), 우양택(禹良宅), 최용득(崔用得), 안계손(安桂孫)

제3급: 천잉금(千芿金), 조성화(趙性化), 원세관(元世官), 조석철(曺錫

28) 『龍湖閒錄』제13책, 三南民鬧錄 上(三月二十九日) 掌令鄭直東上疏, "且以嶺南按覈使朴珪壽言之 只可按覈晉州亂民事 而聞其發關文草 擧全道士林之先輩 歸之悖類 此果何等妖妄底口氣哉."

29) 『龍湖閒錄』제13책, 三南民鬧錄 上(三月二十九日) 副護軍李晚運等上疏, "得伏見嶺南按覈使朴珪壽輪關道內者 則全篇命意 悉以晉州作變 歸罪於士族父兄之有地望者 … 今番事變 旣出於晉陽一境 而按覈使受命 亦止於晉陽一境 苟非事有干連 情有難究者 則不必關諭一道 如方伯專制之爲也 況以誣辱而行關者乎 … 此則欲以小民之罪 勒移於士族者也."

哲), 김정식(金正寔), 강수복(姜守福), 정지우(鄭之愚), 심의인(沈義仁), 하철용(河哲用), 성계주(成啓周), 강화영(姜華永), 배석인(裵石仁), 하원서(河元瑞), 하대겸(河大謙), 박찬순(朴瓚淳), 강인석(姜仁石), 사노 귀대(貴大), 사노 우돌(盂乭), 조복철(曺卜哲)

제4급: 김윤화(金允化), 하임원(河任源)(『진주초군작변등록』에만 나옴), 허정태(許正太), 허호(許瑚), 강우묵(姜宇黙), 김세업(金世業), 하달명(河達明), 김성종(金成宗), 사노 순서(順瑞), 정환정(鄭煥正), 김종필(金鍾必), 염선암(廉先岩), 김왕목(金旺目)·신갑손(申甲孫)·조이종(趙以鍾), 황응서(黃應瑞), 오찬옥(吳贊玉), 조학면(趙學勉), 양규영(梁奎永)·송인석(宋仁碩)·강창호(姜昌顥)·김재연(金在淵)·김광조(金光祚)·권종범(權鍾範)

제5급: 강승백(姜承白), 사노 득손(得孫), 김낙성(金洛成), 장진기(張震起), 조학립(趙鶴立), 강필대(姜必大), 박준보(朴準甫), 최영준(崔榮俊), 하은준(河銀俊), 강쾌(姜快), 정지구(鄭之九), 장진권(張震權), 조성진(曺聲振), 박정순(朴貞淳), 이춘발(李春發), 최종필(崔鍾必), 서윤서(徐允瑞), 김처신(金處信), 윤도야지(尹道也支), 하성윤(河成允), 조형진(曺瀅振), 정만원(鄭萬元), 이형근(李馨根)

등급별로 처벌한 내용을 구체적으로 알 수는 없지만, 제1급 죄인 3명은 진주성 남문 밖 평지에서 군중이 지켜보는 가운데 효수(梟首)에 처해지고,[30] 제2, 3급 죄인은 장형을 받고 먼 곳으로 유배된 것 같다. 제2급의 이계열·

---

30) 『嶠營啓錄』 同治元年 5월 30일, "三十日辰時量 臣營城南門外坪上 罪人柳繼春·金守萬·李貴才等 依法捧結案後 大會軍民 梟首警衆爲白乎旀."

안계손, 제3급의 성계주·하대겸·강인석이 유배된 사실[31]에서 이를 짐작할 수 있다. 같은 등급의 죄인 중 일부만 유배될 리 없기 때문이다. 이 외에도 문초할 죄인은 적지 않았지만, 정원팔(鄭元八)·정치회(鄭致會)·박수견(朴水見)·황개동(黃介東)·정자약(鄭子若)·한홍락(韓弘洛)·곽채(郭埰), 사노 검동(儉同) 등 15명은 문초 이전에 도망했기 때문에[32] 위의 등급에 포함되어 있지 않다.

먼저 진주농민항쟁을 주도해 사형당한 가장 핵심적인 인물 3인의 계층적 성격을 살펴보자. 유계춘은 몰락양반층에 속했다. 그는 문화유(文化柳)씨 유종지(柳宗智)의 9대손이었다. 유계춘의 조상 중에 벼슬을 한 사람은 유이영(柳伊榮)과 그의 아들 유해(柳楷)가 각각 훈도, 찰방 등의 낮은 벼슬을 한 것 외에는 나타나지 않는다. 이는 진주향안(晉州鄕案)에서도 어느 정도 확인된다. 문화유씨 입향조 유형(柳泂)의 후손 중 일부가 진주향안에 수록되는데, 그중 유종지의 후손으로는 유계춘의 증조인 유한신(柳漢新)만 입록되었다.

유계춘은 부친 유지덕(柳之德)이 일찍 죽은 후 홀어머니 진양정씨 밑에서 성장했기 때문에 토지가 거의 없는 빈한한 처지에 있었던 것으로 보인다. '유씨 양반[柳班]'이라 불렸듯이[33] 양반 가문의 명맥은 유지했지만, 가세가 침체되어 있었다. 그는 35세 되던 1850년경에 어머니를 따라 원당면에

---

31) 『嶠營民狀草槩冊』 권1, 9월 17일, "龍奉里焰炳軍安桂孫·募軍姜仁石狀內 今番作變事 今至遠配 所答身役頉給事"; 金麟燮, 『端磎日記』 癸亥日記 6월 6일, "食後往河聖瑞 聖瑞大人 前年亦被誣 謫關西"; 金橿, 『覶貞日錄』 壬戌 12월 9일, "聞文定洞成述汝(繼周) 在龍川配所 竟不淑 慘矣慘矣 今夏月橫罹於朴珪壽誣獄 有流於二千里絶域 遭此凶變 係是吾嶺氣數之阨 不勝同人之吊 而夫人與余同庚 情好自別."

32) 『壬戌錄』 晋州按覈使查啓跋辭, "裵順之·鄭元八·劉亘金·曺允謙·鄭致會·朴水見·黃介東·鄭子若·吳益成·韓弘洛·鄭順一·朴五卜·郭埰·黃達哲·私奴儉同等段 出於各人之供 而前期逃避 今方另飭譏詗是白乎於."

33) 『晉州樵軍作變謄錄』 제7호, 杻谷李校理宅奴子得孫, "柳班回文事 柳班雖居在村內 平日追隨不同 其發文與否 初不相知 則此事於此時何關耶."

서 가까운 축곡면 내평촌으로 이주했다.[34] 이 무렵부터 그는 환곡의 폐단을 지적하면서 고을 여론을 주도하고 여러 차례 집회를 열어서 읍과 감영·비변사에까지 등소를 올리는 등 진주지역 내에서 중요한 활동을 펴나가기 시작했다. 1861년의 비변사 등소 움직임이 그 한 사례다. 그해 5월 목사 신억(申檍)이 도결을 시행하려 했다. 그러나 유계춘이 주민을 선도하여 그것을 거부하고 비변사에 등소하려고 준비하자, 목사는 도결을 포기했다.[35] 농민항쟁 모의 단계에서도 그는 가장 앞장서서 일을 주도했다.

그가 당시 진주의 사족 사이에 어느 정도의 위치를 차지하고 있었는지는 구체적으로 알 수 없다. 다만 그가 친밀하게 지냈던 내평촌의 이계열·박수익 등이 뒤에 인급하듯이 난성항쟁을 수도했던 단성의 유력 사족인 김령(金欞)이나 김인섭(金麟燮)과 교유관계를 유지하던 것으로 보아 유계춘도 이들과 교유할 수 있는 위치에 있었을 것으로 추측된다. 또 뒤에 언급하듯이 통환 혁파를 위해 등소운동을 별도로 준비하던 강우묵도 김령과 교유하고 있었는데, 그가 유계춘에게 축곡면의 대표로 같이 동참하라고 연락을 취한 것을 보면 유계춘이 어느 정도 사족 사이에서 인정을 받고 교유도 하고 있었을 것으로 보인다. 다만 조정의 관리를 지낸 이명윤(李命允)처럼 주위 사족에게 강력한 영향을 미칠 수 있는 명망 인사의 반열에는 끼지 못했기 때문에 이명윤의 명망을 이용했던 것으로 보인다.

항쟁의 핵심 인물 중의 하나인 김수만은 독천면 정별촌에 살면서 수첩군관(守堞軍官)의 역을 지던 신흥계층 출신으로 보인다. 수첩군관은 막하의

---

34) 『晉州樵軍作變謄錄』 제12호, 首倡者最後陳述(유계춘), "父以胎生於慶尙道晉州牧元堂面元堂村 長養三十五歲時 隨母移居於同邑杻谷面內坪村 入籍居生是白乎旀."

35) 『晉州樵軍作變謄錄』 제6호(柳桂春에 대한 조서), "乙卯以後 有結斂擧 而至于己未 鄕民往呈籌司 僅得革罷 而辛酉申等時 又以每結二兩五錢 欲爲收斂是如可 民情沸騰 初無一分錢捧納之事 而仍爲遞歸." 뒤에 인용된 李命允의 「被誣事實」도 참조.

중요한 막료는 아니지만, 장교의 직임을 지고 있어 우병사의 명령을 따르는 위치에 있었다. 그럼에도 19일 읍내장에서 농성할 때 오히려 반항하는 군졸이 되어 첩가(帖價)를 토색하고 우병사가 농민군에 포위되어 곤욕을 치르고 있는 곳에서 앞장서서 우병사를 욕하고 꾸짖으며 완문을 내놓으라고 독촉했고, 다음날에도 소동을 벌인 것으로 보인다. 게다가 그가 장교의 신분이라는 것 때문에 군율로 다스리게 되면서 사형을 면할 수 없게 되었던 것 같다.[36]

이귀재는 원래 의령 읍내에서 태어나 거기에서 거주하다가 15세 때 부모를 따라 진주 용봉면에 와서 살았다. 안핵사는 그가 의령에서 유리한 빈농 출신으로 토지가 없어서 진주의 환곡 폐단과는 아무 관계가 없고 진주의 이방에 대해서도 평소 원망이 없는데도 이방이 잡혀왔을 때 그를 타살하는 데 먼저 나서면서 선도했다고 보았다. 그는 용봉면의 초군을 이끌고 와서 지휘하는 역할을 하고 있었고, 초군들을 시켜 도망친 이방을 추적하게 하거나 이방을 타살하는 등 여러 활동에 앞장서면서 다른 초군조직에 대해서도 영향을 미친 것으로 보인다. 진주목 이방을 쫓아가 잡고 타살하는 데 앞장섰던 강인석과 안계손이 용봉면 출신으로 그의 지휘를 받고 있었던 것에서 이를 짐작할 수 있다.[37]

---

36) 『壬戌錄』晋州按覈使査啓跋辭, "金守萬段 役編守堞 雖異帳前之列 名在諸校 莫非管下之物 而不顧分義 甘作反卒 討索帖價 敢詬罵於當場 督出完文 復呼譟於翌日 凶悖之狀 駭惋至此 非獨民習之可惡 亦係師律之難貸是白遣";『蠹營啓錄』同治元年 5월 30일(金守萬 문초 부분), "父母以胎生於慶尙道晋州牧禿川面正別村 隨父母長養 不爲入籍居是白乎旀 行凶情節段 矣身名編守堞 即是管下之物 而不顧分義 敢作詬罵之擧者 冥頑特甚 實合萬戮 首倡之實."

37) 『壬戌錄』晋州按覈使査啓跋辭, "李貴才段 自是宜寧流離之漢 無關晋邑結還之弊 抑何心腸 敢肆凶悖 本州吏房 少無平昔之怨 而渠乃參入樵黨 自爲前矛 執捉之時 挺身先登打殺之場 揮棒首犯";『蠹營啓錄』同治元年 5월 30일(李貴才 문초 부분), "父母以胎生於慶尙道宜寧縣邑內 長養十五歲時 隨父母移居於晋州牧龍奉面勝陰村 不爲入籍居生是白乎旀";『晋陽樵變錄』按覈使朴公○○啓草 樵軍作變後各人等招跋辭, "安桂孫段 逃命之吏 於渠何讐 而窮尋去處 一次再次 畢竟趕到山谷 力不勝於捉致 歸語貴才 駈而致之死地 … 姜仁石段 俯首而聽貴才之令 打背而促吏房之行 旣已抵到于車院 則可謂參涉於當場 而謂因文書直求活 未見結果 …."

이처럼 제1급 죄인들을 보면 유계춘은 사족층, 김수만은 신흥계층, 이귀재는 빈농층으로, 항쟁을 주도한 핵심 인물들이 특정 계층에 한정되지 않고 있음을 알 수 있다. 이런 계층적 분포는 제2, 3, 4급 죄인에서도 마찬가지로 나타난다. 그러나 참여자의 모든 계층에 대한 분석은 불가능하다. 따라서 여기에서는 명망 사족을 비롯한 사족층이 항쟁의 여러 단계에서 이를 주도하고 참여했는가 여부를 살펴보고자 한다. 그동안 진주농민항쟁을 주도하고 참여한 인물들에 대한 분석은 미진한 점이 많았다. 해당 인물에 대한 가계(家系)적 · 계층적 분석이 부실하고, 또 같은 인물을 다른 인물로 보아 논의를 진행하는 경우도 적지 않았다. 이를 바로잡고 정확한 분석을 위해 추적할 수 있는 인물은 좀 더 그 가세와 입지를 소상히 밝히는 것도 중요한 일이다.

3. 사족층의 주도 · 참여 여부

1) 모의 단계에서의 사족 참여

우선 축곡면 내평촌의 모의 단계에 참여한 자를 보면, 적지 않은 자들이 사족 출신이다. 이 중에서도 가장 중요한 참여자라 한다면 교리 벼슬을 지낸 이명윤, 그의 육촌 동생인 이계열, 박수익 등을 들 수 있다. 우선 이명윤을 살펴보자.

1862년 정월 29일 유계춘과 이명윤 및 마을의 여러 사람이 사노 검동의 집에 모여 통환과 도결을 타파할 문제를 논의했다. 수곡장에서 도회를 열기로 하고 이명윤은 유계춘에게 그 발문(發文)을 작성하도록 했다. 유계춘이 관의 침책을 염려하자 이명윤은 이를 막아주겠다고 했다. 이후 이명윤은 가이곡리에 갔다가 돌아온 후 그곳의 정자약·정내명(鄭乃明) 등이 이명윤이 앞장서서 힘을 발휘해 도결 등을 혁파하도록 해달라고 했다고 자랑스럽게 말했다고 한다.[38] 여기에서 2월 6일 수곡도회를 열기 위해 통문을 돌리기로 결정했지만, 그것은 진주 관아와 감영에 정장을 올리기 위한 것이었다고 한다.[39] 그러다가 2월 2일 다시 박숙연(朴肅然)의 집에서 모임이 있었는데, 여기에서 초군회문과 철시를 주장하는 한글 방문(榜文)이 만들어졌다.

그런데 이 모임에 이명윤이 적극적으로 참여했는지 여부가 문제 된다. 그는 「피무사실(被誣事實)」을 통해 우연히 박숙연의 집에 들렀다가 철시를 주장하는 방문을 보고 놀라 질책하고 언쟁을 벌이다가 자리를 박차고 나왔다고 변명한다. 이명윤은 유계춘이 자신에 대한 보복으로 민란의 책임에 자신을 끌어들이고 있다고 하면서 하나의 사실을 덧붙인다. 즉 전해 5월 도결 실시를 막기 위해 상경하고자 유계춘이 남면 주민에게서 돈을 거두었는데, 이후 그것을 착복하자 주민이 소송을 걸어 그는 곤장을 맞고 한 달 남짓 옥에 갇혔다고 한다. 그런데 이명윤이 관가와 지면이 있는 관계로 유계춘이 어미를 보내 관에 청탁해 달라고 애걸했지만, 이명윤이 단칼에 거절하자 그 어

38) 『壬戌錄』晉州按覈使査啓跋辭(유계춘 6초), "正月晦日 矣身李校理 與本里諸人 會坐于私奴 僉同之家 尋常談話之餘 又以統結打破事發論 李校理曰 都會所定于水谷市 汝其發文云 故矣身 以官責爲慮 則答曰 官責吾當防塞 勿慮爲之云 果爲發文是乎乙 李校理往杻谷(『晉陽樵變錄』에는 '加耳谷里'로 표기됨)歸後 揚言曰 鄭子若·鄭乃明等 謂以此事 不可不如老兄者 當先宣力 以爲革罷之地云云 而一村皆聞其說是乎乙遣."

39) 『晉州樵軍作變謄錄』제6호(柳桂春에 대한 조서), "果於正月二十九日 以二月初六日 水谷市都會 呈邑呈營之意 矣身主張通文."

미가 울부짖고 악담을 퍼부으며 돌아갔다는 것이다.[40]

　　이명윤의 이 같은 책임 전가 때문인지는 몰라도 이명윤은 아무 관련이 없다며 그를 변호하던 유계춘이 마지막 문초에서는 이명윤의 참여를 자백하고 있다. 자료에 옮겨쓰는 과정에서의 착오로 인해 이명윤의 참여 여부가 『임술록』과 『진양초변록』·『진주초군작변등록』에서는 각각 달리 표현되고 있다. 이 중 어느 자료를 인용하느냐에 따라 이명윤의 참여 여부가 달라지지만, 자료의 성격이나 정황으로 보아 『진양초변록』의 기록대로 이명윤이 자주 드나들면서 이 작업에 참여한 것으로 생각된다.[41]

　　이명윤은 「피무사실」에서 진주의 도결이나 병영의 통환이 조관을 지낸 집에는 면제되는데, 자신은 조관 출신이므로 이것의 징수와는 아무런 관계가 없으니 이것의 시행에 대해 자신은 관여할 이유가 없다고 변명하기도 했다.[42] 그러나 이에 대해서도 유계춘은 다르게 언급한다. 즉 당해 정월 작부(作夫: 세금을 부과하는 준비작업) 때 이명윤은 목사를 만나 도결에서 조관의 토지는 구분해서 면제해달라고 간청했지만 거부당했고, 또 병영에 가서 불수(不

---

40)　李命允, 「被誣事實」, "二月初二日 余親往其家 則柳繼春·朴肅然·鄭弘八在座 柳見余之來 遽藏其手於袖中 余疑其雜技之具 逼問其何物 則柳掩之不得 乃出其諺書一通 乃撤市事也 余大驚切責曰 是何事也 是何語也 … 於昨年五月 繼春稱以防本邑結懲事上京云 而收斂南面民間錢 私自乾沒 而致該里民訴 至於市上決杖 月餘刑囚 而以余有知面於官家 送其老母 以請囑官家之意 屢屢懇乞 余曰 自作之罪 不可以請託得免 牢拒不聽 則其母哭泣 惡言而去矣."

41)　『壬戌錄』晉州按覈使査啓跋辭의 柳繼春에 대한 六招 부분에 "本里李啓烈 … 日不記二月初 來言曰 作樵軍回文 輪示本洞 則似有應從之望 而吾旣無識 不能自爲 汝其借述以給云 故矣身 果以諺書 依歌詞體作之 而鄭之愚·鄭之九·鄭順季段 始終講磨 各自贊助 李校理段 頻數往來 亦無參涉"이라고 기록되어 있는데, 『晉陽樵變錄』·『晉州樵軍作變謄錄』의 같은 부분 말미에는 "亦爲參涉"이라 기록되어 있어 완전히 반대의 사실을 전하고 있다. 그러나 자료의 성격상 원본에 가까운 『晉陽樵變錄』의 기록을 더 신뢰할 수 있으므로 이명윤도 참여한 것으로 보아야 타당할 것 같다.

42)　李命允, 「被誣事實」, "一日忽有兵營吏三人來謁 告以統還事 … 余因責之曰 … 本府之結懲已屢年 而余則以三司朝士之家 自官特爲頉給 兵營統還 亦不擧論於朝士之家 所謂統與結 在我俱無利害 旣無利害之地 有何干涉之理."

受)로 처리해달라고 간청했지만 이 또한 거부당했다고 한다. 그래서 이명윤은 자주 조관의 토지를 구분하지 않으면 감영에 진정해서 도결을 타파하겠다고 말했다고 한다.[43]

이명윤의 육촌 동생인 이계열은 유계춘에게 초군회문을 작성하도록 부탁한 인물로, 초군의 좌상(座上)을 맡고 있던 몰락양반층이었다. 안핵사는 그가 반벌(班閥)이 있고 나이가 많아 초군의 우두머리로 추대되기는 했지만, 한문이나 언문도 알지 못하고 유계춘이 지은 글이 노래인지 문장인지도 구분하지 못하는 무지몽매한 농민에 불과하다고 보았다. 그리고 좌상이라는 것은 마을에서의 존칭에 불과하여 그가 난민의 괴수가 될만한 인물이 못 된다고 했다.[44]

이계열은 해당 가문의 족보에는 보이지 않지만, 족보상 이명권(李命權, 자 大允)으로 추정된다. 『간정일록(艱貞日錄)』에는 단성항쟁을 주도한 김령이 6월 12일 진주진영 감옥에 들어갔을 때, 그의 친우인 박숙연[朴淑然(受益)]과 이대윤[李大允(命權)] 등이 이미 진주농민항쟁 참여 혐의로 체포되어 바야흐로 유배될 상황에 몰려 있었다고 기록되어 있다. 여기에서 언급되는 대윤은 이명권의 자(字)인데, 이대윤이나 이명권은 안핵사의 보고서에 죄인으로 등장하지 않는다. 김령이 유배지인 임자도에 도착해서 먼저 유배와 있던 친우인 이명권을 만나 지난 6월 감옥에서 같이 지냈고, 또 멀리 떨어진 섬에 유

---

43) 『壬戌錄』晉州按覈使查啓跋辭, "柳繼春三招曰 … 今年正月作夫時 始爲入見本官 以朝官結 則分揀於都結之意 懇請而不見許施 此乃矣身目見之事也 李校理又往兵營 以不受事懇請 而 又不見許云云是白乎所 李校理常時 每言朝官結 終若不爲分揀 吾當往巡營 打破都結云矣."

44) 『壬戌錄』晉州按覈使查啓跋辭, "李啓烈段 柳繼春所謂校理之六寸 樵軍之座上也 使繼春而製 出樵軍回文 渠所納招如此 繼春所供如此 而所謂座上者 頭目之稱也 … 而觀其爲人 卽一擔糞 服牛之農丁也 聽其言辭 全是無知沒覺之蠢氓也 稱有班閥 故坐 必在樵伴之上 又多年齒 故饁 必居耘夫之先 如之輩 俗稱座上 卽不過隣里之尊稱 無足爲亂民之渠魁是白乎旀 眞書諺文 都不能識 繼春所製 初不辨是歌是文 而至於使一字 關渠性命是白去乙."

배뇌어 같이 지내게 되었다며 기뻐한다. 또 그의 재종형(이명윤)도 농민항쟁에 연루되어 강진 고금도로 유배되었다는 사실도 언급하며 안타까워하고 있다.[45] 이후 이명권과 같이 배소에서 자주 어울리는 장면이 『간정일록』에 묘사되어 있다.

이를 보면 이계열은 족보상 이명권으로, 몰락양반이면서도 김령 등 사족과 친밀하게 지낸 것으로 보아 지위가 어느 정도 유지되고 있었다고 할 수 있다. 안핵사가 그를 무지몽매한 백성이라고 판단했던 것도 그가 주모자에서 벗어나기 위해 애써 그런 사람처럼 행세했기 때문인 것으로 짐작된다.

박수익은 자기 집 외방객실(外房客室)을 모의자들이 읍사를 논의하거나 수곡도회를 위한 한글 방문을 제작하는 장소로 여러 번 제공했고, 그가 부인하기는 하지만 모의 단계에서 적극적으로 참여한 혐의가 있기 때문에[46] 그의 죄질이 제2등급으로 분류되었다. 그럼에도 모의 단계에 참여하는 인물로는 전혀 나타나지 않는다. 그가 모의 단계에서 자(字)인 '숙연(肅然)'으로 표현되고 있기 때문이다. 이명윤의 「피무사실」에서 나타나는 '박숙연(朴肅然)'이나 정순계의 문초에 나타나는 '박수견(朴水見)'도 같은 인물인 것으로 보인다.[47] 반면에 박숙연은 안핵사가 정리한 죄인의 명단에는 나타나지 않는다.

---

45) 金欞, 『艱貞日錄』 壬戌 6월 12일, "遂入圓扉 士維亦同 朴友淑然(受益)李友大允(命權)諸益 皆 以按覈使朴珪壽誣告見逮 方遭刺配之厄"; 9월 4일, "夕陽船通到泊荏子島 … ○坐定李友大允 顚倒趨來 握手相歡 蓋橫罹於樵獄 幾死艱生 去七月已泊于此 厥再從兄 以瀛洲學士 構陷於樵 魁 放逐於江津古今島 彼何人斯其心孔艱 余與大允 去六月同患難於晉犴 又此同淪落於天涯 事非偶然."

46) 『壬戌錄』 晉州按覈使査啓跋辭, "朴守益段 所謂外房客室 何處無之 而亂類會集 編於渠家乎 論邑事於渠家 作諺謗於渠家 渠爲主人 敢曰不知 謂繼春不緊云者 何足爲發明之證 同參之目 在所難免是白遣."

47) 朴水見은 朴肅然의 발음대로 한자로 옮긴 것으로 보인다. 그가 안핵사의 보고서에는 朴水見이 도피자로 표현되어 있지만, 아마 안핵사의 착오인 것 같다.

『일성록(日省錄)』에는 박수익이 1849년에도 진주의 환곡 폐단 때문에 주민을 대표해 서울에 올라가 격쟁(擊錚)하며 원정(原情)을 올렸다고 기록되어 있는데, 이 기록에서는 그가 양인(良人)으로 나타난다.[48] 그러나 그가 일반 평민은 아니었던 것 같다. 신분이 낮은 일개 평민이 진주라는 큰 고을의 환곡 폐단 문제를 주민들을 대표해서 서울까지 올라가 호소한다는 것은 아무래도 부적절하기 때문이다. 『유전용하병록책(儒錢用下幷錄冊)』에 의하면, 모의자들이 거주하던 내평촌이 속한 축곡면에는 사족양반 가문으로 곽(郭, 孝寧) · 이(李, 命允) · 정(鄭, 宅奎) · 강(姜, 晉源) · 박(朴, 榮纘) · 이(李, 如茂) · 노(盧, 有範) · 김(金, 碩俊) 씨가 살고 있었다.[49] 호구의 다과에 따라 원유전(元儒錢)의 양이 결정되는데, 이를 보면 곽 · 이 · 정 · 강 씨 순으로 많이 살고 나머지 성씨는 좀 적었던 것 같다. 그런데 축곡면에는 내평촌 이외에 11개 마을이 있었기 때문에[50] 이들이 내평촌에 다 거주했다고 볼 수는 없다. 이 중 이명윤으로 대표되는 이 씨는 전주이씨이고, 정택규(鄭宅奎)로 대표되는 정 씨는 유계춘의 외가에 해당하는 진주정씨 은렬공파로 추정된다.[51] 호구는 적지만 박 씨도 내평촌에 살고 있었는데, 아마 박수익은 이 가문에 속할 것이다.

박수익은 단성항쟁의 주도자 김령과 친밀하게 지냈던 것 같다. 『간정일록』에 의하면, 김령이 진주 감옥에 들어갔을 때 "박우(朴友) 숙연[淑然(受益)]

48) 『日省錄』 철종 즉위년 11월 19일, "刑曹啓言 取考擊錚人等原情則 … 晉州良人朴守益等 本邑還摠 前爲五萬餘石矣 十年以後 各邑移來之還 今爲十五萬石 貧戶無以聊生 乞令釐正事也 … 事係民隱 幷令各該道帥臣 從長査處 俾無紛紜之弊."

49) 『儒錢用下幷錄冊』 杻谷條에는 郭氏門(孝寧)이 2냥 5전, 朴氏門(榮纘) 5전, 李氏門(命允) 2냥, 李氏門(如茂) 5전, 鄭氏門(宅奎) 1냥 5전, 姜氏門(晉源) 1냥, 盧氏門(有範) 5전, 金氏門(碩俊) 5전을 내는 것으로 기록되어 있다.

50) 朝鮮總督府, 『地方行政區域名稱一覽』, 1912, 701쪽.

51) 해당 성씨 족보에는 이 이름이 발견되지 않지만, 鄭之愚 등의 윗대 항렬의 인물이 'ㅇ奎'로 표현되고 있다. 『儒錢用下幷錄冊』, 「士林各宅門錢來付」 內坪에는 鄭氏門(弘轍), 「別請助錢」 축곡에는 鄭生員(弘轍)이 기록되어 있다. 홍철은 정지우의 조부다.

과 이우(李友) 대윤[大允(命權)] 등 여러 사람이 모두 안핵사 박규수의 무고로 체포되어 바야흐로 유배될 상황을 맞았음"을 알았다고 하는데,[52] 이때 그를 '박우'로 표현한 것에서 서로 친밀하게 지낼 수 있는 지위에 있었음을 알 수 있다. 또 그가 모의 장소로 제공한 외방객실을 갖추고 있는 것으로 보아 빈농은 아니고 어느 정도 재산을 갖춘 사족양반에 해당한 것으로 추정된다.

내평촌 모의에 참여한 사람은 이외에도 정지우·정지구·정치회·정순계·정홍팔(鄭弘八)·강승백·강쾌 등이 있다.[53] 이 중 정치회는 안핵사가 도망자라서 조사를 하지 못한 것으로 보고했는데, 정지우·정지구 등과 함께 진양정씨 은렬공파 인물로 추정된다. 왜냐하면 정지우와 같은 항렬의 인물은 모두 사가 '치(致)○'로 기재되고 있기 때문이다. 그러나 정지구나 정치회는 해당 가문의 족보에는 나타나지 않는다. 그리고 한 자료에 같이 나타나지 않는다. 족보상의 정지채(鄭之采, 자 致惠)가 정지구(또는 치회)가 아닌가 추측할 수도 있을 것이다. 이 가문의 인물들은 내평촌에 적지 않게 거주하고 있었다. 이들은 유계춘 외가의 먼 친척에 해당한다. 이 중 정지우는 유계춘의 집 인근에 살면서 평소에 유계춘을 추종하면서 향 중의 여러 일에 간여했고, 언문으로 된 방문을 작성하는 데도 참여했다는 혐의를 받았다.[54] 이와 달리 정지구에 대해서는 안핵사가 모의 자리에 참여했다가 나중에는 불평하며 돌아갔다고 해서 참여하지 않은 것으로 간주했다. 그러나 유계춘은 정

---

52) 앞의 주 45) 참조.

53) 李命允,「被誣事實」,"二月初二日 余親往其(朴肅然; 필자)家 則柳繼春·朴肅然·鄭弘八在座 柳見余之來 遽藏其手於袖中 余疑其雜技之具 逼問其何物 則柳掩之不得 乃出其諺書一通 乃撤市事也 余大驚切責 … 余怒而起曰 此非頃刻可坐之席也 卽爲還家";『晉陽樵變錄』按覈使 朴公○○啓草 樵軍作變後各人等捧招跋辭의 김順季初招,"日不記二月初 扶杖往隣家 則柳繼春·李啓烈·鄭致會·姜承白·朴水見·姜快·李校理諸人 俱爲會坐 李校理則先去 繼春方寫回文云云."

54) 『壬戌錄』晉州按覈使査啓跋辭,"鄭之愚段 居在繼春之隣 干預鄕中之事 以其追逐於平日 畢竟參涉於諺榜 推問之際 全事白賴 對質之場 不能明辨 究其情狀 實難容恕是白遣."

지구가 정지우·정순계와 함께 처음부터 끝까지 언방을 작성하는 데 찬조
했다고 했다.[55]

정지우·정지구 등과 유계춘의 외조 홍진(弘震)은 진양정씨 은렬공파
출신으로 정관(鄭寬)·정밀(鄭密) 형제의 후손이었다. 정관은 봉화훈도를 지
냈고 아우 정밀은 문과에 급제해 종부시 첨정을 지냈다. 그의 다른 아우 정
안(鄭安)은 생원·진사시에 모두 합격했고, 정관의 아들 정승윤(鄭承尹)과 손
자 정제생(鄭悌生)도 각각 진사·생원시에 합격했다.[56] 정밀과 정승윤은 청
계서원(淸溪書院)에 배향되기도 했다.[57] 이들은 진주의 토착성씨인 진양정씨
정순(鄭淳)의 후손으로, 조선 중기에 정순의 외손인 밀양손씨·울산김씨·
진양강씨 인물과 함께 상사리 백야동 동약의 시행을 주도하기도 했다.[58] 조
선 후기에 와서 이들의 조상 중에 정유후(鄭有後)·정유형(鄭有衡) 형제의 무
과 급제[59] 이외에 조관에 진출한 인물은 나오지 않아서 가문의 위세가 좀 침
체되긴 했지만, 몰락양반은 아니었던 것 같다. 진주향안에 등재된 인물도 어
느 정도 나오고 있기 때문이다.[60]

이 외에 정순계를 들 수 있다. 유계춘이 한글 방문을 제작할 때 인근에

---

55) 『壬戌錄』晋州按覈使査啓跋辭, "鄭之九段 隣舍適往 在於歷路 乃父受毁 發於衆口 始則無心
    見之 終焉不平歸去 究其情理 不是參涉是白遣"; 『壬戌錄』晋州按覈使査啓跋辭(유계춘 6초 부
    분), "故矣身 果以諺書 依歌詞體作之 而鄭之愚·鄭之九·鄭順季段 始終講磨 各自贊助."

56) 『晉陽誌』권3, 人物 鄭寬·鄭密·鄭安·鄭承尹조와 권4, 司馬 鄭安·鄭悌生條 참조.

57) 전국 각지에 서원설립운동이 활발하던 19세기 중반 마동에 淸溪書院이 세워지는데, 여기에는
    진양정씨 은렬공파 인물 鄭臣烈·鄭天益·鄭密·鄭承尹·鄭以諶과 진양하씨 시랑공파 인물
    河恒·河仁尙이 모셔진다[『晉陽續誌』권1, 院祠 淸溪書院條, 『淸溪誌』(1902) 참조)].

58) 김준형, 「조선후기 晉州에서 실시된 洞約의 분석」, 『南道文化硏究』27, 순천대 남도문화연구
    소, 2014, 50쪽.

59) 『晉陽續誌』권4, 武科 鄭有後·鄭有衡條 참조.

60) 鄭承勳·鄭悌生·鄭潛·鄭道昌·鄭世龜·鄭世虎·鄭世垕·鄭德涵·鄭有後 등 9명이 등재
    되고 있다.

살고 있던 그도 참여했고, 황개동(黃介東)이 방문을 붙일 때 그가 고용해서 일을 수행했다는 혐의가 있었다.[61] 그는 진양정씨 충장공파에 속하는 정홍팔(鄭弘八)일 가능성이 크다. 정홍팔의 자가 음이 비슷한 순거(舜擧)이고, 같은 상황에서 정순계와 정홍팔이 함께 거론된 적이 없기 때문이다. 2월 초 방문 작성 때, 유계춘의 공초에는 이에 적극 참여했던 인물로 정순계가 거론되는데[62] 반해, 이명윤의 「피무사실」에는 정순계는 없고 정홍팔이 등장하는 것[63]이나 공초 죄인이나 도망자 명단에 정홍팔이 등장하지 않는 것도 이 사실을 말해준다. 이 가문의 인물들도 당시 내평촌에 많이 살고 있었던 듯하다.

강승백은 강태규(姜泰奎, 자 承伯)일 것으로 보인다. 강태규의 부 강우린(姜宇麟)은 유계춘의 고모부였다. 유계준과 강수복(姜守福)의 공초에 의하면, 강승백은 같은 자리에서 방문을 받아 보았던 것으로 되어 있다.[64] 강쾌도 유계춘의 이성사촌으로 언문 방문을 베껴 썼다는 사실이 유계춘의 공초에서 나왔다.[65] 그는 강태규와 같은 가문의 인물일 것으로 추측되지만, 족보에서 확인할 수 없다. 강수복도 유계춘에게 가서 한글 방문을 받았고 스스로 그것을 베껴 퍼뜨렸다는 혐의가 있지만,[66] 그가 어느 가문에 속해 있는지는 알

---

61) 『壬戌錄』晋州按覈使查啓跋辭, "鄭順季段 柳繼春諺榜之作 往隣舍而參涉 黃介東掛榜之際 會妾家而雇致 觀其前後情節 可謂始終同參 腰痛臥房之語 無識不辨之說 不足爲發明之端是白遣."

62) 『壬戌錄』晋州按覈使查啓跋辭(유계춘 6초 부분)

63) 앞의 주 53) 참조.

64) 『壬戌錄』晋州按覈使查啓跋辭, "姜承白段 次第看榜 出於繼春之供 同坐給榜 亦有守福之招 而繼春隣比之間 無怪傳示 守福荒唐之說 未可深信是白遣."

65) 『壬戌錄』晋州按覈使查啓跋辭, "姜快段 諺榜傳寫 出於繼春之招 而旣云半塗而廢 且旣驗蠱莫甚 況與繼春 爲異姓四寸之親 格例所拘 不得取質分叱除良 無甚鉤覈之情節是白遣."

66) 『壬戌錄』晋州按覈使查啓跋辭, "姜守福段 自稱被得孫之招 去受諺榜於繼春 而繼春之給榜 自是介東得孫之相招 初無其事 面質之場 不能發明 渠乃粗解諺文者也 見於何處 而自手謄布之狀 明若觀火 抵賴不服 極爲可痛是白遣."

수 없다.

모의에 참여했던 강태규·강쾌 등은 진주강씨 강덕룡(姜德龍)의 후손인 것으로 보인다. 강덕룡은 1583년 무과에 급제했고, 정기룡(鄭起龍)·주몽룡(朱夢龍)과 함께 '영남삼룡(嶺南三龍)'으로 불리기도 했다. 임진왜란이 일어나자 그는 경상우감사 김성일의 조처에 따라 함창 현감이 되었고, 제1차 진주성 전투 때 무기 관리를 맡아 왜병 격퇴에 공을 세웠다. 1593년 명나라 군사가 상주·대구 등지에 주둔하고 있을 때 군량 조달을 담당하기도 했다. 경상우병사 정기룡을 도와 성주·고령 등지의 전투에서 적을 무찌르기도 했고, 이원익(李元翼)이 호남체찰사로 있을 때 체부영장 등을 역임했다. 철종 때 병조참판에 증직되기도 한다.[67]

강태규의 5대조 강여관(姜汝寬)은 퇴계학파의 거두인 갈암 이현일(葛庵李玄逸)의 문인이었고, 고조 강사운(姜師運)은 무과에 급제해 선전관·오위장·첨지를 역임한 것으로 나타난다.[68] 그의 후손은 진주 설매곡면에 대대로 집촌을 이루어 살았지만, 이후 일부는 청암면, 일부는 축곡면으로 이동해 거주하고 있었다. 이 무렵 유계춘에게 통환 혁파를 위해 읍에 들어가자고 제안했던 청암면 강천여(姜千汝)의 '천여'[69]도 강우묵(姜宇黙)의 자인 간여(簡

---

67) 成汝信, 『浮査集』 권2, 墓誌 長鬐縣監姜公墓誌, "癸未歲登虎榜 一時與鄭起龍朱夢龍 皆以武藝名 京城人稱之曰 嶺南三龍可畏 … 壬辰夏倭寇卒至 … 招諭使金鶴峯誠一 聞公風聲馳啓 以公除咸昌守 公撫諭軍民 … 癸巳賊退陣於蔚山沿海等處 天將十餘 亦結陣於大丘八莒及尙州等地 方伯素聞公賢 以公爲天軍放糧差使員 公總攝忠淸全羅慶尙三道軍糧 分俵甚均"; 『晉陽續誌』 권2, 人物 姜德龍, "壬辰赴水使元均幕 與倭連戰十二 皆大捷 招諭使金公誠一 啓授咸陽縣令 … 李公元翼 辟爲體府營將 與兵使鄭起龍等 破賊於星州高靈地 … 哲廟朝 贈兵曹參判."

68) 『晉陽續誌』 권2, 人物 姜汝寬, "辛巳謁李葛菴 葛菴一見異之 受家禮 辨疑問難 刻勵堅固." 『晉陽續誌』 권4, 武科 姜師運條 참조. 『承政院日記』에 의하면, 강사운은 영조 19년에 선전관, 21년에 兼五衛將, 22년에 僉知로 임명된다.

69) 『晉州樵軍作變謄錄』 제6호(柳桂春 공초), "(2월)初一日 加西鄭元八 及靑巖姜千汝 亦以此事 委寄曰 吾輩五六里 方以統還革罷次入邑 貴里亦爲來參云 而矣洞則不去是乎乙遣."

汝)를 '간여(干汝)'로 표현한 것을 연구자가 잘못 판독하여 정서(精書)한 결과라고 본다.[70] 안핵사의 보고에도 강우묵이 처음에는 향회에 참석했다고 하다가 나중에는 축곡에 모든 책임을 덮어씌웠다고 기록된 것으로 보아[71] 강천여는 강우묵을 지칭하는 것으로 볼 수 있다. 강우묵도 강덕룡의 후손으로 청암면에 살고 있었다.

　　이처럼 모의 단계에 가담한 상당수의 인물은 유계춘과 인척관계를 맺고 있었던 것이 주목된다. 이를 표로 제시해보면 다음과 같다.

〈표 4〉 유계춘의 친가 · 외가 계보표

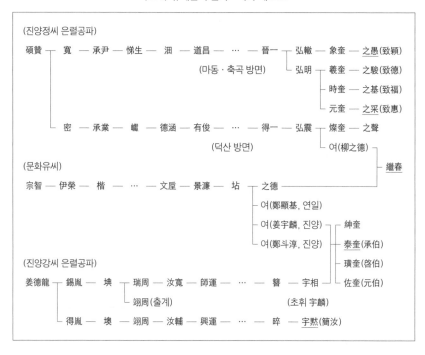

70) 金櫶, 『艱貞日錄』癸亥 9월 10일, "晋之雪山姜友艮汝(宇黙) 來顧握叙 良久而去."

71) 『壬戌錄』晉州按覈使査啓跋辭, "姜宇黙段 始也參涉於鄕會 可知喜事之徒 終焉委責於杻谷 明是浮雜之意 此變則縱無相關 其習則有難全恕是白遣."

이처럼 모의 단계에서 진주지역의 엘리트층이라 할 수 있는 양반사족 출신 인물들이 다수 참여하고 있었다. 일부 몰락양반층도 있었지만, 뒤에 언급하듯이 어느 정도 위세가 당당한 가문 출신의 인물들도 모의에 적극적으로 참여하고 있었다.

2) 수곡도회와 본격적 시위단계에서의 사족 참여

2월 6일 수곡장에서 열린 도회에도 사족층이 많이 참여했다. 수곡도회는 읍 전체 회의였으므로 고을 내 각지의 사람들이 참여했다. 도회 초기에는 유계춘의 의도대로 진행되지 않았다. 본래 도회 개최과정에서 1월 29일 '읍에 정소를 하고 안 되면 감영에 정소하자'라는 통문과 이후 2월 2일 '철시'를 주장하는 통문 등 두 종류가 발송되었듯이, 도회에 참석한 자들의 논의도 두 계열로 나뉘었다. 관에서 읍민의 반대를 무릅쓰고 도결과 통환을 결정했으므로 그 상위기관인 감영에 호소하자는 것은 온건한 방법이었고, 주로 유력 사족에 의해 제기되었던 것 같다. 그러나 유계춘 등은 환곡 포흠의 문제를 근원적으로 해결하기 위해서는 읍내에서의 집단시위 등 한층 강경한 대응이 필요하다고 보았다.

어쨌든 수곡도회 초기에는 온건론이 채택되어 장진기·조학오 등을 의송 대표로 뽑아 감영으로 파견했다. 그러나 유계춘 등 지도부의 급진적인 항쟁 계획이 무위로 돌아간 것은 아니었다. 그것은 도회 과정에서 한 차례 반전으로 나타났다. 중도에 유계춘이 계획한 '철시'의 주장이 다시 제기되면서 논의가 새로이 진행되었다. 이러한 반전 과정은 명확하지 않으나 집회 대중에 대한 지도부의 계속적인 선전활동의 결과였다고 보인다. 먼저 수곡의 성계주가 저음으로 철시를 해야 한다고 주장했다. 그리고 하원서·하대 겸·하임원·하달명·김세엽 등 많은 사람이 동조했다. 그 밖에 안핵사는 보고서에서 일찍이 향임을 지낸 조학면과 장진권·조성진 등도 동조한 것으로 의심하고 있다.

결국 수곡도회에서는 동리의 대표자들을 중심으로 감영에 대한 의송이 결정되고 장두가 파견되었으나, 한편으로는 유계춘이 의도한 철시가 제기되고 나아가 고을 폐단의 책임자와 도결 결정에 참가한 자의 집을 부수자는 주장까지 나타났다. 이런 분위기 속에서 읍회는 다음날까지 이어졌고, 여기서 지도부의 계획이 대중으로부터 지지를 받으면서 '주된 여론'이 되었다. 수곡도회에서 어느 정도 예정했던 성과를 얻을 수 있었다.[72]

이 모임에서도 감영에 의송을 올리자는 온건론이 사족층을 중심으로 제기되었지만, 철시론을 주장한 사족도 적지 않았다. 우선 들 수 있는 인물은 성계주다. 그가 이 모임에서 가장 먼저 철시론을 제기했다는 언급이 하임원·유계춘 등의 공초에서 나왔기 때문이다.[73] 그는 창녕성씨이지만, 창녕성씨 족보에는 그의 이름이 나타나지 않는다. 수곡면 금동 성동일(成東一) 후손의 종가에 보관된 호패 중에는 '진주 성계주(유학 을축)[晉州成啓周(幼學乙丑)]'이라고 새겨진 호패도 보관되어 있다. 『간정일록』에 의하면, 전라도 남쪽 섬에 유배되어 있던 김령이 성술여[成述汝(繼周)]가 안핵사 박규수의 무옥 때문에 북쪽 평안도 용천에 유배되어 있다가 거기에서 죽었다는 소식을 접하고 친우가 죽었다며 안타까워하고 있다.[74] 해당 가문의 족보에는 자가 '술

72) 송찬섭, 앞의 글(1989), 347-350쪽.

73) 『壬戌錄』晋州按覈使査啓跋辭, "成啓周段 水谷聚會 先發撤市之論 旣有河任源之招 而且有柳繼春之供 面質之場 未能發明 悖論之發 雖非渠所獨主 而莫掩參涉之跡是白遣."

74) 金欞, 『艱貞日錄』壬戌 12월 9일, "聞文定洞成述汝(繼周) 在龍川配所 竟不淑 慘矣慘矣 今夏月橫罹於朴珪壽誣獄 宥流於二千里絶域 遭此凶變 係是吾嶺氣數之阨 不勝同人之吊 而夫人

여'인 인물이 성필주(成弼周)로 나타나고 성필주가 1862년 죽었다고 기록된 것으로 보아 성계주는 성필주일 것으로 보인다.

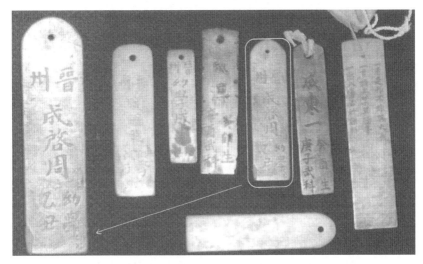

〈그림 7〉 창녕성씨 가문의 호패와 성계주의 호패

성필주는 남명 문인이며 일찍이 『진양지』 편찬을 주도했던 성여신(成汝信)의 제5자 황(鐄)의 자손이다. 성여신의 자손은 진주에 정착한 이후 진주에 영향을 미치는 중요한 가문으로 성장하여 향안에도 57명이 등재될 정도였다.[75] 성필주는 무과에 급제해 칠곡 부사까지 지낸 성동일[76]의 동생 동좌(東佐)의 손자이기도 하다. 『진양속지』에는 성필주가 언행이 남의 모범이 되고

與余同庚 情好自別."

75) 향안 입록자를 보면(30명 미만의 가문은 생략), 진양하씨 144[시랑공파(단목: 河魏寶 · 晉寶 · 國寶 형제의 자손들) 85, 시랑공파(수곡) 25, 시랑공파(운문) 11, 사직공파 23], 재령이씨 95, 창녕성씨 57, 진양강씨 49(박사공파 19, 은렬공파 30), 진양정씨 47(지후공파 35, 은렬공파 10, 충장공파 2), 울산김씨 42, 청주한씨 31명 순으로 나타난다(김준형, 「鄕案入錄을 둘러싼 경남 서부지역 사족층의 갈등: 晉州鄕案을 중심으로」, 『朝鮮時代史學報』 33, 2005, 158-161쪽).

76) 成東一, 『共衾堂實記』 권2, 附錄 家狀 참조.

시소가 굳으며 논의가 상식해 영의성을 지낸 채제공(蔡濟恭)도 그의 능력을 인정했다고 기록되어 있다.[77]

〈표 5〉 창녕성씨의 계보

```
汝信 ┬ 鑄, 鏞, 鏾
     │
     ├ 錞 ─ 源永 ─ 桎 ─ 晚熙 ─ 大集 ─ 昌錫 ─ 師俊 ─ 致極 ─ 象奎 ─ 澔 ─ 奭柱
     │
     └ 鋧 ─ 澐永 ─ 構 ─ 處義 ─ 益垕 ┬ 東一 ─ 宅揆 ─ 翰周
                                    │
                                    └ 東佐 ─ 宅安 ─ 弼周(啓周, 述汝)
```

다음에 언급할 인물은 하원서·하내겸이나. 이 두 사람은 한 가문의 인물로, 지나던 길에 우연히 수곡도회에 참여한 것이라 변명하지만, 감고(監考)를 불러와 철시론을 주장하고 초군을 동원하게 한 혐의가 있었던 것으로 보인다.[78] 그런데 대겸은 하우범(河禹範)의 자이고, 원서는 하경수(河慶秀)의 자다. 『단계일기』에 의하면, 1863년 김인섭이 하경칠(河慶七, 자 聖瑞)의 집에 갔는데, 하경칠의 부친도 전년에 역시 무옥을 당해 관서로 유배된 적이 있었다고 한다.[79] 하우범은 하경칠의 부친으로, 유계춘의 조상 유종지의 후손을 후처로 맞았다.

하우범과 하경수는 진양하씨 시랑공파 출신이었다. 진양하씨 족보에 의하면, 하우범과 하경수는 진양하씨 시랑공파 중 남명 문인인 하위보(河魏

---

77) 『晉陽續誌』 권5, 儒行 成弼周, "字述汝 號探淸軒 惺惺齋鋧后 儀表耿介 論議剛直 樊庵蔡濟恭 許其需世之才 往復書藏在後孫家."

78) 『壬戌錄』晉州按覈使査啓跋辭, "河元瑞·河大謙等段 伊日參會 敢曰歷路偶入 當場唱和 若非 渠等 則雖自以一家之人 獨擔聚會之事 招來監考 乃發撤市之說 激起樵軍 安免知情之責 供招 無非粧撰 面質不得發明 究厥情節 極爲痛駭 而河大謙段 年過七十 似有參恕是白遣."

79) 金麟燮, 『端磎日記』「癸亥日記」6월 6일, "食後往河聖瑞 聖瑞大人 前年亦被誣 謫關西 聖瑞聞 余到 冒雨來話 別時贐八錢矣."

寶)의 7, 8대손이다. 하위보·진보(晉寶)·국보(國寶) 형제의 후손들은 향안에도 85명이나 등재된 것[80]에서 보듯이, 진주에서는 막강한 영향력을 행사하는 가문의 지위를 유지하고 있었다. 하위보와 그의 아들 하인상은 생원시에 합격하기도 했다. 하인상은 영남 사림을 움직여 남명의 문묘 배향을 요구하는 상소를 올리기도 했고, 후대에 청계서원에 배향되기도 한다.[81] 이 후손은 원래 대곡면 단목에 거주하고 있었지만, 중도에 일부가 수곡면에 이주해 여러 대에 걸쳐 이곳에 거주하고 있었다. 하우범과 하경수도 마찬가지로 수곡면에 거주하고 있어서 수곡장과 가까웠기 때문에 도회에 쉽게 참여할 수 있었다.

〈표 6〉 진주하씨 시랑공파 하위보 자손 계보

魏寶 ― 恒 ― 仁尙 ― 啓文 ┬ 世潤 ― 命龍 ― 極浩 ― 鎭洛 ― 懿範 ― 慶秀(元瑞)
                      └ 大潤 ― 遇龍 ― 以浩 ― 鎭明 ― 禹範(大謙) ― 慶七

하임원(자 致彦)도 늦게 수곡도회에 참여했지만, 철시론에 간여했다는 혐의가 유계춘의 공초에 의해 제시되었다.[82] 그는 진양하씨 사직공파 출신으로, 인조반정 이후 남명학파를 주도한 하홍도(河弘度)의 동생 홍달(弘達)의 5대손이었다. 이 외에 향임을 지낸 조학면도 수곡도회에 참여했다. 그는 한글 방문이 모임에 도착하자마자 철시론이 제기되었는데도 나이가 70이 넘는 원로로서 상좌에 앉아있으면서 이를 배척하지 못하고 다른 사람들의 분

---

80) 앞의 주 75) 참조.

81) 『晉陽誌』 권3, 人物 河魏寶조 및 『晉陽續誌』 권2, 人物 河仁尙條 참조.

82) 『晉州樵軍作變謄錄』 제8호(按覈使罪人狀啓跋辭), "河任源段 晚參水谷之會 縱非主論干涉撤市之說 果是何意 雖謂繼春之招 無足準信 大抵晉邑之人 莫不同情 當日參會之類 有不可全恕 是白遣."

란에 맡겨버렸다는 혐의를 받았다.[83]

부화곡리에 사는 유학 김윤화도 평소 친분이 있던 가이곡리 정자약의 부탁으로 2월 6일 세미를 찧기 위해 운곡에 있는 농장으로 가다가 수곡장에서 열리는 도회에 우연히 참여하게 되었다고 변명했다. 안핵사는 그것은 변명에 지나지 않는다고 보고 그가 한글 방문을 소매에 넣어 가지고 온 혐의 등으로 철시론에 동조한 것으로 보고 있다.[84] 이처럼 수곡도회에서도 적극적 항쟁이라 할 수 있는 철시론에 동조한 사족은 많았다. 이 중에는 진주에서 영향력을 끼칠 수 있는 명망 사족 가문 출신들도 적지 않았다.

2월 14일 덕산시장에서의 본격적인 시위에 나선 주력은 초군이었다. 이들은 덕천강을 따라 서서히 행진하면서 근치의 주민을 끌어들이기 위한 전략도 강구한다. 그것은 마을 단위로 형성된 초군을 동원하는 형태였다. 위에서 언급했듯이 원래 초군은 빈농이 다수를 이루긴 하겠지만, 신분에 관계없이 마을 단위로 구성되면서 여러 계층이 혼합되어 있었다. 지역에 따라 편차가 있기는 하겠지만, 유사시에는 상당한 동원력을 발휘하는 조직이기도 했다. 초군은 일반 서민이나 신흥계층이 주도하는 경우도 있었지만, 양반이나 양반·아전의 노비가 주도하는 경우도 있었다.

진주농민항쟁 때도 마찬가지로 양반 사족층이 주도하는 사례가 있었다. 동임이던 조석철은 초군을 동원해서 읍내에 들어간 것이 동임이 할 임

---

83) 『壬戌錄』晉州按覈使查啓跋辭, "趙學勉段 參會水谷 雖曰家近之致 曾經鄉任 自是喜事之徒 諺書之榜 纔到於會中 撤市之說 遽發於座上 渠以年老之人 坐在上頭 不能嚴斥 任他紛紜 主論之目 未免自取 年過七十 似有參酌是白遣."

84) 『晉州樵軍作變謄錄』제5호(김윤화 등에 대한 조서), "夫大谷 幼學 金允化 … 矣身段 居生於本邑夫火谷 與水(加?)耳谷鄭子若 素有親分矣 今二月初六日 鄭子若以稅米春正事相托 故往其云谷農庄之路 適值水谷場市之日 多人聚市之中 間有都會之說是如乎 許多聚人 未知誰是都會中人是乎於"; 『壬戌錄』晉州按覈使查啓跋辭, "金允化段 水谷會主論之說 雖無的證 三稅米春鑿之行 明是粧撰 毋論諺榜之袖去與否 其所參涉 焉敢發明 不可以渠招 遽議輕典是白遣."

무였다고 변명했지만, 초군 비용도 일부 지급한 혐의가 추가되었다.[85] 본동 두민(頭民)이던 김정식도 초군을 기송한 사실이 있었는데, 그는 불참하면 벌 전을 징수한다는 난민의 위협 때문에 그렇게 했다고 변명했다.[86] 면 전체 차 원에서 각 동임에게 명령하여 초군을 동원한 사례도 보인다. 풍헌이던 황응 서가 동임들에게 명령하여 초군을 기송하도록 한 것이 그것이다.[87] 원로 반 민으로서 초군을 기송하는 데 참여했을 뿐만 아니라 봉기 직전 초군들이 모 였던 수청가회의에도 직접 참여한 혐의를 받은 사례도 있다. 허호(許瑚)가 그 예[88]인데, 그는 승산리에 세거하던 사족 김해허씨 출신이었다. 위에서도 언급했듯이 하원서·하대겸도 초군을 동원하도록 지시한 혐의를 받고 있 었다.

본격적인 덕산 봉기 이후 읍내 시위에 이르는 단계에도 사족이 참여했 는지는 자세히 알 수 없다. 다만 읍내의 시위에서는 사족의 참여가 많지 않 았을 것이다. 우량택과 심의인의 공초에 의하면, 초군들이 '의관지인(衣冠之 人)', 즉 사족층을 보면 으레 때리고 의관을 부수었기 때문에 초군들이 늘어 선 곳에는 사족이 다닐 수 없었는데, 오직 이명윤이 출입할 때는 일제히 길 을 터주고 그의 명령을 따르는 듯했다고 한다.[89] 사족이 참여했다고 한다면,

---

85) 『壬戌錄』晉州按覈使査啓跋辭, "曺錫哲段 本洞樵軍之起發入邑也 三夜唱聚之聲 雖曰洞任之 所爲 五兩派給之饋 旣有渠招之自暇."

86) 『晉陽樵變錄』按覈使朴公○○啓草 樵軍作變後各人等捧招跋辭, "金正寔段 亂民恐嚇之說 每 云不參者徵捧闕錢 則渠爲本洞頭民 於恸其說 起送樵軍."

87) 『壬戌錄』晉州按覈使査啓跋辭, "黃應瑞段 風憲 異於凡民 … 渠旣知委洞任 起送樵軍 則縱不 領率而同往 亦有參涉之形跡是白遣."

88) 『壬戌錄』晉州按覈使査啓跋辭, "許瑚段 渠爲本洞班民 年且老大 而不識事理 旣參樵軍輩起送 之際 又往水淸街會議之時 河童面質之招 不啻丁寧."

89) 『壬戌錄』晉州按覈使査啓跋辭, "沈義仁再招曰 二月二十日 入邑之路 逢着加西樵軍 聞其所言 則 … 樵黨堵立之中 衣冠之人 不得往來 而獨李校理出入時 一齊開路 惟令是從是如是乙遣 … (禹良宅)三招曰 伊日樵軍輩見衣冠之人 則皆爲打破 而獨於李校理之來也 一齊開路."

재임(齋任)직을 수행하던 염선암(廉先岩)처럼 관을 벗고 머리에 두건을 두른 채 그 대열에 참여하는 형태를 취했을 것이다.[90] 읍내에서 훈몽으로 업을 삼던 심의인도 난민 대열에 합류해 관장을 모욕하고 인명을 죽이고 불태우는 데 참여했다는 혐의를 받고 있었다.[91]

읍내 시위 중 객사 앞으로 붙들려 와 곤욕을 치르던 우병사와 진주 목사를 풀어주어 병영과 관아로 돌아갈 수 있도록 초군들에게 지휘한 자가 '약간 지각이 있는 자'로 표현되고 있는데,[92] 이 인물도 사족층일 가능성이 크다. 2월 23일 옥천사(玉泉寺)에서 투숙한 농민군이 이튿날 일제히 제기해서 말하기를, "고을 일이 이미 바로잡혔고 왕세(王稅)를 내야 할 시기도 박두했으니 빨리 납부하는 것이 백성의 도리다"라며 이어 각각 해산했다고 하는 것[93]도 아마 지도자 중에 사족층이 존재해 이를 유도했을 것으로 추측된다.

이 외에 항쟁에 어느 정도 관여했는지 구체적으로 알 수는 없지만, 혐의를 받는 인물이 더 있었다. 우선 정내명과 정자약을 들 수 있다. 내명은 정광덕(鄭匡惪)의 자이고, 자약은 정수교(鄭守敎)의 자 자약(子約)이 달리 표현된 것으로 보인다. 유계춘과 교리 이명윤이 수곡도회를 계획한 직후, 이명윤이 가이곡리에 갔다가 돌아와서 그곳의 정자약·정내명 등이 이명윤에게 앞장서서 힘을 발휘해 도결 등을 혁파하도록 해달라고 했다고 자랑스럽게 말했다는 것에서 짐작할 수 있듯이 이들도 이 계획에 적극 찬성한 것으로 보인

---

90) 『壬戌錄』晋州按覈使查啓跋辭, "廉先岩段 齋任 雖可往見樵軍 不必效嚬 而脫冠裹巾 混入其中 招雖發明 跡涉可怪是白遣."

91) 『壬戌錄』晋州按覈使查啓跋辭, "沈義仁段 寓居邑中 雖曰訓蒙爲生 作拏當場 便是亂民同黨 詬罵官長 燒殺人命 無不參涉 擧皆指目 而前後所招 一直抵賴."

92) 『晋陽樵變錄』晋州牧三公兄文狀(戶長吏房承發), "悖黨中稍有知覺者 指揮諸漢 卽爲散退 兵使主還營 牧使主則還衙是白乎乃."

93) 『(畫營)錄草』3월 20일 上廟堂錄草, "又一齊發論曰 邑事今旣懲創 王稅迫頭 急急竣納 爲民之道也云 而因爲各散云."

다. 그러나 안핵사는 '다른 사람에게 힘을 발휘하라 권했다'라는 사실이 유계춘의 공초에서 나왔지만, 유계춘이 직접 들은 것이 아니고 정내명 단독의 말도 아니어서 모호하니 이명윤을 문초하기 전까지는 감옥에 그대로 가두어야 한다는 의견을 제시했다.[94] 정자약은 체포를 피해 도망했기 때문에 문초를 받지 않아 문초 죄인 명단에는 들어있지 않다.

정광덕이나 정수교는 가이곡리에 집촌을 이루고 있던 해주정씨 출신이었다. 임란 때 활약을 했던 정문부(鄭文孚)의 후손으로서 임란 이후 그의 동생 정문익(鄭文益)이 조카들과 진주로 들어와 정착했다. 따라서 진주 사족사이에 인정받는 데 시간이 걸려 향안에 입록되는 것도 3대 후손 이후에야 가능했지만, 이 가문은 문과에 정광훈(鄭匡勳), 무과에 정택화(鄭宅和)·정광일(鄭匡一) 등 8명, 생원·진사시에 정량(鄭樑)·정즙(鄭楫)·정상열(鄭相說) 등 9명이 합격하고 있어서[95] 진주에서도 상당한 영향력을 행사할 수 있는 가문으로 자리 잡고 있었다.

문초 전에 도망하여 문초 죄인에 포함되지 않은 자 중에는 정자약 이외에 곽채(郭埰)가 눈에 띈다. 그는 도망자였기 때문에 문초 죄인의 공초에 나타나지 않지만, 이후 잡힌 일부 죄인 중에는 등장한다. 『간정일록』에도 그가 6월 초 단성의 김령과 진영 군방에 갇히게 되었던 사실이 기록되어 있다. 물론 그는 나중에야 잡혔고 위협 때문에 어쩔 수 없이 따랐다는 명목으로 간단한 형만 치르고 석방되었다.[96] 그런데 축곡면에는 사족인 곽씨 가문의 인

---

94) 『壬戌錄』晉州按覈使查啓跋辭, "鄭乃明段 勸他人宣力云者 出於柳繼春援引之招 而旣非繼春之所聽聞也 又非乃明之所獨言云爾 則事之曖昧 若有可原之端是白乎矣 李命允究問之前 莫可全釋 姑爲嚴囚於本州獄爲白乎㫆."

95) 『晉陽續誌』권4, 文科·武科·司馬條의 각 인물 참조.

96) 『晉陽樵變錄』巡營甘結(同 8月 초8日 到付), "按覈啓在逃諸人中 追捕之韓弘洛·劉亐金·鄭順一·朴五福·郭採(埰)·私奴儉東等六人 逃躱之罪 尤所當徵 而脅從罔治 聖人攸訓也 特爲刑放"; 金櫶, 『艱貞日錄』壬戌 6월 6일, "午後抵晉 拘繫鎭營軍房 ○ 與郭士維(埰)韓弘洛同㞐."

물들이 많이 거주하고 있었다. 곽채도 이 가문 출신으로,[97] 모의 단계 등에서 같이 참여하지 않았을까 추측된다.

능성구씨 출신으로 사종 간인 구원희(具元喜)·구준(具濬)도 김령이 진주에 잡혀 왔을 때 같이 갇혀 있으면서 당시의 유명 시문을 초하기도 했던 것으로 보아[98] 그들도 진주농민항쟁에 연루된 것 같지만, 그 혐의 내용은 알 수 없다. 경화사족이던 능성구씨가 진주에 자리 잡게 된 것은 18세기 초 구반(具槃)이 처가인 김해허씨의 세거지인 승산마을로 들어오면서부터다. 능성구씨는 진주의 주요 사족과 결혼 관계를 맺고 있었고, 무과에 급제한 자가 많았으며, 생진과에 합격한 인물들도 있었다. 그리하여 진주 내에서도 당당히 인정받는 사족 가문이었다.[99] 구원희도 무과에 급제했고 후에 선전관, 부사과를 지낸 인물로 나타난다.[100] 이 외에도 참여 인물 중 계보를 추적하지 못해 밝히지 못했지만, 명망 사족 출신들이 더러 존재했으리라 짐작된다.

---

97) 『包山郭氏世譜』에는 郭琛와 같은 항렬 인물의 자는 '士○'라 표현된 것이 많다. 곽채는 以寧의 아들로 나와 있지만 '無攷'라고만 기록되어 있고, 동생인 㙔(자 士農)과 그의 후손들은 계속 기록되고 있다.

98) 金櫶, 『艱貞日錄』 壬戌 7월 3일, "與具先達時克(元喜) 具永源(濬 二友 乃四從間也 而亦橫罹 累日同苦) 共抄當世有名詩文."

99) 원창애, 「승산마을 綾城具氏 문중의 인물과 전개」(『남명학연구』 56, 2017) 참조.

100) 『晉陽續誌』 권4, 武科 具元喜조, 『承政院日記』 고종 4년 6월 25일, 고종 7년 10월 11일조 참조.

4. 진주농민항쟁에서 드러난 사족층과
   일반민의 성향

　　이처럼 양반 사족 가문 출신들도 항쟁에 적극적으로 참여한 자가 많았다. 이들 중에는 몰락양반도 있었지만, 명망 가문의 출신도 상당수 있었다. 반면에 농민항쟁 과정에서 초군에게 공격당해 피해를 입은 양반 사족층도 많았다.

　　농민군이 파손하고 불 지른 집이 126호, 재산·전곡 등을 빼앗긴 가호가 78호였다.[101] 여기에는 영저리 문영진(文永眞)의 집을 비롯하여 아전[특히 포리가(逋吏家)]·경채인(京債人)·접주(接主)의 집도 있었지만, 이 외에 향촌의 사족층으로 경향에 출몰하며 진주 고을에 피해를 입힌 자의 집이 상당수 훼파되었다.[102] 공격당한 자 중에 알려진 인물은 남성동의 성석주(成奭柱), 청강의 진사 최운(崔澐), 마동의 영장 정광일(鄭匡一) 등이었다. 이들은 부유한 양반으로 민생에 해를 입혔다든지 긴급하지 않은 서원 건립에 무절제하게 주민을 동원했다는 이유로 집이 불태워졌다고 한다.[103]

　　『단계일기』에도 계산서원(溪山書院) 건립을 주도한 자의 집을 농민군이 전부 훼파했다고 하면서 청강최씨, 남성동성씨 이외에 소남의 조(趙), 사월의 양 이 씨 등이 거론되고 있다. 그중에서도 청강최씨가 가장 피해가 컸다

---

101) 『晉陽樵變錄』兵使白公三次修啓, "前後邑村間家舍燒毁 幷爲一百二十六戶 財産錢穀等物之
　　見奪見失 爲七十八戶 而較量都數 洽近十萬財是白乎等以."

102) 『(蠱營)錄草』3월 20일 上廟堂錄草, "今番百餘戶毁破中 雖不無橫被 而盖是文家·吏家·逋
　　吏家·京債人·接主家·村班之出沒京鄕 爲弊本郡之家也."

103) 『汾督公彙』上廟堂各處書, "翌曉因向南星洞成班奭柱家 及靑岡崔班澐家(此富民也) 謂以貽
　　害民生 多而打㩁 無所不至云";『壬戌錄』嶺南, "馬洞鄭營將·南星成富人·靑岡崔進士三家
　　幷爲燒毁矣 聞三人 經營不緊院宇 役民無節云耳."

고 한다.[104] 소남 마을은 함안조씨 조종도 후손의 집성촌이었고, 사월의 양이 씨는 성주이씨 · 재령이씨를 지칭한 것 같다. 『유전용하병록책』에 의하면 사월에는 이 씨 양반 가문을 대표하는 이환묵(李煥黙)과 이경모(李敬模)가 기록되어 있는데,[105] 이환묵은 성주이씨이고 이경모는 재령이씨로 덕천서원 원임도 지냈던 인물이기 때문이다.

문제가 된 계산서원은 철종의 장인 김문근(金汶根)의 형인 계산 김수근(溪山 金洙根)을 위해 세운 서원으로, 진주의 남강(南岡)에 세우려 했기 때문에 '남강서원'이라고도 불렀다. 안동인 김진형(金鎭亨)이 안동에서 서원 건립을 시작하자 안동김씨에게 빌붙어서 관직을 얻고자 하는 영남의 많은 호사기가 이를 모방해 자기 고을에 서원을 세우려고 했다. 진주에서도 1861년 위에 언급된 일부 호부(豪富) 세력이 일반 주민에게 강압해서 자금을 모으고 사역을 시키면서 주민의 반발을 산 것 같다.[106] 이런 남강서원 건립 주모자들의 행위에 대해 정규원(鄭奎元)은 통문을 돌려 거세게 비판했다. 진주와는 아무 관련이 없는 김수근을 위한 서원을 진주에 세우는 것은 그들에게 아부하여 이후의 과거나 사로(仕路)을 도모하기 위한 계책이라는 것이다. 그러면서 그는 서원 건립 주모자들의 조상이 남인으로서 기사환국과 신임사화 때 노론 계열의 인사들에 대해 해를 끼친 것을 상기시키면서 지금은 이 입장이

---

104) 金麟燮, 『端磎日記』 壬戌日記 2월 23일, "凡溪山往參者 盡毀其家 靑崗崔 · 南星洞成 · 召南趙 · 沙月兩李 皆不免云"; 2월 24일, "晉邑所聞日急 靑崗尤被其禍."

105) 『儒錢用下幷錄冊』 沙月, "李氏門(煥黙) 6냥 5전, 李氏門(敬模) 1냥, 朴氏門(東弼) 2냥, 河氏門(極明) 2냥, 姜氏門(以燮) 5전."

106) 權秉天, 『幽窩遺稿』 권2, 聞中漫錄, "壬戌二月 晉州民 相聚撤各市 毀各里訓長家 及南岡院主事人家 及平日武斷人家 蓋訓長承阿營本府意 稱修逋排民斂者也 南岡院者 爲國舅金洙根建院也 安東人金鎭亨 始建金院於安東 附金獲官 嶺下好事者 歆慕效之 亦欲建院 蓋附金計也"; 鄭載圭, 『老柏軒集』 권47, 行狀 芝窩鄭公行狀, "辛酉嶺之浮薄輩 以媚寵之計 營建溪山金尙書書院於州之南岡 假威張勢 鳩財役民 一省靡然從之 人莫敢誰何 … 壬戌有負弩之亂 爲營府及胥吏贓害而發 延及閭里 而富豪之與於南岡之議者 亦皆受禍."

완전히 달라진 것인지 되물었다.[107]

　　각 리(소면) 훈장(訓長)의 집도 피해를 입었다. 훈장은 원래 서당에서 글을 가르치는 직책을 의미했다. 그러나 19세기에 들어와서 진주 등에서는 면임(面任) 중의 최고 직책을 지칭하는 것으로 쓰이고 있었고, 면내의 명망 있는 양반이 임명되었다.[108] 이들은 목사 홍병원의 강요에 의해 어쩔 수 없이 도결 결정에 참여했지만,[109] 이런 참여에 대한 보복으로 각 면 훈장의 집이 공격당했다.[110]

　　그런데 여기에서 주목해야 할 것이 있다. 항쟁에 참여한 인물과 농민군의 공격을 받은 인물이 같은 가문에 속하는 경우도 더러 있었다는 점이다. 토호로서 남강서원 건립과 관련해 주민을 괴롭힌 것 때문에 공격당한 성석주와 영장 정광일이 그 예다. 철시론을 처음 제기한 성계주와 함께 성석주는 성여신의 자손으로(〈표 5〉 참조), 금산면 남성동에 거주하고 있었다. 그는 고종 4년 남부 참봉에 임명되기도 한다.[111]

　　정광일도 항쟁 모의에 연루된 정광덕·정수교와 같이 해주정씨 출신이다. 진주지역 내의 일부 사족이 남강서원 건설을 도모하는 것에 대해 통문을 돌려 비난한 정규원도 해주정씨 출신이었다. 『진양속지』에는 정광일

---

107) 鄭奎元, 『芝窩集』 권2, 南岡通文, "窃聞一二財富之人 爲溪山金尙書丈 建院於吾鄕云 … 愚未知溪山公之於吾鄕杖屨之所乎 遺愛之地歟 亦有功德之可論 而山川之偶合者耶 … 乃敢拗此建院之說 欲效金鎭衡李有謙已然之迹 以圖日後科境仕路之計 … 噫彼主事之人 愚亦略聞之矣 爲其祖先者 在己巳禍變也 右睦閔群凶 而文谷公兄弟則斥之 當辛壬義理也 是耆輝諸賊 而夢窩公父子則售之 何嘗有一半分尊奉之意於金氏之家 而發此溪山公建院之議耶."

108) 김준형, 「19세기 전반 軍役充定 과정과 각 계층의 대응: 진주 大谷里 사례를 중심으로」, 『한국사연구』 170, 한국사연구회, 2015, 269~272쪽.

109) 『晉州樵軍作變謄錄』 제6호(柳桂春에 대한 조서), "洪等到任後 始爲收斂是乎乙遣 … 自本官招集鄕民 爛慢相議 又爲差出各面訓長 以都結事作定."

110) 앞의 주 106) 참조.

111) 『承政院日記』 제2713책, 고종 4년 4월 23일조 참조.

이 현감 겸 영장을 지낸 것으로 나오고 그의 부 정택화(鄭宅和)도 무과에 급제하고 영장과 풍천 부사를 지냈는데, 두 사람 모두 가곡(가이곡)에 살았던 것으로 나온다.[112] 그런데 『유전용하병록책』에는 정택화가 마동에 거주하는 것으로 기록된 것으로 보아 정광일도 마동에 거주했던 것으로 추측된다.

〈표 7〉 해주정씨 계보

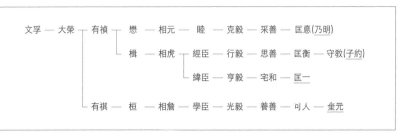

즉, 같은 가문 내에서도 진주 향촌사회 내에서 토호로서 관과 결탁하거나 주민을 괴롭히는 입장에 있던 인물과 향촌 내에서 양심적인 지식인으로서 여러 저항운동을 하거나 이를 지지하는 인물로 갈려 있었던 셈이다. 사회변화 속에서 가문 내의 여러 인물 사이에서도 다른 방향을 선택하고 있었음을 알려준다.

앞에서 언급했듯이 인조반정 이후 남명학파의 침체와 무신난 이후 경남 서부지역이 반역향으로 찍혀 다른 지역 사람들의 경계 대상이 되면서 경남 서부지역 사족의 입지가 좁아지고 침체되어갔다. 이런 추세 속에 '수령-이향 수탈구조'가 형성되어 일반 주민뿐만 아니라 사족층도 침탈이 대상이

---

112) 『晋陽續誌』 권4, 武科條 참조. 『承政院日記』에 의하면, 정광일은 헌종 11년 진해 현감, 철종 2년 安東營將, 철종 6년 雲峰縣監에 임명된다. 철종 9년에는 운봉 현감으로 비리를 저지른 혐의로 형을 받고 유배되기도 한다. 정택화도 순조 33년 洪州營將, 헌종 2년 豊川府使가 된다.

되어갔다. 심지어 조정에서 벼슬을 지낸 당당한 사족조차 환곡과 관련해서 그에게 주어진 특권을 빼앗겼다. 19세기 전반 진주에서 조세 수취로 인해 사족이 당하고 있던 비참한 상황은 유의삼(柳宜三)의 『추체록(推體錄)』에 담긴 다음의 긴 인용문에서도 엿볼 수 있을 것이다.

문득 듣건대 진주 동북쪽에는 죽은 자가 더욱 많았다고 한다. 죽은 자의 전세는 비록 그 친족에게서 걷는다고 해도 걷을 수 없어서 5월에 이르기까지 수행하지 못하다가 6월 초에 목사는 걷는 것을 포기하고 진주를 떠나버렸다. 대신 (진주진) 영장이 납부를 독촉하니 비록 사족이라도 모두 도적을 다스리는 형률로 얽어맸다.

빈민은 비록 집을 수색해도 남은 것이 없어서 부민의 집을 수색하여 그릇과 의복·서책들을 모두 가져갔다. 집을 수색할 때 진영의 장교·군졸·노비들이 안마당에까지 돌입하니, 부녀자들이 놀라서 피했다. 남자들이 혹시라도 그것을 금지시키려 하면, 그들이 비록 사족이라 해도 주황사(朱黃絲)로 묶고 구타했다. 주황사는 진영에서 도적을 잡아 얽어매는 줄이다. (이 때문에) 사족 여러 명이 분을 이기지 못해 음식을 끊고 굶어 죽으려 해도 처자들이 여러 날 권하는 바가 되어 가까스로 죽지 않을 수 있었다고 한다.

무릇 이처럼 수색당한 집들이 어찌 세금을 납부하지 않았겠는가. 세금 납부가 이미 오래되었는데도 수색을 당한 것은 무릇 마을 내의 가난한 집들의 세금 때문이다. 다른 사람의 세금 때문에 몸을 망치고 집이 파산하니, 그들의 마음을 돌아보건대 어떠하겠는가.[113]

---

113) 柳宜三, 『推體錄』 薄賦, "竊聞晉州東北死者尤多 死者之田稅 雖徵族而難捧 至於五月而未畢 六月初牧使棄歸 而營將督納 雖士民 併以治賊之律繩之 貧民則雖搜家而無有 乃搜富民家 盡

이런 현상은 그들이 세금을 내지 않았기 때문이 아니라 가난한 인근 호나 친족이 내지 못한 것을 대신 거두는 인징 · 족징 때문에 나타난 것이다. 인징 · 족징에서조차 사족이 그 피해대상이 되었다. 1806년 우병영 환곡의 폐단을 비변사에 정소했다는 이유로 우병영에서 심하게 곤장을 맞아 거의 절명에 이르렀던 박천건도 진주의 명망 사족 가문 태안박씨 출신이었다.

그는 후에 박지서(朴旨瑞)로 개명하여 이 이름으로 많이 알려져 있다. 그의 6대조 박민(朴敏)은 남명 문인 최영경 · 정인홍 · 정구의 문인으로, 당시 진주지역의 남명 문인 및 재전(再傳) 문인들과 폭넓게 교유하면서 이 지역 사림들의 중망을 받고 있었다. 증조 박태무(朴泰茂)는 경남 서부지역의 사림들뿐만 아니라 좌도의 갈암 이현일, 밀암 이재(密菴 李栽)의 문인들과도 깊은 교제를 하고 있었고, 근기지역의 이익(李瀷)과도 교유하며 진주지역에 상당한 영향력을 행사하고 있었다. 고조 박창윤(朴昌潤)은 수군절도사를 지내기도 했다. 박지서도 근기 남인과 강좌지역 사림들과 교유가 활발했고, 주위 학자들로부터 '강우유종(江右儒宗)' 또는 '남주제일인(南州第一人)'이라 칭해질 정도로 명망이 있었다.[114] 그는 후에 정강서원(鼎崗書院)에 배향되기도 했다. 이런 인물조차 우병사에게는 아무렇게나 다룰 수 있는 한낱 우매한 백성에 지나지 않았던 것 같다.

이와 같이 사족조차 수탈당하는 상황에서 사족층, 특히 몰락해가는 사족층의 불만은 높아져갔다. 즉, 사족이 관의 수탈에 번번이 희생되어가자 그

輸其器皿衣服書冊 搜家之時 鎭營將校軍奴 突入內庭 婦女則奔避 男子或欲禁止 則雖士夫 縛以朱黃絲而毆打 朱黃絲卽鎭營繫賊索也 士夫數人 不勝憤痛 欲飢死絶食 累日爲妻子所勸 僅得不死云 盖此搜家之家 豈不納稅已 稅納之已久 而其所見搜 盖爲村中里中之貧家稅也 爲他人稅 而亡身破家 其心顧何如哉.'

114) 李相弼의「泰安朴氏 門中과 南冥學 繼承樣相」(『南冥學硏究』15, 경상대 남명학연구소, 2003) 과 許捲洙의「訥庵 朴旨瑞의 學問과 江右學派에서의 역할」(같은 책) 참조.

동안 침체되어가던 진주 사족의 내면에 잠겨있던 저항적이고 과격한 남명학파의 성향이 다른 형태로 표출될 가능성이 높아졌다. 진주의 사족층이 진주농민항쟁을 선도해나갈 수 있었던 것도 이 때문이다. 유계춘의 예를 보아도 이를 알 수 있다. 안핵사 박규수는 조정에 올린 보고서에서 유계춘을 다음과 같이 평하고 있다.

유계춘은 본래 일을 벌이기를 좋아하는 자로, 고을 일에 관한 논란을 주도하고 고을의 폐단과 백성의 고통을 빙자하여 남을 속이고 재물과 이익을 취하여 사사로움만 영위했습니다. 향회(鄕會)와 이회(里會)를 소집하는 것을 능사로 삼고 고을이나 감영에 소장을 내는 것을 평생의 사업으로 삼다가 결국은 패악한 백성의 나쁜 습관이 붙어 큰일을 멋대로 벌이게 되었습니다. 앞장서서 통문을 보내 난민을 장시에 모으고, 한글로 된 가사를 몰래 만들어 읍내와 촌락에서 초군들을 선동했으니, 그가 교묘하게 계획하고 저지른 바가 극히 위험하고 매우 패악하지 않은 것이 없습니다. 여러 차례 엄하게 문초해도 끝내 의심을 승복하지 않다가 여섯 번째 문초에서 비로소 실토했으니, 범죄와 화란의 수괴가 그가 아니면 누구이겠습니까. 그가 축곡에 우거한 것이 지금까지 10년밖에 안 되고 원래 토지도 없어서 결환(結還)을 논하는 것이 아무래도 그 자신의 고락과는 관계가 없습니다. 그런즉 반드시 타인이 사주한 혐의가 있는데 오로지 뻗대고 변명하며 끝내 바른대로 고하지 않으니, 그 마음 씀이 매우 모질고 완고합니다.[115]

<hr>

115) 『壬戌錄』晉州按覈使查啓跋辭, "柳繼春段 本以喜事之徒 主張鄕里之論 籍口於邑弊民瘼 營私於騙財取利 鄕會里會 卽其能事 邑訴營訴 作爲生涯 畢竟弊民惡習 弄出大事 挺身發文 會亂類於場市 潛製諺歌 倡樵軍於邑村 其所安排作爲 罔非至險絶悖 屢加嚴問 終不承是白如可 至於六招 始乃吐實 罪魁禍首 非渠伊誰 第其杻谷寓居 不過十年于玆 本無田地 何論結還 都非渠

안핵사는 그를 일을 벌이기를 좋아하는 자로 백성의 고통을 빙자하여 남을 속이고 재물과 이익만 취하는 패악한 자로 평가하고 있다. 그러나 그것은 민란을 일으킨 주모자에 대해 극도의 부정적이고 적대적인 편견을 가지고 평가하는 조정이나 관리의 상투적인 언사로 보는 것이 타당할 것이다.

유계춘은 몰락양반층에 속했다. 그는 문화유씨로 남명 제자 중의 한 사람인 조계(潮溪) 유종지(柳宗智)의 9대손이었다. 유종지는 강직한 성격 때문에 주위 사람들의 질시를 많이 받았다. 1589년 기축옥사(정여립 모반사건)가 일어났을 때, 최영경과 함께 그가 억울하게 연루되어 서울에 끌려가 조사받다가 옥에서 숨을 거두게 된 것도 그를 질시하는 자들의 모함 때문이었다. 그는 1615년(광해군7) 무렵 유종지의 아들 유이영(柳伊榮) 형제의 상언과 경상도 유생들의 연명상소로 신원되었고, 신원된 지 100여 년쯤 지난 1710년대 말에는 대각(大覺)서원에 제향되기도 했다.[116]

이 외에도 남명 문인의 후손으로 항쟁에 참여한 자가 많았다. 위에 언급한 하위보 · 하홍도 · 성여신의 후손 등이 그들이다. 남명학파에 대한 다른 지역 · 당파의 경계 속에 그 학풍이 침체되면서도 과격성, 실천성이 강한 이 학풍의 기질은 내면에 계승되다가 19세기 중반에 와서 다시 한번 발휘되었다고 할 수 있다.

그러나 주목해야 할 점이 있다. 진주농민항쟁보다 두 달 전에 먼저 일어난 단성현의 항쟁에서 시종일관 사족이 전면에 나서서 주도해간 것[117]과 달리 진주는 본격적인 봉기 단계에서도 일부 사족의 참여가 있기는 했지만, 그들의 입장은 약화된 가운데 초군으로 상징되는 일반 서민이 주도해갔고

身甘苦之攸關 則必有他人指嗾之可蘗 而惟事抵賴 終不直招 究厥情節 尤極獰頑是白遣."

116) 김준형, 「〈潮溪實記〉 解題」(『남명학연구』 14, 경상대 남명학연구소, 2002) 참조.

117) 김준형, 『조선후기 丹城 士族層 硏究』, 아세아문화사, 2000, 292~297쪽.

그들의 입장이 강하게 반영되었다는 것이다. 일부 양반 토호들에 대한 공격과 아전들에 대한 과격한 살상이 이를 보여준다.

진주 북쪽에 접해 있는 작은 고을인 단성에서는 아직도 사족의 영향력이 강하게 작용하고 전통적인 질서가 강하게 유지되고 있었다. 이에 비해 진주는 단성보다는 사회변화가 더 진행되어 일반 농민들의 의식이 깨어 있었고, 역량도 강화되어 있었으며, 신흥계층의 성장에서도 진주가 다른 고을에 앞서 있었다.[118] 게다가 박문수가 왕에게 언급했던 것처럼 진주민의 성향은 과격하고 저항적인 성격을 띠고 있었다.[119]

사족층에 의해 촉발된 진주 일반 주민의 분노와 항쟁 의지는 안핵사가 서울에서 내려와 본격적인 조사를 진행하던 시점인 3월 말경에도 사그라지지 않고 있었다. 이 무렵 "진주 주민 수만 명이 다시 모여 성 아래에 진을 치고 있었다"[120]라는 기록에서 이를 알 수 있다. 김령이 임자도에 유배되어 생활하던 중인 다음 해 1월에 곤양에서 온 한 주민이 진주 동면·남면 주민이 방문을 돌려 다시 소요를 일으키려 하자 병사가 각 면 풍헌들을 불러 인심과 민원에 따라 봄에 분급된 것에 대해 매 부(夫: 8결을 지칭) 50냥만 거두겠다고 약속해 주민이 흡족하게 받아들였다는 소식을 전한 것[121]도 이 상황을 알려준다.

진주 주민의 과격성·저항성을 바탕으로 일어난 항쟁은 다른 고을에도 영향을 주어 많은 고을에서 항쟁이 일어났을 뿐만 아니라 이는 지속되는

---

118) 앞의 제2장 2절 내용 참조.

119)『承政院日記』제716책, 英祖 6년 12월 20일, "文秀曰 晉州 … 自古兩班常漢 競以富豪爲能事 故習尙互相摘疵 爭辨爲俗 自古號爲難治."

120)『龍湖閒錄』제13책, 三南民擾錄 上(三月二十九日), "晉州民人 更聚屢萬名 結陣于城下."

121) 金欞,『艱貞日錄』癸亥 正月 16일, "有昆陽絲冶洞居金姓人來見 … 欣然相接 問近邑消息 晉州 東南面人 播牓欲更鬧 則兵使招各面風憲 諭以順人心從民願 只捧春間分給 每伏五十兩 民間 遂恰然妥貼云."

사회변화 속에서 새로운 사회로 나아가려는 움직임의 기반으로도 작용했다. 그러나 항쟁이 고을 차원을 벗어나지 못한 점, 부세 체제에서 문제된 부분의 해결과 주민을 괴롭혔던 일부 아전·상인과 토호들을 응징하는 데서 그쳤던 점 등 한계는 있었다. 또 유교적 이데올로기에 기반을 둔 전통사회를 벗어나서 새로운 사회로의 진전이라는 좀 더 큰 그림을 그리는 데도 한계가 있었다. 이에는 엘리트층인 사족의 인식구조가 유교적 봉건질서를 옹호하는 입장의 인식에 머무르고, 이러한 인식이 일반 서민에게 영향을 주어서 사회변화는 지속되고 있지만 서민의 의식도 아직은 유교적 봉건 질서에서 크게 벗어나는 단계에 이르지는 못한 상황이 반영되어 있다.

VI

구한말 이후
사회변화와
진주지역의
사회운동

1. 구한말 진주지역의 사회운동

한국 역사에서 19세기 중엽은 커다란 변동기였다. 이 시기 조선 사회는 안으로 19세기 초 이후 중세사회 체제가 해체되어가면서 나타난 새로운 변화에 대응해야 했고, 밖으로 서구 자본주의 열강의 문호개방 압력에 대응하지 않으면 안 되었다. 1876년 개항은 조선 사회를 새로운 단계에 들어서게 만든 획기적 사건이었다. 조선 사회는 개항으로 세계 자본주의체제에 편입되었으며, 세계 자본주의체제의 변화가 조선 사회의 전개 과정에 큰 영향을 미치게 되었다. 서구 열강을 비롯하여 일본과 청국은 개항을 계기로 그들의 이익을 차지하기 위해 조선에 정치적·경제적 압력을 가하기 시작했다.

이런 상황을 맞아 당시의 여러 사회 세력은 나름대로의 대응책을 모색하고 있었다. 그들은 개혁의 방향을 둘러싸고 동도서기파, 개화파, 위정척사파, 민중 세력 등으로 다양하게 분화되면서 서로 대립하고 있었다. 동도서기파는 사상과 체제는 현재의 것을 유지하면서 서양의 발달한 문물을 받아들여 당시의 사회체제를 개선해가려 했고, 개화파는 서양 문물은 물론 그 사회체제와 제도까지 수용하면서 조선을 근대화시키려고 노력했으며, 위정척사파는 서양과의 교류를 배척하고 신분제와 전제왕권이 계속 유지되는 중세사회체제를 그대로 지켜가려고 했다. 농민 등 민중 세력은 조선 사회의 기존체제를 극복하고 새로운 사회체제를 만들어가려고 노력했다.

1894년은 그런 대립이 정점에 달한 획기적 시기였다. 농민들은 반외세·반봉건을 기치로 내세우고 동학농민전쟁을 일으켰다. 이 전쟁은 농민들이 중심이 되어 외세의 침략을 배척하고 중세사회체제를 타파하여 자주

석인 근대사회를 이룩하고자 하는 아래로부터의 변혁운동이었다.[1] 동학농민전쟁은 3월의 1차 봉기와 9월의 2차 봉기로 나뉜다. 1차 봉기는 주로 호남지역에서만 영향을 미쳤지만, 2차 봉기는 호남을 넘어 전국적으로 확산된다.

경상도 지역에서는 9월 들어 봉기가 시작되는데, 경남 서부지역도 마찬가지였다. 경남 서부지역에서는 백낙도(白樂道)가 일찍부터 진주 덕산을 근거지로 인근 마을, 그리고 인근 고을로 동학조직을 확산시켜나가고 있었다. 진주진 영장이 이끄는 관군의 덕산 토벌에 의해 동학도들의 위세가 일시적으로 위축된 것처럼 보였지만, 7월에 들어 동학도들의 활동은 다시 활발해졌다. 9월 중순 동학군이 전국적으로 재차 봉기하기 전인 8월 말부터 경상도 지역에서는 동학농민군의 읍내 점거 및 무기 탈취 등의 본격적인 활동이 전개되었다. 진주 등지에서도 이미 9월 1일 이전부터 진주 마동리 등에서 동학도들이 매일 집회를 열며 개혁을 요구하고, 일부 토호와 사찰에 대해 공격하는 등 본격적인 활동을 벌이고 있었다.

9월 1일 하동지역 동학도들이 광양·순천포의 동학군과 함께 하동을 공격해왔고, 이들의 일부는 진주로 들어와 이미 활동하고 있던 진주와 인근 고을의 동학도들과 함께 대집회를 열고 분위기를 고조시켰다. 이와 같이 진주에서 여러 번 대집회가 열려 동학도들의 열기가 고조되고 호남 동학군의 지원이 이루어지면서 남해·사천·고성·곤양·의령·합천 등 인근 다른 고을에서의 동학군들의 활동도 매우 활기를 띠었다. 그러자 9월 말경부터 대구에서 파견된 관군과 일본군에 의한 동학군 토벌이 진행되었고, 하동의 광평동 전투, 곤양의 금오산 전투와 진주의 고승산성 전투에서 동학군은 크

---

1) 이영학, 「총설: 한국근대사의 기점과 제국주의」, 『한국역사입문 3(근대·현대편)』 한국사연구회, 풀빛, 1996, 23-24쪽.

게 패배했다.[2]

　진주를 중심으로 경남 서부지역에서 활발한 활동을 보였던 동학도들은 각 고을 차원에서의 폐정개혁을 요구하고 향리 · 토호 · 사찰 등 일반 민중을 수탈했던 세력들에게 징벌을 가했다. 그리고 '척왜양(斥倭洋)'을 전면적으로 제기하고 개화파에 대해서도 적개심을 분출하고 있었다. 일본군의 동학군 토벌 이후 동학도들의 활동이 점차 위축되어갔지만, 그 잔여 세력들은 이후에도 상당 기간 곳곳에서 활동하고 있었다. 그러다가 그들은 보수유생층이 주도하는 1896년 초의 의병활동에 참여했고, 1900년경까지도 다른 지역과 마찬가지로 '동학당(東學黨)', '영학당(英學黨)'이라는 이름으로 활동하기도 했다.[3]

　이런 동학농민전쟁에 자극을 받아 정부는 농민들의 요구조건을 수용하여 갑오개혁을 단행했다. 그러나 갑오개혁은 위로부터의 근대화를 지향하여 한계가 많았고, 농민전쟁을 빌미로 조선에서 영향력을 확대해가려던 일본의 간섭 때문에 개혁이 왜곡되기도 했다. 한편 러시아가 삼국간섭을 계기로 일본을 견제하면서 조선을 둘러싼 러 · 일 양국의 경쟁이 격화되었다. 이 와중에 1897년 고종은 대한제국을 설립하여 동도서기적 입장에서 개혁정책을 실시해갔고, 개화파들은 독립협회를 만들어 개혁운동을 펴나갔다.

　그러나 대한제국의 개혁운동은 1904년 러일전쟁에서 승리한 일본이 조선에 대한 지배력을 강화해감으로써 좌절되었다. 조선은 1905년 을사늑약을 계기로 일본의 보호국이 되었고, 국권을 상실할 위기에 처하게 되었다.[4]

---

2)　김준형, 「진주 인근에서의 동학군 봉기」, 『진주 농민운동의 역사적 조명』 진주농민항쟁기념사업회 · 경상대경남문화연구원, 역사비평사, 2003, 72-91쪽.

3)　김준형, 위의 글(2003), 93-99쪽.

4)　이영학, 앞의 글(1996), 24-25쪽.

이에 한국인은 '국권회복운동'에 나서게 되었다. 이는 '의병전쟁'과 '계몽운동'으로 구분해서 볼 수 있다.

의병전쟁은 보통 전기 의병(1894~1896), 중기 의병(1904~1907), 후기 의병(1907~1910)의 세 단계로 구분한다. 초기에는 척사파 유생들이 이를 주도하지만, 후기 의병 단계에 오면 양상이 달라진다. 후기 의병은 척사파 유생들의 역할이 무시될 수 있는 성질의 것은 아니지만, 더 광범위한 사회계층을 지지 기반으로 하고 있었을 뿐만 아니라 이념과 성격 면에서도 민중운동으로서의 성격이 강화되어가고 있었다. 특히 해산 군인 및 빈농과 행상 등 평민 출신 의병장이 늘어났다. 일본의 정치 · 경제적 침탈에 대한 위기의식이 사회 저변에 널리 퍼지면서 민중이 의병에 투신하여 의병전쟁을 주도하기에 이른다.[5]

계몽운동은 실력양성을 통한 국권 회복을 지향했다. 계몽운동의 참여주체는 '개화파'로 불리던 문명개화론자들이었지만, '구본신참(舊本新參)'을 이념으로 하던 대한제국의 관료층과 유교적 입장에서 출발하여 근대화를 지향하던 사람들, 즉 동도서기파도 포함되어 있었다. 이들은 신문과 잡지를 통한 언론계몽운동, 국학과 국사를 연구하여 애국심을 고양하려는 국학운동, 학교설립운동, 민족산업진흥운동, 국채보상운동, 민족종교운동 등 다양한 운동을 전개했다.[6]

진주에서도 일제의 침략에 대응하여 의병투쟁과 계몽운동이 전개된다. 1895년 을미사변이 일어나고 단발령이 공포되자, 진주에서도 다른 지역과 마찬가지로 의병이 봉기했다. 안의에 거주하던 노응규(盧應奎) 등의

---

5) 이상찬, 「계몽운동과 의병전쟁」, 『새로운 한국사의 길잡이』, 한국사연구회 편, 지식산업사, 2008, 110-111쪽.

6) 이상찬, 위의 글(2008), 105-106쪽.

세력이 진주로 들어와 정한용(鄭漢鎔) 등 진주의 의병 주도 세력과 합세해 1896년 1월 8일 새벽 진주성을 공격하여 장악했다. 이들은 진주 각 면·리에 전령을 보내 두 가구당 한 명의 병사를 내도록 독촉했고, 관내 창고의 무기를 탈취했다. 외부에서도 지원자들이 계속 모여들어 1월 말경에는 의병이 3천 명 내외에 이르렀다. 이들은 인근 고을의 사림·이서들에게도 통문을 띄워 고을 단위로 의병을 조직해 각 고을을 적으로부터 방어하고 진주를 중심으로 서로 연대할 것을 호소했다.

이들은 대구로 달아났던 경무관 김세진(金世鎭)이 군사 100명을 이끌고 의령군에 쳐들어오자, 의병을 파견하여 그들을 격퇴했다. 더 나아가 일본인이 밀집해 살고 일본 공관과 군대가 있는 부산을 공격하기 위해 김해에 진출해서 일본군과 전투를 벌였지만, 일부 사상자를 내면서 패퇴했다. 이후 2월 말경 정부가 경병(京兵)을 파견하여 토벌하기 시작하면서 진주 의병은 일시에 흩어졌다.[7]

그 이후 1905년 을사늑약을 계기로 전국적으로 의병투쟁이 재개되었지만, 진주를 비롯한 경남 서부지역에서는 별다른 의병활동이 없었다. 1907년 8월 군대해산에 즈음해서야 경남 서부지역에서도 진주 진위대(鎭衛隊)가 봉기를 시도하지만, 진해만에서 파견된 일본군의 진압으로 봉기는 무산되었다.[8] 그러나 일부 진위대 출신들은 여러 곳으로 흩어져 의병활동에 참여하여 지속적인 저항을 했다. 게다가 전라도 의병들이 경남 서부지역까지 활동영역을 넓히면서 이곳의 여러 지역에서 의병활동이 전개된다. 이때

---

7) 김준형, 「진주지역 3.1운동의 배경」, 『진주 3.1운동과 근대사회 발전』, 북코리아, 2020, 71-72쪽.

8) 『統監府文書』 4권, 5. 電受 一·二·三 (127) 若澤 支隊의 폭도 진압 결과 및 晋州·咸興鎭衛隊 해산 件 보고(往電第23號, 明治 40년 8월 27일); 『統監府文書』 4권, 5. 電受 一·二·三 (141) 順興·豊基 지방의 폭도 격퇴 및 槐山討伐隊 파견 件(往電第32號 明治 40년 8월 31일).

는 보수유림들이 주도하는 경우도 일부 있기는 했지만, 동학의 일부 잔여
세력이나 군인 출신 등 다양한 세력이 참여하고 주도해가는 모습을 보이고
있었다.

이 시기 경남지역에서 의병투쟁의 선구적 역할을 한 대표적 인물은 김
동신(金東臣)과 고광순(高光洵)이었다. 10월 초에 두 사람은 모두 경남 지리산
으로 거점을 옮겨 지형을 이용한 방어시설을 구축하고, 애국심이 강한 포수
들과 진주에서 강제 해산된 진위대 군인들을 끌어들여 역량을 강화했다. 김
동신이 체포된 뒤에도 그의 비장이던 부하들은 계속 각지에서 소부대 중심
의 유격전술로 반일 의병투쟁을 전개했다. 이들은 적과 정면으로 대결하는
것을 피하고, 각 지방의 분파소·경무분소를 기습공격하거나 일제의 앞잡
이 역할을 하는 우편체송인·공전영수원·면장·일진회원 등과 지역 내에
거주하는 일본인을 기습적으로 공격하는 활동을 벌였다.[9]

이와 함께 진주에서는 계몽운동도 전개되고 있었다. 사회가 급변하고
일제의 침략이 노골화되는 상황 속에서 일부 유림은 개화를 어느 정도 받아
들이면서 계몽운동을 주도해 우리 사회의 자강력을 키우려 노력하고 있었
다. 1905년 3월 중순 진주에서 일진회의 지회활동이 전개되자 일부 유림이
창의회(倡義會)를 조직해 전국에 일진회를 배척하는 통문을 돌리는 움직임이
있었고, 을사늑약이 체결된 직후인 12월 초에는 동아개진교육회(東亞改進教
育會) 진주지회가 결성되어 일제에 저항하는 움직임도 있었다. 이들은 보수
유림이거나 관료를 지낸 인물들이 많았지만, 이들 중 일부는 서서히 개화를
받아들이는 쪽으로 기울고 있었다. 1907년 2월 대구를 시작으로 전국에 걸
쳐 국채보상운동이 전개되었는데, 진주에서도 3월 들어 국채보상운동이 전

---

9)　홍순권, 「한말 경남 서부지역의 의병활동」, 『지역사회연구』 5, 한국지역사회학회, 1996, 99-
　　107쪽.

개되었다. 이 운동에는 일반 서민, 특히 상인층이나 예수교도뿐만 아니라 기생 및 일반 여성, 아동도 참여하고 있었다.[10]

1908년에는 대한협회 진주지회가 결성되어 이를 중심으로 한 계몽운동이 전개되었다. 진주지회는 직접 학교를 설립하고 운영하거나 연설회와 신문·잡지를 통해 교육열을 계도했다. 교육계몽운동의 연장선상에서 진주지회는 관내 주민을 대상으로 법률지식 보급에 나섰고, 강연회와 토론회도 꾸준히 개최했다. 또 주민의 재산권 보호와 폐정개혁의 하나로 조세저항운동을 적극적으로 전개했다.[11] 1909년에는 '경남일보'가 창간되어 실업 장려와 민지개발에 관심을 두고 국민계몽에 앞장섰다. 진주에서는 신식교육운동에도 역점이 두어진다. 진주는 경상남도 관찰부 소재지였기 때문에 이미 1896년부터 공립소학교가 설립되고 1910년에는 상급학교인 실업학교가 창설되었지만, 이와 함께 지역 유지들에 의해 사립학교 설립운동도 전개된다. 1905년 8월 진명(晉明)학교 설립운동이 전개되었고, 1909년 이후에는 사립학교의 설립운동이 본격화되어 많은 학교가 세워지고 여성교육을 위한 시설도 세워진다.[12]

이처럼 1905년 이후 사회가 급속하게 변화하고 일본의 침략이 노골화되는 과정에서 개명 유림 등 지역 엘리트들이 계몽운동을 주도해가기 시작하고, 또 이런 운동에 상인층이나 예수교도, 기생, 일반 여성, 아동 등 일반 서민도 참여하면서 계몽운동의 기반이 확대되고 있었다. 이 중 특히 보부상을 비롯한 상인층의 참여가 주목된다. 또한 외지 출신 인사들의 활동도 주

---

10) 김준형, 위의 글(2020), 78-85쪽.

11) 김희주, 「대한협회 진주지회의 결성과 활동」, 『역사와 교육』 21, 동국대 역사교과서연구소, 2015, 521-530쪽.

12) 김준형, 앞의 글(2020), 87-94쪽.

목된다. 진주에 개신교를 전파한 호주의 장로교회 선교사들도 의료활동과
선교 · 교육활동에 관심을 쏟았다. 이런 개신교의 활동은 교육 기회의 확대,
평등사상의 전파, 주민들의 사회참여 등 여러 측면에서 진주의 새로운 변화
에 기여했다.[13]

2. 일제강점기 사회운동

전국적인 의병투쟁과 계몽운동을 통한 저항에도 우리나라는 1910년
일제에 강제병합되고 강점기에 들어가게 된다. 일제의 강력한 통제와 탄압
으로 국내에서는 무장투쟁 등 적극적 독립운동은 불가능하게 되었다. 이에
따라 의병투쟁은 점차 약화되어갔고, 사회의 변화 추세에 따라 보수 세력의
입지도 축소되어갔다. 경남 서부지역 다수의 보수 유림이 사회변화와 일본
침략에 대해 분개하면서도 '폐문자정(閉門自靖)'의 입장을 취하고 있었다. 경
남 서부지역 유림에게 지대한 영향을 미치고 있던 면우 곽종석(俛宇 郭鍾錫)
의 '폐문자정'의 주장이 많이 작용하고 있었기 때문이다.[14]

일제의 엄혹한 통제체제 하에서도 그나마 가능했던 것은 종교 · 교육
활동을 통한 민족운동이었다. 기존 계몽운동 계열의 사회운동이 지속되면
서 운동의 장이 서울 중심에서 지방으로 확대되었고, 운동의 참여계층도 확

---

13) 김준형, 위의 글(2020), 130쪽.
14) 김준형, 위의 글(2020), 75쪽.

대되었다. 시민적 중산층을 포함한 농민·노동자층의 참여로 운동의 폭과 역량을 대폭 확대시켜나갔다. 여기에 기왕의 합법적인 조직을 갖추고 있던 천도교·기독교·불교 등 종교집단이 민족운동에 가세하기도 했다. 이런 상황에서 1919년 고종이 서거한 것을 계기로 서울에서 만세운동이 전개되고, 이 만세운동은 전국적으로 확산되어간다.[15] 3.1운동은 식민통치 세력인 일본에 대한 민족적 저항이라는 측면 이외에 근대사회 건설을 위한 여러 사회변혁운동 세력이 총결집된 양상을 보였다는 점에서 의의가 있다.[16]

진주지역에서는 다른 지역보다 약간 늦은 3월 18일에야 만세시위가 일어났지만, 읍내 도회지뿐만 아니라 여러 날에 걸쳐 주위 농촌 지역으로도 만세시위가 확산되어갔다. 정촌면에서는 3월 18일 수천 명이 새벼리 석류공원을 넘어 칠암동 남강변으로 진출하여 경찰과 충돌했고, 금산면에서는 3월 20일 인근 3개 면민 3천여 명이 시위했다. 이 외에 미천·문산·반성·수곡면 등에서도 만세운동이 일어났다.[17] 천민 신분에 해당하는 기생들이 시위를 벌였고, 상인들도 가게 문을 닫고 철시했으며, 학생들이 시위를 주도했다.[18]

진주지역 3.1운동은 각계각층 주민의 적극적인 참여 이외에 지도자들의 주도면밀한 계획도 돋보인다. 진주의 3.1운동은 20대 후반부터 30대 초반에 이르는 청장년이 주도했다. 그들은 대서인·미곡상·광산업·잡화상·교사 등 지역의 유력자나 지주들이 많았고, 신식교육을 받은 사람들이

---

15)　尹慶老, 「총설: 식민지시대의 사회성격과 민족운동」, 『한국역사입문 3(근대·현대편)』, 한국사연구회, 풀빛, 1996, 297-298쪽.

16)　이준식, 「3.1운동의 역사적 의미」, 『진주 3.1운동과 근대사회 발전』, 북코리아, 2020, 10-11쪽.

17)　秋慶和, 『晉州抗日運動史』, 晉州文化院, 2008, 62-63쪽.

18)　김중섭, 『사회운동의 시대: 일제침략기 지역 공동체의 역사 사회학』, 북코리아, 2012, 54-56쪽.

많았다. 기독교 관련자들이 만세시위에 앞장선 것도 특기할 만하다.[19]

전국적으로 전개된 3.1운동이 추구하던 독립의 여망은 바로 실현되지 못했지만, 이를 계기로 구한말 이래 전개되어온 여러 갈래의 사회운동 흐름을 하나의 물줄기로 만들어 다시 새로운 차원의 운동을 가능하게 만들었고, 청년·농민·노동자·여성 등 새로운 근대적 운동주체가 본격적으로 등장하는 계기가 되었다. 또한 3.1운동 이후 사회운동은 운동의 토대와 지향에 따라 다양한 분화양상을 보이기 시작했다.

3.1운동 이후 1920년대 사회운동은 개조론과 실력양성론에 입각한 신문화 건설론, 그리고 사회주의 혁명이념을 사상적 기반으로 한다. 전자는 문명화·근대화를 지향한 문화운동으로 진행되었다. '신문화 근대사회'를 지향한 문화운동은 실력양성론에 바탕을 둔 개량적이고 점진적인 성격을 띠고 있었고, 문화의 향상이라는 목표를 위해 어느 정도 일제와의 타협도 가능하다는 입장이었다. 후자는 민족과 계급의 해방을 목표로 하는 변혁운동으로 전개되었다. 이 운동은 전자의 문화운동에 대한 실망과 노동자·농민층이 처한 열악한 현실, 일제강점 하에서의 민족·계급모순 등이 중첩되면서 운동의 대체이념으로 수용되었다. 사회주의 이념은 문화운동을 넘어서 민족의 독립과 계급 해방에 대한 대안을 제시하며 일제강점기 조선의 희망으로 떠올랐다.[20]

진주지역의 1920년대 사회운동도 양자의 영역에서 유지·신지식인·종교인·활동가들에 의해 추진되었다. 운동 부문도 청년·농민·노동자·여성·백정·소년 등 여러 부문에 걸쳐 다양했다.

---

19) 김중섭, 위의 책(2012), 59-60쪽.
20) 김희주, 「진주 3.1운동과 지역사회운동: 청년·농민·노동운동을 중심으로」, 『진주 3.1운동과 근대사회 발전』, 북코리아, 2020, 174-184쪽.

진주에서 1920년대 사회운동이 급속하게 발전한 바탕에는 청년회 회원들을 중심으로 한 기폭집단이 중요한 역할을 수행했다. 진주청년구락부, 진주청년회, 광진(光晉)체육회, 진주체육회 등 여러 단체가 1920년 7월 '진주청년회'라는 이름으로 통합되면서 3.1운동에서 검거되지 않았던 지역 활동가들의 구심점이 되었다. 그러나 시대 상황의 흐름에 따라 청년회의 위상이나 활동 성격도 바뀌어갔다. 이런 변화는 임원진 구성에도 반영되었다. 특히 1920년 4월 특사령에 의해 형기가 단축된 많은 3.1운동 관련자들이 출감하여 이에 합류하면서 그런 변화가 많이 나타난다.[21]

청년운동은 문화운동에서 출발하여 사회주의 수용 후 운동의 질적인 전환이 이루어졌다. 일시적으로 침체의 양상을 보인 적은 있으나, 비교적 세대 · 계층 간의 알력 없이 중앙의 정세와 지역 현안에 따라 조직을 변천시키며 활동했다. 전기에는 진주청년회, 후기에는 진주청년동맹이 중심이었다. 청년운동은 인물과 방향, 노선 모든 면에서 1920년대 진주지역 여러 사회운동을 선도했다. 진주청년회 간부들은 진주노동공제회(이하 진주노공)와 사상단체에서 중복 활동하며 지역의 농민 · 노동자들의 계급의식을 고양시키는 데 주요한 역할을 했다.

1922년 2월 19일 결성된 진주노공은 일제하 진주지역 최초의 농민 · 노동자 운동단체다. 진주청년회에 결집했던 활동가들이 세력을 확장하여 가장 오랜 기간 몸담았던 조직이기도 하다. 진주노공은 노동과 농민운동이 분리되지 않았던 당시 상황에서 초기 진주지역의 양 운동을 주도했다.[22] 이처럼 청년회는 한동안 진주지역 사회운동의 인적 자원을 공급하는 주요 원

---

21) 김중섭, 「일제하 3.1운동과 지역사회운동의 발전: 진주지역을 중심으로」, 『한국사회학』 30, 한국사회학회, 1996, 373쪽.

22) 김희주, 앞의 글(2020), 188-193쪽.

천이었으며, 그들 사이의 긴밀한 의사소통망은 사회운동 단체 사이의 연대와 협력에 효과적으로 작용했다.[23]

　진주의 농민운동은 초기에는 진주노공이 주도했다. 1922년 2월 진주노공이 결성된 후, 진주노공의 활동방향과 사업의 중점은 초창기부터 회원과 미조직 소작인의 의식화를 목적으로 한 야학·강습회 개최 등의 계몽활동보다 소작관행 조사와 소작쟁의 지원 및 지도 등에 두어졌다. 진주노공은 1922년 9월 4일에 열린 소작노동자대회의 개최를 계기로 하여 조직적으로 확장·발전했다. 소작노동자대회는 9월 4일 비봉동 진주청년회관에서 소작인 등 회원 약 1천여 명이 참가한 가운데 개최되었다. 먼저 "소작의 유래", "노동자의 5대 문제", "소작인은 단결하라" 등 농민의 각성을 촉구하고 소작투쟁의 단결을 강조하는 강연이 있었다. 이어서 각 면의 대표자가 그간에 조사한 각 면의 소작상황과 지주의 횡포에 대해 장시간 보고하고, 이를 토대로 소작조건을 개선하는 내용의 8개 사항을 결의했으며, 실행기구로 임시소작부를 설치하고 실행위원 20명을 두기로 결정했다. 노동공제회 만세 삼창으로 대회를 마친 후 회원들은 행렬을 지어 시가를 시위행진했다.[24]

　이처럼 1920년대 중반까지 농민운동은 진주노공이 주도한 대지주(對地主) 투쟁, 즉 소작운동이 주된 흐름이었다. 이후 1925년 말부터 진주에서는 소작인조합이 농민조합으로 개편되기 시작했다. 종래 소작인조합이 빈농·소작농 중심이라면 농민조합은 중농·자작농 등 일반농민까지 포괄한 조직으로서 대중성이 강화되었다. 그러나 진주노공 및 산하 농민조합은 1925~1927년 동안 제대로 활동하지 못했다. 그 이유는 진주노공의 핵심 간

---

23)　김중섭, 앞의 책(1996), 373-374쪽.

24)　오미일, 「1920년대 진주지역 농민운동」, 『진주 농민운동의 역사적 조명』, 진주농민항쟁기념사업회·경상대경남문화연구원, 역사비평사, 2003, 106-108쪽.

부 및 활동가들이 주요 사건에 연루되어 일제경찰에 수차례 검속되거나 체포되었기 때문이다.[25]

이에 따라 지역 활동가들은 진주노공을 해체하고 1928년 2월 20일 진주농민조합을 결성했지만, 운동 내용과 성격이 변한 것은 아니었다. 수리조합 반대나 곡물검사제 반대운동 등 일제강점기 농정에 대한 저항운동으로 발전하지 못한 것이다. 합법적 대회임에도 참여 회원이 100여 명 안팎이었을 만큼 대중적 기반이 취약했고, 명망가 중심으로 활동이 전개되었기 때문이다.[26]

진주지역에서도 다른 지역과 마찬가지로 노동운동이 전개되었다. 1923년 자유노동조합이 조직되고 최초의 직업별 노동조합(진주양화직공조합)이 탄생하면서 근대노동운동이 궤도에 오르게 된다. 이후 1930년대 초반까지 운수노동자·와공·정미직공 등 직업별 숙련노동자에 의한 파업투쟁이 연발했다. 1927년 결성된 진주인쇄공조합이 1931년 진주출판노조로 재편되어 지역 최초의 산업별 노조가 출범했다. 대략 이 시점부터 노동운동에 대한 경찰의 탄압이 노골화된다. 1932년의 이른바 조선공산주의자 진주지방협의회사건은 노동운동을 포함한 진주지역 사회운동의 대미를 장식한 거사였다. 40여 명이 검거된 이 사건의 여파로 노농운동의 본산이던 진주출판노조와 진주농민조합이 강제 해산되었다.[27]

이 외에 진주에서는 형평운동, 소년운동이 전개되어 이 운동이 전국적으로 확산되는 계기를 제공했고, 여성운동도 활발하게 전개되었다.

1923년 4월 24일 백정 70여 명이 진주 시내 대안동에 모여 형평사(衡平

---

25) 오미일, 위의 글(2003), 117쪽.

26) 김희주, 앞의 글(2020), 196-199쪽.

27) 김희주, 앞의 글(2020), 202-212쪽.

社) 기성회를 열었다. 그들의 목적은 백정에 대한 차별이 없는 평등한 사회를 건설하는 것이었다. 기성회가 열린 다음날 곧바로 형평사 발기총회가 열렸다. 이 발기총회는 형평운동의 기틀을 잡는 중요한 회의였다. 형평사의 취지를 전국에 알려 동지를 구하기로 하고 이를 위해 선전대를 둘로 편성하여 4월 29일부터 경남의 여러 곳에 보내기로 했다. 또 인쇄물을 배포하여 취지를 선전하고, 아울러 취지를 신문에 게재하여 전국에 널리 알리기로 했다. 형평사는 때에 따라 공식 명칭이 바뀌기는 했어도 백정해방운동단체를 가리키는 대명사가 되었으며, '형평'은 그들이 지향하는 세계의 상징어가 되었다. 형평운동은 1935년 4월 24일 제13차 형평사 전국 대회에서 단체이름을 '대동사(大同社)'로 바꾸면서 원래의 성격을 상실할 때까지 13년 동안 지속되었다.[28]

진주는 함경남도의 안변과 함께 1920년부터 소년회를 조직하는 등 어린이운동을 주창하고 나선 요람지였다. 특히 진주소년회의 조직과 활동은 어린이에 대한 사회적 인식을 크게 변화시켰다. 이는 소년운동을 알리는 동시에 전국적으로 확산시키는 데 촉매제 역할을 했다. 이 단체가 주목을 받은 이유는 1921년 3월 '제2의 만세운동'과 밀접한 연관성을 지닌다. 진주 봉래초등학교 3학년 강민호 등 8명은 체포되어 실형을 받았다. 이는 진주가 암울한 일제강점기 소년운동 발상지임을 보여준다.[29]

구한말 이후 고조된 여성교육운동에 힘입어 진주에서도 여성단체와 여자교육회를 조직해나가게 된다. 1925년 11월 13일 진주청년연맹 임시총회에서는 진주지역의 여성해방운동을 촉진할 것을 결의했다. 이에 따라 진

---

28) 김중섭, 「신분사회 해체와 형평운동」, 『사회운동의 시대: 일제 침략기 지역 공동체의 역사사회학』, 북코리아, 2012, 217-219쪽.

29) 김형목, 「진주지역 3.1운동과 사회적 약자: 어린이, 여성을 중심으로」, 『진주 3.1운동과 근대사회 발전』, 북코리아, 2020, 238-239쪽.

주여자청년회가 1925년 12월 8일 조직되었다. 이 단체의 발족은 진주지역 청년운동에 힘입은 바 컸다. 진주여자청년회는 박덕실·성석순·한진주·박정순·탁봉금 등을 주축으로 활동했다. 이후 1928년 4월 7일 이 조직은 근우회 진주지회로 이어나갔다.

하지만 여성 활동가들의 의지와 달리 여성운동은 크게 진전되지 않았다. 지역적인 보수성은 여성들의 활동을 방해하는 주요한 장애물 중 하나였다. 민족유일당의 하나로 조직된 근우회 진주지회가 기생들의 참여를 제한한 사실은 이와 관련하여 시사하는 바 크다. 이는 잔존한 인습과 무관하지 않다.[30]

3. 진주지역 사회운동의 특징과 그 배경

이처럼 구한말, 일제강점기 진주지역에서는 여러 부문의 사회운동이 전개되어왔는데, 여기에는 다른 지방의 사회운동과는 차이 나는 몇 가지 특징이 있다. 우선 들 수 있는 것이 사회운동의 '선진성'이다. 지방에서 전개되는 대부분의 사회운동은 서울, 즉 중앙의 활동이나 전국적 추세에 영향을 받는 형태를 띠고 있었다. 일제강점기 진주의 사회운동도 전체적으로는 이에서 벗어나는 것은 아니었지만, 농민운동·형평운동·소년운동 등 일부 운동 부문에서는 전국을 선도하는 모습을 보인다. 즉 진주지역의 주민이 주

---

30) 김형목, 위의 글(2020), 247-249쪽.

체적이고 독창적으로 활동을 전개하면서 이것이 다른 지역으로 영향을 미쳐 전국화되는 사례가 적지 않았다는 것이다.

1922년 9월 4일 진주노공이 주도해서 개최한 소작노동자대회나 1923년 진주 명석면에서 전개된 '공동경작' 투쟁이 그 중요한 사례다. 이 소작인대회에는 군내 각 면에서 1천여 명이 대표자로 참석하여 군내에서 가장 긴요한 문제인 대지주(對地主) 요구사항을 통일했다. 그리고 진주노공 내에 임시소작부를 설치하고 20명의 실행위원을 배치하여 농민의 대지주 투쟁을 직접적으로 지도·조직했다. 이 소작인대회는 전국 각지의 농민들을 조직으로 결속시키는 신호탄이 되었을 뿐만 아니라 각지에 존재하고 있던 소작인조합의 대지주 활동을 적극화하는 계기가 되었다.[31] 또 1923년 진주 명석면의 소작농 150여 명이 지주의 소작지 박탈을 거부하면서 소작지를 공동경작하는 싸움을 벌였는데, 이것이 발단이 되어 '공동경작동맹'이 삼남지방의 일반적인 투쟁형태로 확산되어갔다.[32]

이 외에도 앞에서 언급했듯이 1920년 진주에서 전국 최초의 소년운동 단체가 결성되어 소년운동이 전국으로 확산되는 계기를 제공한 것이나, 1923년 4월 백정집단의 신분해방과 인간평등을 강조하는 형평사를 조직한 뒤 전국적인 형평운동으로 확산시킨 것 등은 진주 사회운동의 선진성을 잘 보여준다.

진주지역 사회운동의 선진성은 이 시기에만 나타난 것이 아니라 이미 이전부터 나타나고 있었다. 1862년 전국 여러 고을에서 전개되어 당시 봉건사회와 중앙 정부에 큰 충격을 주었던 농민항쟁은 진주에서 일어난 농민항쟁의 발단이 되었다. 또 1894년 동학농민전쟁은 호남에서 먼저 일어났지만,

---

31) 淺田喬二, 「식민지 한국에서의 농민조직의 발전상황」, 『抗日農民運動研究』, 동녘, 1984, 12쪽.

32) 淺田喬二, 「抗日農民運動의 일반적 전개과정」, 『抗日農民運動研究』, 동녘, 1984, 35쪽.

경남 서부지역에서도 어느 정도 분위기가 조성되어 있어서 2차 봉기 때는 이 지역이 동학군 봉기의 시발지가 된다. 그중에서도 진주는 덕산을 중심으로 동학조직을 다른 고을로 확산시켜나가는 중심지 역할을 했기 때문에 일본군의 선제적 공격 대상이 되었다.

다음으로 들 수 있는 것은 일제강점기 진주의 여러 사회운동에서 '지역 엘리트의 역할이 돋보인다'는 것이다. 지역 엘리트의 역할은 다른 지역에서도 나타나지만, 진주에서 더 두드러진 현상을 보인다. 다른 말로 하면 진주에서는 사회운동의 하향식 조직화 성향이 강하다는 것으로, 농민운동 부문에서 특히 이런 성향이 잘 드러난다. 진주지역 농민운동의 조직경로는 군의 중심에 진주노공 본부를 먼저 설치하고, 이후 조직원을 각 면에 파견하여 출장소를 조직하는 하향식의 형태를 취했다. 면이나 군 단위로 소작인회나 소작인조합이 먼저 조직되고, 이것이 군 단위의 연합회로 발전해나간 순천·광양·여수지역 등의 상향식 조직발전 경로와는 다른 조직형태였다.[33] 이것은 진주지역에서 지식인이나 활동가들이 대중운동의 구심점으로 결집하여 중요한 역할을 한 양상이 두드러졌음을 보여주는 것이다.

그것은 1925년 이후 진주노공 간부 및 활동가들에 대한 일제경찰의 잦은 검속과 체포로 진주노공의 활동이 침체되면서 소작인과 지주의 관계가 지주 일방으로 전도되어 소작조건이 대개 지주 측 요구대로 관철되었고, 소작쟁의 자체도 부진하거나 사회문제화되지 못한 데서도 알 수 있다.[34] 이런 성향은 다른 사회운동 부문에서도 어느 정도 나타나는 현상이라고 할 수 있다.

진주에서는 일제강점기의 사회운동뿐만 아니라 구한말 이후의 계몽운

---

33) 오미일, 앞의 글(2003), 109쪽.
34) 오미일, 위의 글(2003), 131-132쪽.

동에서도 마찬가지로 이 지역 엘리트층의 역할이 중요한 영향을 미쳤다. 구한말 계몽운동을 주도했던 진주지역의 유지층은 대한제국기에 새로 형성된 지방 엘리트 세력으로, '유지신사(有志紳士)'로 불리기도 했다. 그들은 지주·자산가·관공리 등 다양한 출신으로 구성되어 있으며, 부인회 조직화, 국채보상운동, 대한협회 진주지회 활동, 경남일보 창간·운영, 신식교육운동 등을 주도했다.[35] 3.1운동 때나 그 이후의 사회운동에서도 이때 일어난 교육운동, 계몽운동, 종교활동 등의 역사적 경험을 바탕으로 이들과 이들의 자제들이 운동을 주도했다.

이들은 지역 여론을 주도하면서 기존의 의사소통망을 효율적으로 활용했다. 3.1운동 때 매일신보가 진주 소요 범인에 재산가가 다수라고 보도한 것에서 알 수 있듯이 이들은 대부분 대농 지주들이거나 그 자제들로, 신식학교의 근대적 교육을 받은 자들이었다.[36] 이들은 광림학교·봉양학교 등 신식학교 출신이거나, 부산이나 경성에서 유학한 자도 있었다. 이들은 신문물에 밝았고 세계정세와 현실에 대해 어느 정도 인지하고 있었다. 특히 이들은 민족의식이나 근대 지향적 열망이 고양되어 있었다.[37]

지역 엘리트의 역할은 다른 지역의 사회운동에서도 마찬가지로 어느 정도 나타나고 있었을 것이지만, 진주가 유독 돋보이는 것은 남명학파의 저항적 전통의 계승이라는 진주 나름의 역사적 조건이 있었기 때문일 것이다. 앞에서 언급했듯이 조선 시대에 존재했던 여러 학파 중 남명학파는 가장 과격하고 저항적·실천적인 성향을 보이고 있었다. 인조반정 이후 이 학파는

---

35) 김희주, 앞의 글(2020), 179-180쪽; 김준형, 앞의 글(2020)도 참조.

36) 김중섭, 앞의 책(1996), 366쪽. 이 글에 의하면 『매일신보』에 3.1운동 피고인 가운데에는 재산 1만 원 이상이 6명, 8천 원, 5천 원 수준이 많고, 순사보 다닌 자 3명, 학교 교사 2명, 대서인도 있고 동경 모 대학 출신도 있다고 보도했다 한다.

37) 오미일, 앞의 글(2003), 121-122쪽.

이단시되고 여러 세력으로부터 경계의 대상이 되었고, 또 무신난 이후 이 학파의 근거지인 진주를 중심으로 한 경남 서부지역은 반역향으로 찍히고 있었다. 따라서 이 지역 엘리트층이라 할 수 있는 사족의 불만은 고조되고 더 저항적인 성격을 띠게 된다. 이 사족의 기존 사회에 대한 저항성은 어떤 기회가 마련되면, 어느 지역보다 먼저 새로운 사회운동을 주도할 조건을 갖추고 있었다. 그래서 1862년 진주농민항쟁에서도 앞에서 언급했던 것처럼 사족의 주도적 역할이 있었다.

다음으로 들 수 있는 것은 진주지역 '일반 민중의 사회운동에 대한 적극성'이다. 어느 지역사회에서나 사회운동은 그 지역의 엘리트가 선도적 역할을 해온 것이 일반적인 현상이다. 그러나 사회변화와 발전에 따라 새로운 산업의 발전도 이루어져 계층구성이 다양화되고 일반 민중의 의식도 변화하고 역량도 강화된다. 이에 따라 사회운동의 주도권이 서서히 농민·노동자·여성 등 일반 민중으로 넘어가기 시작하고 운동의 모습도 다양화된다. 반면에 엘리트 역할은 완전히 소멸되는 것은 아니지만, 점차 약화되어가는 것이 필연적이다.

앞에서 언급했듯이 진주는 엘리트나 명망가들의 활동이 두드러진다. 그러나 이들만이 지역사회 운동의 발전에 영향을 미치는 주요 요인은 아니었다. 명망가의 활동이 다른 지역에 비해 두드러졌을 뿐 노동자·농민 등 일반 민중이 운동에 소극적이거나 수동적이었던 것은 아니다. 민중이 적극성을 보이지 않는 한 운동의 대중화가 불가능하기 때문이다. 이런 현상은 1862년 진주농민항쟁 과정에서 농민층이 점차 주도권을 행사하고 일부 행위에서 과격한 양상을 드러낸 것에서도 잘 나타난다.

구한말 계몽운동 단계에서도 진주지역에서는 새로운 사회변화가 급속화되고 일제의 침략이 노골화되는 가운데 상인·농민·여성 등 일반 민중이 여리 저항운동, 계몽운동에 참여하면서 자신의 민족적 · 계층적 입지를 터득해가고 있었다. 이런 경험은 이후 3.1운동이나 1920년대 이후 전개되는 여러 민중운동의 바탕이 되었다.[38] 백정의 신분해방과 평등대우를 주장하는 형평사활동이나 농민 · 노동운동에서 진주노공과 명망가들의 주도적 활동 속에서 사회운동의 직접적인 수혜자인 백정 · 농민 · 노동자가 적극적으로 참여하는 경우가 그것이다. 여기에는 진주 지역사회에 계승되어오던 진주민의 저항성과 과격성이 작용했을 것으로 보인다.

이와 관련하여 또 하나 주목해야 할 것이 진주 기생들의 활동이다. 기생은 앞에서 언급했듯이 전근대 사회에서 가장 차별을 받던 천민 중의 하나다. 이들은 궁궐과 관청에 소속된 관기로서 양반 지배층을 위해 체계적인 교육을 받았다. 각종 춤과 노래, 악기 연주뿐만 아니라 올바른 행동거지, 시가(詩歌)와 서사(書史), 기초적인 학문 등을 익혔다.[39] 진주목 관아에도 관기는 많이 배치되어 있었고, 『진주대관(晉州大觀)』에 다음과 같이 언급되듯이 진주의 기생들은 평양의 기생과 더불어 전국적으로 널리 알려져 있었다.

북에는 평양, 남에는 진주라 하듯이 관기는 예부터 팔도 수계(粹界)에 그 명성을 구가했다. 진주 기생은 이래로 가무에 뛰어나고 기예는 조선 전체에서 제일이라고 일컬어졌고, 정조가 아기자기하게 순박함을 사랑받았다. 옛날 왕궁에서 개최되는 경사스러운 성연(盛宴)에 멀리 불려 나가 출사(出仕)했던 명기도 여럿 있었고, 옥여(玉輿)에 타본 영예의 비화도 고금에 남아 있다.[40]

---

38) 김준형, 앞의 글(2020), 130쪽.

39) 이동근, 「1910년대 '妓生'의 존재양상과 3.1운동」, 『한국민족운동사연구』 74, 2013, 127쪽.

40) 勝田伊助, 『晉州大觀』, 晉州大觀社, 1940, 159-160쪽.

그래서 진주 속어에 "한 숟가락에 파리가 세 마리 붙어있고, 세 걸음 뗄 때마다 기생 한 사람을 만난다[一匙見三蠅이오 三步逢一妓]"라는 말이 있을 만큼 일제강점기에도 진주에는 기생이 많았던 것 같다.[41]

그런데 진주 기생 하면 떠오르는 인물이 제2차 진주성 전투 때 왜장을 꺼안고 순국한 논개다. 앞 장에서 언급했듯이 논개의 의절을 기리기 위해 진주인은 여러 노력을 해왔고, 이로 인해 논개에 대한 정표가 내려지고, 의기사도 세워졌다. 임진왜란 이후 논개에 대한 주민의 제사도 해마다 꾸준히 행해지고 있었다. 즉, 진주성이 함락된 6월 29일을 기일로 하여 논개와 전망장사(戰亡壯士)들의 의로운 혼을 달래기 위해 남강변에서 제사를 지내고 있었다. 물론 이 제사는 관에서 주관하는 것이 아니라 일반 민간에서 주도하는 것이었고, 관에서는 일부 제수 물품을 지원하는 정도에 그쳤다.[42] 승려들이 제사를 실무적으로 행한 적도 있었다.[43] 그러다가 1868년 진주 목사였던 정현석(鄭顯奭)에 의해 의암별제(義巖別祭)가 시행되면서 기생들이 제관(祭官)을 맡아 행사를 진행하는 것으로 바뀌었다.[44] 이로 인해 진주 기생의 긍지도 높아졌을 것으로 보인다.

그런데 일제에 나라를 빼앗긴 이후 매년 6월 논개를 기리던 의암별제가 중단되었고, 사당 또한 방치되어 무너질 지경이었다. 그러자 3.1운동 직후인 1920년 진주의 기생 박금도(朴錦桃)·문수향(文水香)·이명월(李明月) 등

---

41) 『개벽』 34호(1923. 4. 1), "우리의 足跡―京城에서 咸陽까지."

42) 吳斗寅, 『陽谷集』 권3 記 義巖記, "適値昔年陷城之日 州之人 例於是日 設祭江邊 以酹義魂云 余於此尤有所感 遂書于矗石樓 以爲義巖記"; 『忠烈實錄』 권2, 忠愍彰烈兩祠助享節目, "且於 六月二十九日 爲戰亡壯士及義妓 而私設酹餉之資 則營有助需之例."

43) 李瀷, 『導哉日記』 壬寅(1722) 7월 19일, "且聞陷城之日 日乃六月二十九 … 以玆之故 每年輪 月日 則漆緇徒 設大齋于江之濱云 可想其哀死報祀之典也."

44) 鄭顯奭, 『敎坊歌謠』 義巖別祭歌舞, "後因朝令建義妓祠 春秋行祭 余莅晉之翌年 與兵使議重 建其祠 設義巖別祭 六月中 擇日行事 祭官幷選妓差出 肄習節次 毋敢失儀 歲以爲常."

이 적극적으로 나서서 돈을 모아 직접 사당 수리에 나섰다.[45] 1927년에는 진주 예기권번(藝妓券番) 기생들이 예기조합 당시에 분배된 200여 원의 기본금으로 7, 8년 동안 중지된 의기 논개의 제사를 매년 거행키로 하고, 7월 27일 밤 10시부터 오옥엽(吳玉葉)·김봉란(金鳳蘭)·엄난심(嚴蘭心) 등 10여 명의 기생이 제전을 거행하기도 했다.[46] 진주 기생들의 이런 긍지는 구한말 기생 산홍(山紅)에게서도 형태를 달리하여 나타난다. 이지용(李址鎔)이 많은 돈을 주며 첩이 되기를 요구하자 산홍은 그가 매국노 을사오적의 하나라는 것을 내세워 단호히 거절했다고 한다.[47]

이 외에 진주 기생들은 구한말에 전개된 국채보상운동이나 신식교육 운동에도 적극적으로 참여했고, 일제강점기에도 3.1운동이나 1920년대 사회운동에도 여러 형태로 참여했다. 일본이 차관을 명목으로 침탈을 강화해 가자 1907년 전국에 걸쳐 국채보상운동이 전개되는데, 진주에서도 3월경부터 이 운동이 시작된다. 3월 14일 경남 관찰부 주사 김용효(金容孝) 등이 '국채보상경남찬성회취지서(國債報償慶南贊成會趣旨書)'를 발표한 이후, 진주에서는 3월 19일경 유향(儒鄕: 양반층 지칭)이 애국보상소를 설치했고, 예수교 신자, 상인층도 상채소(償債所)를 설립했다. 그러자 20일경에는 기생 부용(芙蓉)이 앞장서서 국채보상을 위한 애국부인회를 조직하여 활동하기 시작했고, 29일경에는 부인 매옥(梅玉)·금련(錦蓮) 등 4명이 객사 앞에서 애국부인회를 개최하고 금련이 연단에 올라 국채보상 의무에 대해 열렬히 연설했다.[48]

---

45) 『조선일보』 1920년 6월 4일[이동근, 앞의 글(2013), 149쪽에서 재인용]

46) 『中外日報』 1927년 8월 1일, "진주기생들이 論介祭 거행, 논개의 영혼을 위로키 위하여."

47) 黃玹, 『梅泉野錄』 권5, 光武十年丙午 ⑤, "晋州妓山紅 色藝俱絶 李址鎔以千金致之 欲遂爲妾 山紅辭曰 世以大監爲五賊之魁 妾雖賤倡 自在人也 何故爲逆賊之妾乎 址鎔大怒撲之 客有贈詩者曰 擧世爭趨賣國人 奴顔婢膝日紛紛 君家金玉高於屋 難買山紅一點春."

48) 김준형, 앞의 글(2020), 84-85쪽.

신식교육운동에도 진주 기생들의 열의가 높았다. 진주에는 이미 1906년 호주 선교사에 의해 정숙여학교가 세워진 바 있지만, 일반 주민에 의해 여학교가 세워진 사례는 없었다. 그런데 『경남일보』에 의하면, 1909년 11월경에 기생들이 앞장서서 야학교를 세우고 교육에 참여하고 있었다. 이처럼 관기 등이 중심이 된 야학교에는 이후 일반 양가의 여성들까지 참여하는 현상도 나타났다. 이에 따라 여성교육에 관심이 높아지고 공립보통학교에서도 여학교 설립이 추진된다.[49]

강제병합 직후인 1910년대 초에는 기생 김한경(金漢卿)이 서진욱과 결혼한 후 여성들의 사회활동을 지원하는 것의 하나로 여자 야학을 세웠다. 김취련(金翠蓮) 등 8인도 기생을 그만두고 결혼하여 가정부인으로 생활한 것이 오래되었지만, 시세풍조를 느끼고 생존경쟁 시대에 실력을 배양한다는 목표하에 중안동 상무조합소(商務組合所) 내에 야학강습소를 설립했다. 일어·한문·산술은 광림학교 교사를 초빙하여 가르쳤고, 양잠업은 양잠전습소를 졸업한 김취련이 직접 가르쳤다.[50]

3.1운동에도 진주 기생들은 적극적으로 참여했다. 3월 18일 진주에서 만세운동이 시작된 후 다음날인 19일에도 진주 읍내 상점들이 철시투쟁에 들어갔고, 오전 11시 읍내에서 다시 7천 여 명의 군중이 봉기하여 악대를 선두로 태극기를 앞세우고 독립만세를 고창했다. 이때 '기생독립단' 일대가 태극기를 앞세우고 남강 변두리를 둘러 촉석루를 향하여 행진했다. 기생독립단은 "우리가 죽어도 나라가 독립이 되면 한이 없다"라고 외치며 저항하다가 기생 6명이 일제경찰에 검거되었다. 진주 기생들의 3.1운동으로 많은 시위 군중이 남녀노소를 막론하고 기생들과 함께 만세를 불렀으며, 기생 6명

---

49) 김준형, 위의 글(2020), 91쪽.
50) 김형목, 앞의 글(2020), 244-245쪽.

이 체포된 뒤에도 그 영향은 지속되어 진주에는 독립에 대한 열망의 기운이 지속되었다.[51]

그런데 1908년에 오면 일제가 기생 및 창기 단속령을 반포한다. 이에 의하면 기생은 기예를 우선시하며, 창기는 매음을 위주로 하는 자로 분류되었고, 기생은 경시청에 신고해서 인가증을 받아야만 영업을 할 수 있도록 하고 조합을 설치하도록 했다. 이에 따라 기생조합이 본격적으로 만들어지기 시작했다. 기생조합은 내부에 학예부 같은 기생양성 기관을 두어 전통악가무를 재생산하는 교육기관의 역할도 수행했다.[52]

그러나 기생 및 창기 단속령은 이름만 달리할 뿐 내용은 같은 것으로, 실제 기생과 창기의 구분이 식민 통치권력 아래에서는 별 의미가 없었다. 실제적으로는 일제가 기생을 창기로 격하시키면서 '공창제'라는 틀을 강화하고자 했던 것이다. 1914년 이후 기생조합이 권번화(券番化)하면서 조선 기생의 위상이 완전히 무너졌다. 기예를 자랑하던 기생들도 정기적인 성병검사를 받아야 했는데, 이것은 기생에 대한 일종의 모욕이었고 기생들을 창기 같은 존재로 전락시켜버린 일제의 식민통제책의 본질이었다.[53] 이에 대응해 진주 기생들은 전통을 이어가는 '예기'라는 의지를 확고히 표출하며 창기와의 차별성을 강조하기 위해 자신들만으로 자치조합을 설립하려는 움직임을 보이기도 했다.[54]

이후 1929년에도 진주 기생들이 소속 권번을 상대로 내규의 일부 개혁과 자신들의 처우개선을 요구하며 파업에 들어가는 등 사회운동을 전개하

---

51) 이동근, 앞의 글(2013), 147-148쪽.
52) 이동근, 위의 글(2013), 127-128쪽.
53) 이동근, 위의 글(2013), 134-144쪽.
54) 『매일신보』 1913년 2월 6일.

기도 했다.[55] 1928년 9월에는 진주권번의 기생들이 관북 이재민의 구제를 목적으로 연주회를 개최하기도 했다.[56]

진주 기생의 이런 적극적 활동은 의기 논개의 정신을 계승한다는 긍지도 작용했지만, 진주 지역사회에 유지되어오던 진주 주민의 저항성과 과격성이 그 하나의 배경이 된 것으로 보인다. 신분적 질서가 엄격하던 전근대 사회에서는 자신의 의사를 제대로 표출하지 못했지만, 신분제가 허물어져 가는 새로운 세상에서는 하나의 독자적 계층으로서, 또는 여성으로서 자신들의 사회적 요구를 제기하고 일제의 수탈에 대해 대항하는 민족적 입장도 표출하는 단계에까지 역량이 강화되었다고 볼 수 있다. 물론 기생들은 규방에 갇혀 지내는 일반 아녀자들과 달리 개방적인 취향을 지닌 여성들이었다. 그들은 신분적으로 차별받아왔지만, 사회 명사들과 교유하며 세상 변화와 그들이 나아갈 방향을 몸소 체득할 수 있었다. 그래서 자신들 이외에 규방의 여자들에게도 새로운 변화를 체험하도록 하려는 열망이 가득했을 것이고, 학교에 진학하거나 야학을 설립하는 데도 적극적이었던 것으로 보인다.

그런데 일부 사회운동 부문에서 선도성·중심성까지 띠던 진주에서는 1920년대 후반 이후 사회운동이 상대적으로 침체되어가는 양상을 보인다. 이는 당시 진주지역의 여러 가지 입지가 변화한 것에 따른 현상이라 할 수 있다.

우선 진주 강역의 변화와 축소로 지리적 조건이 달라진다. 조선 시대 전 시기에 걸쳐 점차 진주의 강역이 줄어들긴 했지만, 1905년까지만 해도 진주는 상당한 영역을 차지하고 있었다. 그러다가 1906년과 1913년 진주

---

55) 『中外日報』 1929년 7월 7일, "晉州妓生 盟罷斷行"; 7월 8일, "晉州妓生 盟罷問題 解決, 호상 조건부 타협."

56) 『每日申報』 1928년 9월 21일, "晉州妓生 水害救濟 演奏, 同情을 渴望."

강역 중 상당 부분이 산청·하동·고성·사천·남해·함안 등 주변 고을에 이속되어 진주 강역은 크게 줄어든다.[57] 영역의 축소로 인해 거읍의 모습이 사라졌을 뿐만 아니라 지리산을 끼고 있던 것을 매개로 지녀오던 여러 가지 지역적 특성을 계속 유지할 수 없었고 바다를 끼고 있어서 누리던 이점들도 이제는 약화될 수밖에 없었다.

개항 이후 같은 경상남도 고을 중의 하나인 부산(동래)과 마산(창원)은 바다를 끼고 있어서 일찍 개항장이 설치되었다. 이에 따라 일본인이 급격하게 모여들고 인구가 증가하여 도시화하면서 지역사회의 변화가 급속하게 이루어지고 있었다. 1910년에 가서는 부산·마산이 동래와 창원에서 떨어져 나와 독자적인 부(지금의 시)로 기능하게 되고, 근대도시로서의 모습을 일찍이 갖추어가게 된다.[58] 반면에 도회지를 이루고 있던 진주의 구시가지 지역은 경상남도 도청 소재지로서 도청 및 여러 중요 기관들이 밀집해 있었음에도 진주면으로 남아 있었다. 그러다가 진주면이 읍으로 승격된 것은 1931년이고, 다시 주변 일부 지역을 편입해 부로 승격하면서 나머지 지역이 진양군으로 변경된 것은 1939년이다.[59] 그만큼 진주의 도시화가 부산과 마산에 비해 상당히 늦었다는 것을 말해준다.

게다가 1925년 경남 도청마저 부산으로 이전되면서 경남지역의 중심지라는 역할도 기대할 수 없게 된다. 경남 도청이 있던 때는 진주가 경남의 도청 소재지로서 나름의 기능을 했다. 관찰부 이외에 도의 중심지로서 행정·사법·재정·교육 등과 관련된 여러 중요 기관이 들어서서 지역사회에 새로운 활력을 불어넣었다. 이런 입지로 인해『경남일보』의 창간과 운영도

---

57) 심혜영·김준형, 앞의 글(2013), 230-233쪽.

58) 김준형, 앞의 글(1999), 141-142쪽.

59) 勝田伊助, 『晉州大觀』, 晉州大觀社, 1940, 5-6쪽.

진주를 본거지로 하여 이루어졌고, 이 신문이 진주지역에 끼친 영향은 상당했다. 그러나 도청 이전 이후 일제의 지배 아래 부산-대구-대전-서울로 이어지는 경부선 축에서 멀리 벗어난 내륙지역의 고을로 전락한 탓으로 도시발전이 지체되고 농업 중심 사회의 틀이 다른 도시 지역에 비해 강하게 유지되고 있었다.

농업 위주의 사회에서 근대산업이 주도하는 사회로 넘어가면서 사회운동의 중심적 역할은 노동자가 담당하고, 이 외에 청년·여성 등 여러 부문이 활성화되어가는 추세로 변해가는 것이 일반적이다. 그런데 농업 위주의 전통사회에서 진주가 지니던 여러 유리한 조건은 역동적인 근대 산업사회로 변해가는 상황에서는 진주 사회의 변화·발전에 상대적으로 불리하게 작용할 가능성이 있었다.

특히 주목되는 것이 유교문화를 바탕으로 한 엘리트 문화의 강고성도 상당히 존재한다는 점이다. 진주는 유교문화의 중심지역이라 할 수 있는 영남에서도 '강좌의 안동과 강우의 진주'라고 일컬어질 정도로 사림의 유교문화 기반이 매우 탄탄한 고을이었다. 구한말 이후 경남 서부지역 보수 사림의 입지가 약화되어가고 있었지만, 그들은 자정운동을 견지하면서 때로는 사회변화에 격렬하게 저항했다. 이런 상황에서 진주에서는 일부 진보적 엘리트들이 사회운동을 적극적으로 주도하여 선진성을 보이기도 하지만, 반면에 다수의 보수적 엘리트들은 이를 완강하게 저지하려는 양상도 다른 지역보다 많이 나타나게 된다.

구한말 계몽운동을 주도하는 인물이 많이 나온 일부 가문 내에서도 보수적 입장과 문명개화적 입장의 인물이 다양하게 존재하면서 상호 간의 갈등도 존재했다. 그러나 입장의 차이에도 서로 긴밀하게 교유하고 영향을 주면서 개명적 지식인은 더 늘어났을 것이다. 각 인물의 입장에서도 사회의

변화 속에 보수적인 입장에서 점차 개명적인 입장으로 변화해가는 모습이 보인다.[60]

그런데 개명적 인사 중에도 상당수는 민족적인 입장을 견지해왔지만, 일부는 일제의 압박이 거세지는 상황 속에서 일제에 협조하는 모습을 보이기도 했다. 이는 구한말뿐만 아니라 1920년대 이후의 사회운동에도 마찬가지로 나타난다. 일제 침탈과 압박 속에서 혜택을 많이 받은 지역 관리나 상공인들, 지주들은 일제에 적극적으로 협력했다. 그들은 번영회 · 자선회 · 지주회 등과 같은 관변단체에 참여하거나 면협의원 · 경남평의원으로 활동하면서 일제에 적극 협력하는 반민족주의적 행태를 보였다.[61]

이처럼 1920년대 후반 진주지역 엘리트들의 노선 분화와 함께 사회운동 지도부 검거 등 일제의 탄압과 진주 입지의 변화로 인해 운동이 부진한 상황으로 나아가게 된다. 특히 신식교육운동 부문은 진주가 관찰부 소재지였음에도 일부 보수 유림의 반대운동이 거세게 일어난 사례가 적지 않아서 구한말 이래로 경남의 다른 고을보다 상대적으로 부진한 양상을 보였다.[62]

---

60) 김준형, 앞의 글(2020), 104-110쪽.

61) 김중섭, 앞의 글(1996), 375-378쪽.

62) 김준형, 앞의 글(2020), 92-94쪽.

맺음말

진주는 경상도 지역에서 명실상부한 거읍이자 계수관의 하나였다. 1896년 지방제도가 개편되자 진주는 경상남도 관찰부(도청) 소재지로 기능했지만, 1925년 도청은 부산으로 이전되어버린다. 조선 초기 진주목의 범위는 상당히 너른 영역을 차지하고 있었다. 이 강역은 시기가 내려오면서 점차 줄어든다. 특히 1906년과 1913년 행정개편 조치로 인해 진주는 이전 영역의 절반도 안 되는 구역으로 축소된다. 이처럼 영역도 줄어들고 도청도 이전됨에 따라 진주는 부산·마산에 비해 상대적으로 낙후될 수밖에 없었다.

원래 진주 강역은 북서쪽으로 지리산 천왕봉까지 미치고 있었다. 지리산은 곳곳에 깊은 골이 형성되어 관(官)의 힘이 미치지 못하는 곳이 많았고, 매우 기름지고 작물들이 풍성하여 도망자·도적들의 온상이 되기도 했다. 지리산은 고려·조선 왕조의 건국 설화와 관련되어서 신비화되기도 하고, 민간에서도 산신 성모, 불교·도교와 관련된 전설들이 가미되어 영험한 산으로 알려져 있었으며, 지리산과 관련된 참설들도 만들어지고 있었다. 따라서 지리산을 배경으로 도적, 변란·사회변혁을 도모하는 세력들의 활동도 적지 않았다. 이런 활동은 진주 주민에게도 영향을 주어 저항운동 전반에 내한 인식과 열정이 고조될 가능성이 컸다.

지리산과 남쪽 바닷가를 아우르는 너른 영역을 지닌 진주는 비옥하고 물산이 풍부해 주민의 삶이 풍요로웠다. 이런 조건을 기반으로 진주는 양반과 서민이 부유하고 호사스러움을 능사로 삼고 서로 허물을 적발하기를 좋아하고 다투어 논쟁하는 것이 습속화되어 다스리기 어려운 고을이라 칭해졌다. 이처럼 진주가 지닌 지리적·역사적 조건을 바탕으로 사족과 평민이 저항적이며 과격하고 싸우기 좋아하는 기질이 형성된 것으로 보인다.

진주지역에는 토성인 하씨·강씨·정씨 일부가 진주에 대대로 거주하면서 중앙에 관료로 진출하는 등 유력 사족 가문으로 성장해가고 있었다. 고려 말 이후 진주로 새로 들어와 정착한 성씨도 많았다. 진주에서는 이미 조선 초기부터 조정에서 중요한 활약을 했던 인물들이 많이 배출되고 있었다. 게다가 진주는 사족이 장악하고 있던 유향소가 상당한 경제적 기반까지 갖추고 있어서 수령이 다스리기 어려운 고을로 지목되고 있었다. 이런 인식은 조선 후기에도 그대로 이어진다.

16세기 후반에 접어들면서 경상우도의 남명학파를 이끌던 남명 조식의 학문 자세는 성리학에 기본을 두면서 '경의'를 전제로 한 반궁실천에 궁극적 목표를 두었다. 행의를 누구보다 강조했던 남명은 당시 이론지향의 비실천적 학풍을 거세게 비판하고 하학상달을 강조했다. 남명은 대쪽 같은 성품으로 벼랑같이 바르게 처신했고, 여러 번 관직을 제수받았으나 끝내 나아가지 않았다. 조정의 정치에 대한 그의 언사는 직설적이고 과격했다. 또 하나 남명의 학풍에서 주목되는 것은 그의 저술에 노장 관련 문자가 많이 수용되어 있다는 점이다. 이런 입장은 성리학 이외의 사상을 이단으로 엄격히 배제하던 당대와 이후의 학자로부터 이단으로 몰리는 단서가 된다.

남명 문인들도 남명의 학문이나 처세의 성향을 이어받는 경우가 많았고, 강직·과격하고 고집스러워 주위의 미움을 사는 경우가 많았다. 이런 성향으로 인해 최영경·유종지 등이 1589년 기축옥사에 연루되어 죽기도 했다. 이후 남명학파를 대표해온 정인홍도 강직하면서도 타협할 줄 모르고 경박하고 도량이 좁다는 비판을 받았다. 그는 동인이 남인·북인으로 갈릴 때나 북인이 다시 대북·소북으로 나뉠 때도 이를 주도하면서 상대 세력과 첨예하게 대립했다. 광해군대에는 정인홍을 중심으로 한 대북 세력이 정권을 주도하다가 '폐모살제'라는 패륜행위 등으로 인해 인조반정이 일어나 대북파가 철저히 징벌당했다. 이와 밀접하게 관련된 남명학파도 침체될 수밖에 없었다.

게다가 무신난에 경남 서부 사림이 깊이 개입하면서 남명학파의 반역적 성향이 거론되기도 했다. 그중 특히 진주는 주민이 과격하고 저항적인 모습을 지니고 있고, 남명 문인이 가장 많이 배출된 남명학파의 총본산이라는 점과 연관 지어 다스리기 어려운 고을의 대표적인 곳으로 거론되기도 했다. 이처럼 인조반정 이후 남명학파는 전반적으로 침체하는 가운데 정인홍 대신 정구를 남명의 적전으로 부각시키고 있었고, 이로 인해 우도 유림이 남인화 경향을 띠게 된다. 그러나 『남명집』 임술본 훼판 사건 등 자체 내의 대립·분열도 격화되고, 서인·노론 세력의 포섭으로 인해 일부 사림의 서인·노론화 현상도 확산되어간다.

이런 가운데 이 지역의 많은 사림은 남명학풍을 계승하고 진작시키려는 노력을 이어간다. 비록 남명학파가 침체되고 학파의 독특한 색채가 점차 약화되기는 하지만, 남명의 학문적 개방성과 처세의 강직성 또는 과격성과 실천성은 남명학파 후손의 내면에 어느 정도 계승되고 있었다. 물론 이런 성향이 다른 세력이 공격하는 빌미가 되는 경우도 있었지만, 사회발전에 기여하는 새로운 형태로 표출될 수 있는 잠재성도 지니고 있었다.

임진왜란 초기외 경남 서부지역에서의 의병활동은 자기 지역의 방어 뿐만 아니라 왜적의 호남 침입을 막아내고 전국의 의병 봉기에 촉매제 역할을 했다. 진주와 인근에서 의병활동을 주도하거나 지원활동에 참여했던 인물들도 많았다. 제1, 2차 진주성 전투 때 방어활동에 참여한 진주 인물들도 적지 않다. 이들은 이 지역에 탄탄한 사회경제적 기반을 가지고 있던 전 관리 또는 사족 가문의 인물로, 이들 중 대다수는 남명 문인이거나 사숙인이었다. 원래 저항적 기질이 잠재되어 있던 진주 주민에게 남명학파의 저항성이 더해져 임진왜란 때 또 다른 저항 형태로 표출된 셈이다.

이런 의병활동과 진주성 전투 과정에서 많은 일반 주민이 참여하여 결사적으로 항거하는 모습을 보인다. 다른 지역 출신도 있겠지만, 대부분 진주 주민이었을 것이다. 사족층도 있겠지만, 대부분 일반 서민이나 노비층들이었을 것이다. 특히 제2차 진주성 전투에서는 일반 서민의 처절한 항전 결과 6만 명의 순절로 나타나게 된다.

천한 관기 신분인 논개의 순절도 당시 남녀노소를 가리지 않고 죽음을 무릅쓴 이런 저항 분위기 속에서 나타났다고 할 수 있다. 진주 주민도 그의 순절을 자랑스럽게 여기고 지속적으로 그를 추모해왔다. 해마다 성이 함락된 날에 강변에서 제사를 지냈고, 논개 충절에 대해 국가의 공식적인 포상을 위한 여러 가지 노력에도 경주했다. 이미 제1, 2차 진주성 전투에서 목숨을 걸고 처절하게 싸우며 저항적 성격을 드러낸 진주 주민은 논개의 저항정신도 그들의 저항성을 드러낸 또 하나의 표상으로 삼고자 했을 것이다.

1862년 진주농민항쟁은 2월 14일 덕산시장 공격에서 시작하여 23일 옥천사 유숙 후 마무리되었다. 이 항쟁의 여러 단계에 진주지역의 엘리트층이라 할 수 있는 양반 사족이 적지 않게 참여하고 이를 주도했다. 초기 모의 단계뿐만 아니라 수곡장에서 열린 도회나 덕산시장 공격 이후 농민들이 덕천강을 따라 이동하면서 근처의 주민을 끌어들이는 과정에서도 사족층이 주도하는 사례가 적지 않았다. 이들 중에는 몰락양반이 많았지만, 명망 가문 출신도 상당수 있었다. 조선 후기 남명학파가 침체함과 함께 새로운 사회변화 속에서 사족층도 침탈 대상이 되어가면서 그동안 진주 사족의 내면에 잠겨있던 저항적이고 과격한 남명학파의 성향이 농민항쟁에서 새로운 형태로 표출된 것으로 보인다. 핵심 주도자인 유계춘 등 남명 문인의 후손으로 항쟁에 참여한 자가 많았던 것이 이를 보여준다.

그러나 주목해야 할 점이 있다. 진주농민항쟁보다 두 달 전에 일어난 단성항쟁에서 시종일관 사족이 주도해간 것과 달리, 진주에서는 본격적인 봉기 단계에서 사족의 입장은 약화된 가운데 일반 서민이 주도해갔고, 그들의 입장이 강하게 반영되었다는 것이다. 몇몇 아전에 대한 살해와 토호에 대한 단호한 징벌 행위 등이 이를 보여준다. 사회변화와 신흥계층의 성장에서도 진주가 다른 고을에 앞서 있었고, 게다가 진주민의 성향은 과격하고 저항적인 성격을 띠고 있었기 때문이다.

19세기 중엽 조선은 커다란 변동기를 맞아 동도서기파, 개화파, 위정척사파, 민중 세력 등으로 다양하게 분화된 여러 사회 세력들이 서로 대립하면서 나름대로의 대응책을 모색하고 있었다. 이런 대립 속에서 1894년 동학농민전쟁이 일어났다. 진주 덕산을 근거지로 인근 고을로 동학조직을 확산시켜나가던 경남 서부지역에서도 9월 들어 진주를 중심으로 여러 고을에서 동학군이 봉기했다.

정부에서도 이에 자극받아 갑오개혁을 단행했고 이후에도 여러 개혁정책을 실시해갔지만, 이런 개혁정책은 1905년 을사늑약으로 좌절되고 국권을 상실할 위기에 처하게 되었다. 이에 한국인은 의병전쟁과 계몽운동 등 국권회복운동에 나서게 되었다. 진주에서도 일제의 침략에 대응하여 의병

두쟁과 계몽운동이 전개되었다. 1895년 을미사변이 일어나고 단발령이 공포되자, 진주에서도 노응규 · 정한용 등이 의병을 봉기했다. 1907년 군대해산 이후에도 진주진위대 출신 일부가 여러 곳으로 흩어져 의병활동에 참여했다.

이와 함께 진주에서는 1907년 국채보상운동, 1908년 대한협회 진주지회의 결성과 활동, 1909년 경남일보의 창간과 국민계몽 활동, 1909년 이후의 사립학교 설립운동 등 계몽운동이 전개되었다. 이 운동은 개명된 일부 유림이 주도했지만, 여기에는 상인, 예수교도, 기생, 일반 여성, 아동 등 일반 서민도 참여하면서 운동의 기반이 확대되고 있었다.

우리 민족의 강렬한 저항에도 우리나라는 1910년 일제의 식민지로 편입되었다. 일제의 강력한 통제 속에서 종교 · 교육활동을 통한 민족운동만이 어느 정도 가능했다. 이런 상황에서 1919년 3.1 만세운동이 전국적으로 확산되어가자, 진주에서도 3월 18일 이후 여러 날에 걸쳐 읍내 도회지 및 농촌 지역 여러 곳에서 만세시위가 일어났다. 3.1운동을 계기로 구한말 이래 전개되어온 여러 갈래의 사회운동 흐름이 새로운 차원의 운동으로 발전했고, 청년 · 농민 · 노동자 · 여성 등 새로운 근대적 운동주체가 본격적으로 등장하게 되었다.

1920년대 진주지역의 사회운동도 진주 엘리트층에 의해 추진되었다. 이들이 주축이 된 청년회 간부들은 진주노공과 사상단체에서 중복 활동하며 지역의 농민 · 노동자들의 계급의식을 확산시키는 데 주요한 역할을 했다. 이 외에 진주에서는 형평운동 · 소년운동이 전개되어 이 운동이 전국적으로 확산되는 계기를 제공했고, 여성운동도 활발하게 전개되었다.

이처럼 구한말, 일제강점기 진주지역에서는 여러 부문의 사회운동이 전개되어왔는데, 여기에는 몇 가지 특징이 있다. 우선 들 수 있는 것이 사회운동의 '선진성'이다. 1922년 소작노동자대회나 1923년 진주 명석면에서 전개된 '공동경작' 투쟁, 진주에서 전국 최초의 소년운동 단체가 결성된 것, 백정집단의 신분해방을 위한 형평사를 조직한 것 등은 진주 사회운동의 선진성을 잘 보여준다.

다음으로 들 수 있는 것은 일제강점기 진주의 여러 사회운동에서 '지역엘리트의 역할이 돋보인다'는 것이다. 이런 현상은 구한말 이후의 계몽운동에서도 이미 나타나고 있었다. 남명학파의 전통을 계승하는 이 지역 엘리트층의 저항적인 성격이 어느 지역보다 더 적극적으로 새로운 사회운동을 주도하는 역할을 할 수 있게 했다고 본다.

또 하나 들 수 있는 것은 진주지역 '일반 민중의 사회운동에 대한 적극성'이다. 진주는 엘리트들의 활동이 두드러지긴 했지만, 일반 민중도 운동에 적극적이었다. 구한말 계몽운동 단계에서도 상인·농민·여성·기생·아동 등 일반 민중이 여러 저항운동, 계몽운동에 참여하면서 자신의 민족적·계층적 입지를 터득해가고 있었다. 이런 경험은 이후 3.1운동이나 1920년대 이후 전개되는 여러 민중운동의 바탕이 되었다. 이와 관련하여 진주 기생들의 활동도 돋보인다. 진주 기생들은 구한말에 전개된 국채보상운동·신식교육운동이나 3.1운동 및 1920년대 사회운동에도 여러 형태로 참여했다. 진주 기생의 이런 적극적 활동에는 논개의 정신을 계승한다는 긍지도 있었지만, 진주인의 저항성과 과격성이 그 하나의 배경이 된 것으로 보인다.

———

지금까지 남명학풍의 학문적 개방성과 처세의 강직·과격성과 실천성, 임진왜란 때 의병활동이나 1, 2차 진주성 전투에서 드러난 진주인과 논개의 저항정신, 1862년 농민항쟁에서 드러난 진주인의 저항성·과격성 등을 거론했고, 이런 성향이 일제강점기 사회운동의 선구적 역할로 이어지는 것을 살펴보았다. 이런 역사상들은 다양한 모습으로 나타나지만, 진주지역의 지리적·역사적 조건에 바탕을 두고 형성된 진주인의 저항적이고 과격한 기질이 남명학풍에도 영향을 미치고, 반대로 남명학풍의 과격하고 실천적인 성향이 역사 단계마다 진주인에게 영향을 미치면서 위에 언급된 역사적 사건을 만들어낸 것이라고 볼 수 있다.

진주인의 저항성·과격성이나 다투기 좋아하는 기질, 남명학파의 꼿꼿하다 못해 과격한 성향 등이 상대방을 무시하는 독단적인 요소로 비칠 수도 있었고, 또 나쁘게 표출되어 비난·배격의 대상이 될 수도 있었다. '하종악 후처 실행 사건'이나 영조대 진주 향교 유림들의 관에 대한 저항사건 등 그 역사적 사례는 적지 않다. 당사자가 빌미를 제공한 측면도 있었고, 억울한 경우도 있었다. 광해군대에 남명학파가 '폐모살제'라는 윤리적 문제와 연루된 것은 전자의 예이고, 무신난 때 정희량이 봉기한 것을 빌미로 이와 아무 관계 없는 진주가 남명학파의 본고장이라는 이유로 배격의 표적이 된 것은 후자의 예다.

그러나 역사 과정에서 긍정적으로 기여하는 부분이 많았다. 앞의 거론된 임진왜란 때의 의병활동, 1, 2차 진주성 전투에서 진주인이 저항성을 발휘해 처절하게 싸웠고, 1862년 농민항쟁에서도 진주인 저항성과 과격성을 드러내며 사회운동의 선구적 역할을 담당했다. 이런 성향은 구한말·일제강점기의 민족운동·사회운동에도 계승·반영되어 일부 사회운동에서 선진성·중심성을 보이고, 엘리트들의 역할도 돋보이게 된다. 필자는 이처럼 역사발전에 긍정적 역할을 하고, 다른 지역에서도 공감의 대상이 되는 역사적 사건을 표출시킨 진주인의 기질 및 진주 문화의 특질이 진주정신이 아닐까 생각한다.

그런데 일부 사회운동 부문에서 선진적 역할을 하던 진주에서는 1920년대 후반 이후 사회운동이 상대적으로 침체되어가는 양상을 보인다. 이는 진주지역의 여러 가지 지리적 조건이나 입지가 변화한 것에 따른 현상이라 할 수 있다. 영역의 축소로 인해 거읍의 모습이 사라졌을 뿐만 아니라 지리산과 바다를 끼고 있어서 누리던 이점들도 이제는 약화될 수밖에 없었다. 또 개항 이후 바다를 끼고 있던 부산과 마산이 급격하게 도시화되어간 것과는 달리, 경상남도 도청 이전 이후에 진주는 내륙지역의 고을로 전락한 탓으로 도시 발전이 지체되고 농업 중심 사회의 틀이 강하게 유지되고 있었다.

특히 주목되는 것은 유교문화를 바탕으로 한 엘리트 문화의 강고성도 상당히 존재한다는 점이다. 진주는 사림의 유교문화 기반이 탄탄한 고을로, 구한말 이후 보수사림의 입지가 약화되어가고 있었지만, 그들은 사회변화에 격렬하게 저항했다. 이런 상황에서도 진주의 일부 진보적 엘리트들이 사회운동을 적극적으로 주도하여 선진성을 보이기도 하지만, 보수적 엘리트들에 의해 운동이 지체되거나 왜곡될 수도 있었다. 개명적 인사 중에도 일부는 진보적·민족적인 입장을 견지해왔지만, 일부는 일제의 압박이 거세지는 상황 속에서 일제에 협조하는 모습을 보이면서 양심적 명망가의 전통이 점차 약화되고 왜곡된다.

특히 해방 직후의 격동 과정에서, 그리고 6.25전쟁을 거치고 분단체제가 고착화되면서 이런 현상이 심화되어 양심적이고 진보적인 엘리트들은 거의 사라지게 되었다. 그 대신에 이런 과정에서 반공이데올로기를 앞세우고 권위주의 정부와 결탁해 여러 기득권을 유지해가려는 세력들이 엘리트를 자치하며 사회에 영향력을 끼치는 경우가 많았다.[1] 그들이 앞장서서 외치는 진주정신은 단순히 향토 자랑에 집착하는 진주정신에 지나지 않았다. 앞으로 진주 사회의 발전을 위해 진주정신이 어떻게 새로이 발현되어야 할 것인가에 대한 고민이 전혀 느껴지지 않는 박제화된 진주정신에 지나지 않았다. 지역 엘리트가 바람직한 사회변화·발전을 선도하는 역할이 상당히 지체되거나 왜곡되어버린 것이다.

진주 주민의 다투기 좋아하고 과격하고 저항적인 성향도 달라졌을 가능성이 있다. 구한말 이후 영역 축소와 입지 약화에 더해 급격한 사회변화에 따라 인구이동이 심화되고 생활권이 확대되면서 옛날 진주지역의 끈끈한 공동체적·신분적 질서를 바탕으로 한 전통·관습도 약화되었기 때문이다. 그러나 진주인의 기질은 아직도 어느 정도 남아 있다고 본다.

지금까지 필자는 과거 진주 역사에서 발현된 진주정신을 언급했지만, 이제는 진주 지역사회의 변화에 대응해 현시대에 맞는 새로운 진주정신의 발현 형태를 모색하고 진작시킬 필요가 있다고 생각한다. 과거에만 연연한 박제화된 진주정신, 단순히 향토 자랑에 지나지 않는 진주정신이 아니라 진주 지역사회의 바람직한 발전, 진주지역 주민의 모두가 더 나은 삶을 누릴 수 있는 사회로 나아가는 데 기여할 수 있는 새로운 진주정신으로 표출될 수 있도록 하는 것이 중요하다. 사회의 급속한 변화로 지역 주민의 삶의 조건도 많이 달라지고, 주민이 지향하는 바람직한 사회상도 달라져가고 있다. 따라서 옛날의, 전근대의 삶의 조건에 바탕을 둔 지역정신도 달라져야 한다. 이를 위해서는 진주인의 지역적 기질·성향도 좀 더 바람직한 방향으로 바

---

1)　이에 대해서는 장상환의 「해방직후 진주지역의 정치변동」(『경남사학』7, 경남사학회, 1995); 「한국전쟁기 진주지역의 사회변동」(『경상사학』12, 경상대 경상사학회, 1996); 정진상의 「한국전쟁과 계급구조의 변동: 진양군 두 마을 사례연구」(『계급과 한국사회』한울, 1994) 등 참조.

필 필요가 있다.

저항적이고 과격하며, 다투기 좋아하는 진주인의 기질에는 적극성과 실천성이 내포되어 있다. 이를 미래의 지역사회의 바람직한 발전을 위한 활발하고 개방적 · 포용적인 토론으로 승화시키고 실천성 · 적극성을 더 강화하는 형태로 변화시켜가야 한다. 지역사회 발전과 관련된 문제에 대해 여러 계층 간의 활발하고 개방적인 토론의 기회가 여러 형태로 마련되고, 서로 포용하고 이해하려는 노력이 경주되어야 한다. 새로운 발전을 위해 다른 지역과의 대립보다는 개방적 · 상호협력적 연대로 나아가려는 자세도 필요할 것이다.

참고문헌

1. 자료

『三國史記』.

『朝鮮王朝實錄』.『備邊司謄錄』.

『承政院日記』.『日省錄』.

『世宗實錄地理志』.『新增東國輿地勝覽』.

『輿地圖書』.『慶尙道邑誌』.

『萬機要覽』.『典客司日記』.『太常諡狀錄』.

備邊司,『嶺營三漕倉重記』.

국사편찬위원회,『壬戌錄』.

『晉陽樵變錄』.『晉州樵軍作變謄錄』.

『龍湖閒錄』.『汾督公彙』.『各樣報草謄書』.

『(蠹營)錄草』.『蠹營啓錄』.

『蠹營民狀草槩冊』.『蠹營先生案』.

『晉陽誌』.『晉陽續誌』.

李重煥,『擇里志』. 徐有榘,『林園經濟志(林園十六志)』.

『(진주)鄕案』(진주 연계재 소장).

『儒錢用下幷錄冊』.『宗川禍變錄』.『忠烈實錄』.

李詹,『雙梅堂篋藏集』. 河演,『敬齋集』.

曺植,『南冥集』. 李滉,『退溪集』.

李珥,『栗谷全書』. 李珥,『石潭日記』.

崔永慶,『守愚堂實記』. 金誠一,『鶴峯集』.

趙慶男,『亂中雜錄』. 鄭慶雲,『孤臺日錄』.

李魯,『龍蛇日記』. 柳成龍,『懲毖錄』.

李擢英,『征蠻錄』(국사편찬위원회 소장).

李擢英,『征蠻錄』(『朝鮮學報』 제77집 영인본).

李擢英,『龍蛇日錄』(『朝鮮學報』 제76집 영인본).

河受一,『松亭歲課』. 河受一,『松亭日記』.

成汝信,『浮查集』. 趙翼,『浦渚集』.

柳夢寅,『於于野談』. 柳夢寅,『於于先生年譜』.

張維,『谿谷漫筆』. 吳斗寅,『陽谷集』.

鄭栻,『明庵集』. 金昌協,『農巖集』.

權壽大,『無名齋集』. 徐命潤·徐命龍,『涵育亭聯芳集』.

成東一,『共衾堂實記』. 仇相德,『勝聰明錄』.

權命熙,『三畏齋集』. 李 永,『敬窩集略』.

丁若鏞,『牧民心書』. 黃胤錫,『頤齋亂藁』.

金檋,『艱貞日錄』. 金麟燮,『端磎日記』.

李命允,「被誣事實」. 權秉天,『幽窩遺稿』.

鄭奎元,『芝窩集』. 柳宜三,『推體錄』.

河達弘,『月村集』. 鄭載圭,『老柏軒集』.

李濬,『導哉日記』. 鄭顯奭,『敎坊歌謠』.

黃玹,『梅泉野錄』. 李建昌,『黨議通略』.

河禹善,『澹軒集』. 鄭志善,『病窩遺稿』.

李肯翊,『練藜室記述』.

『統監府文書』.

朝鮮總督府,『地方行政區域名稱一覽』, 1912.

勝田伊助,『晉州大觀』, 晉州大觀社, 1940.

『개벽』.

『每日申報』. 『朝鮮日報』. 『中外日報』.

2. 단행본

金大吉,『朝鮮後期 場市硏究』, 國學資料院, 1997.

김수업,『논개』, 지식산업사, 2001.

김준형,『朝鮮後期 丹城 士族層硏究: 사회변화와 사족층의 대응양상을 중심으로』, 아세아문화사, 2000.

────,『진주성이야기』, 알마, 2015.

김중섭,『사회운동의 시대: 일제침략기 지역 공동체의 역사 사회학』, 북코리아, 2012.

망원한국사연구실 19세기 농민항쟁분과,『1862년 농민항쟁: 중세 말기 전국 농민들의 반봉건투쟁』, 동녘, 1988.

박진태,『한국 탈놀이와 굿의 역사』, 민속원, 2017.

孫禎睦,『韓國地方制度·自治史硏究(上): 甲午更張~日帝强占期』, 一志社, 1992.

송찬섭,『朝鮮後期 還穀制改革 硏究』, 서울대 출판부, 2002.

吳二煥,『南冥學派硏究』上, 南冥學硏究院出版部, 2000.

이상필,『남명학파의 형성과 전개』, 와우출판사, 2005.

李樹健,『嶺南士林派의 形成』, 嶺南大出版部, 1979.

────,『嶺南學派의 形成과 展開』, 一潮閣, 1995.

李炯錫,『壬辰倭亂史』上卷, 新現實社, 1976.

이훈상,『경상남도 사천의 가산오광대와 고성의 고성오광대 그리고 이들의 연희자들과 고문서』, 동아대 석당학술원 한국학연구소, 2015.

전경욱,『한국가면극, 그 역사와 원리』, 열화당, 1998.

秋慶和,『晉州抗日運動史』, 晉州文化院, 2008.

3. 논문

고동환,「대원군 집권기 농민층 동향과 농민항쟁의 전개」,『1894년 농민전쟁연구 2: 18·19세기 농민항쟁』, 역사비평사, 1992.

고석규,「19세기 농민항쟁의 전개와 변혁주체의 성장」,『1894년 농민전쟁연구 1: 농민전쟁의 사회경제적 배경』, 역사비평사, 1991.

權仁浩,「守愚堂 崔永慶의 생애와 학문사상 연구」,『南冥學硏究論叢』3, 1995.

金康植, 「宣祖 연간의 崔永慶 獄事와 정치사적 의미」, 『역사와 경계』 46, 부산경남사학회, 2003.

金大吉, 「조선후기 場市의 사회적 기능」, 『國史館論叢』 37, 국사편찬위원회, 1992.

金侖壽, 「『南冥集』의 冊板과 印本의 系統」, 『남명학연구』 2, 경상대 남명학연구소, 1992.

김준형, 「새로운 지역사 연구 및 향토교육을 위하여」, 『경남문화연구』 12, 경상대 경남문화연구소, 1989.

_____, 「조선시대 향리층 연구동향과 문제점」, 『한국사회사연구회논문집』 27, 1991.

_____, 「진주 주변에서의 왜적방어와 의병활동」, 『慶南文化研究』 17, 경상대 경남문화연구소, 1995.

_____, 「泗川 濟民倉의 유래와 기능의 변천」, 『泗川 柳川里 濟民倉址』, 경상대 박물관 연구총서 제15집, 1996.

_____, 「경상남도의 역사적 배경」, 『慶尙南道의 鄕土文化』 上, 한국정신문화연구원, 1999.

_____, 「〈潮溪實記〉 解題」, 『남명학연구』 14, 경상대 남명학연구소, 2002.

_____, 「진주 인근에서의 동학군 봉기」, 『진주 농민운동의 역사적 조명』, 진주농민항쟁기념사업회 · 경상대경남문화연구원, 역사비평사, 2003

_____, 「鄕案入錄을 둘러싼 경남 서부지역 사족층의 갈등: 晉州鄕案을 중심으로」, 『조선시대사학보』 33, 조선시대사학회, 2005.

_____, 「조선후기 진주지역 司馬所의 연혁과 성격」, 『남명학연구』 22, 경상대 남명학연구소, 2006.

_____, 「三嘉지역의 鄕案入錄을 둘러싼 당파적 갈등」, 『한국사연구』 147, 한국사연구회, 2009①.

_____, 「19세기 경남 서부지역 유림들의 당파적 입장과 교유 양상」, 『사회적 네트워크와 공간(문화로 보는 한국사 1)』, 이태진교수 정년기념논총간행위원회, 태학사, 2009②.

_____, 「조선시대 지리산에 대한 다양한 인식과 이용」, 『南冥學研究』 29, 경상대 남명학연구소, 2010.

_____, 「조선시대 지리산을 중심으로 한 저항운동」, 『南冥學研究』 31, 경상대 남명학연구소, 2011.

_____, 「19세기 전반 晉州 大谷里의 토지소유 양상과 신흥계층」, 『남명학연구』 33, 경상대 남명학연구소, 2012.

_____, 「조선후기 晉州에서 실시된 洞約의 분석」, 『南道文化研究』 27, 순천대 남도문화연구소, 2014.

_____, 「19세기 전반 軍役充定 과정과 각 계층의 대응: 진주 大谷里 사례를 중심으로」, 『한국사연구』 170, 한국사연구회, 2015.

_____, 「조선후기 晉州의 舊鄕 · 新鄕, 元儒 · 別儒의 재분석」, 『朝鮮時代史學報』 78,

조선시대사학회, 2016.

_____, 「18세기 향촌사회 신분구조의 혼효」, 『역사와 경계』 103, 부산경남사학회, 2017.

_____, 「19세기 樵軍에 대한 재검토」, 『역사교육논집』 67, 역사교육학회, 2018.

_____, 「진주지역 3.1운동의 배경」, 『진주 3.1운동과 근대사회 발전』 북코리아, 2020.

김중섭, 「일제하 3.1운동과 지역사회운동의 발전: 진주지역을 중심으로」, 『한국사회학』 30, 한국사회학회, 1996.

김해영, 「郭再祐의 義兵活動 事蹟에 대한 一考察」, 『慶南文化研究』 17, 경상대 경남문화연구소, 1995.

김형목, 「진주지역 3.1운동과 사회적 약자: 어린이, 여성을 중심으로」, 『진주 3.1운동과 근대사회 발전』 북코리아, 2020.

김희주, 「대한협회 진주지회의 결성과 활동」, 『역사와 교육』 21, 동국대 역사교과서연구소, 2015.

_____, 「진주 3.1운동과 지역사회운동: 청년·농민·노동운동을 중심으로」, 『진주 3.1운동과 근대사회 발전』 북코리아, 2020.

백승철, 「개항 이후(1876~1893) 농민항쟁의 전개와 지향」, 『1894년 농민전쟁연구 2: 18·19세기 농민항쟁』 역사비평사, 1992.

송찬섭, 「1862년 진주농민항쟁의 조직과 활동」, 『한국사론』 21, 서울대 국사학과, 1989.

沈仁暎, 「1905~1912년 경남 서부지역 사립학교 설립과 운영」(경상대 사학과 석사학위논문), 2008.

심혜영·김준형, 「진주강역과 하부조직의 시기별 변화」, 『南冥學研究』 39, 경상대 남명학연구소, 2013.

梁晉碩, 「삼정의 문란」, 『한국사』 32, 국사편찬위원회, 1997.

오미일, 「1920년대 진주지역 농민운동」, 『진주 농민운동의 역사적 조명』 진주농민항쟁기념사업회·경상대경남문화연구원, 역사비평사, 2003.

吳二煥, 「南冥集板本考(1)-來庵刊本을 중심으로」, 『韓國思想史學』 1, 韓國思想史學會, 1987.

_____, 「『南冥集』 壬戌本의 毁板」, 『南冥學研究』 3, 慶尙大 南冥學研究所, 1993.

_____, 「『南冥集』 壬戌本의 成立」, 『南冥學研究論叢』 3, 南冥學研究院, 1995.

원창애, 「승산마을 綾城具氏 문중의 인물과 전개」, 『남명학연구』 56, 경상대 남명학연구소, 2017.

尹慶老, 「총설: 식민지시대의 사회성격과 민족운동」, 『한국역사입문 3(근대·현대편)』 한국사연구회, 풀빛, 1996.

이동근, 「1910년대 '妓生'의 존재양상과 3.1운동」, 『한국민족운동사연구』 74, 2013.

李商元, 「南冥學派에 있어 吳德溪의 位相」, 『南冥學研究論叢』 7, 남명학연구원, 1999.

이상찬, 「계몽우동과 의병전쟁」, 『새로운 한국사의 길잡이』 한국사연구회편, 지식산업사, 2008.

李相弼, 「泰安朴氏 門中과 南冥學 繼承樣相」, 『南冥學研究』 15, 경상대 남명학연구소, 2003.

이수건, 「南冥學派 義兵活動의 歷史的 意義」, 『남명학연구』 2, 경상대 남명학연구소, 1992.

이영학, 「총설: 한국근대사의 기점과 제국주의」, 『한국역사입문 3(근대 · 현대편)』 한국사연구회, 풀빛, 1996.

李榮昊, 「1862년 진주농민항쟁의 연구」, 『한국사론』 19, 서울대 국사학과, 1988.

李在詰, 「18세기 慶尙右道 士林과 鄭希亮亂」, 『大丘史學』 31, 대구사학회, 1986.

이준식, 「3.1운동의 역사적 의미」, 『진주 3.1운동과 근대사회 발전』 북코리아, 2020.

장상환, 「한국전쟁기 진주지역의 사회변동」, 『경상사학』 12, 경상대 경상사학회, 1996.

_____, 「해방직후 진주지역의 정치변동」, 『경남사학』 7, 경남사학회, 1995.

정진상, 「한국전쟁과 계급구조의 변동: 진양군 두 마을 사례연구」, 『계급과 한국사회』 한울, 1994.

정현재, 「慶尙右道 壬辰義兵의 戰跡 검토」, 『慶南文化研究』 17, 경상대 경남문화연구소, 1995.

趙珖, 「개요」, 『한국사』 32(국사편찬위원회), 1997.

지승종, 「16세기말 晉州城戰鬪의 배경과 전투상황에 관한 연구」, 『慶南文化研究』 17, 경상대 경남문화연구소, 1995.

許捲洙, 「訥庵 朴旨瑞의 學問과 江右學派에서의 역할」, 『南冥學研究』 15, 경상대 남명학연구소, 2003.

홍순권, 「한말 경남 서부지역의 의병활동」, 『지역사회연구』 5, 한국지역사회학회, 1996.

淺田喬二, 「식민지 한국에서의 농민조직의 발전상황」, 『抗日農民運動研究』 동녘, 1984.

_____, 「抗日農民運動의 일반적 전개과정」, 『抗日農民運動研究』 동녘, 1984.

찾아보기

글쓴이

김준형(金俊亨, myway5391@hanmail.net, jukim@gnu.ac.kr)

서울대학교 역사교육과 졸업

서울대학교 내학원 국사희과 석시, 박사과정 졸업

경상국립대학교 역사교육과 교수(1985~2019)

경상국립대학교 경남문화연구원 원장

경상국립대학교 박물관장

현 경상국립대학교 역사교육과 명예교수

저서: 『朝鮮後期 丹城 士族層 硏究』(2000), 『1862년 진주농민항쟁』(2001), 『近代社會와 兩班』(2000, 공저), 『진주농민운동의 역사적 조명』(2003, 공저), 『晉州 蓮桂齋 沿革』(2007), 『陳弊錄』(2007, 역서), 『입산마을의 역사와 문화』(2008, 공저), 『연지사터와 연지사종을 찾아서』(2011, 공저), 『기록유산으로 되살린 역사공간 진주성 이야기』(2015), 『지리산의 저항운동』(2015, 공저), 『지리산의 문화와 장소 정체성』(2015, 공저), 『진주 3·1운동과 근대 사회 발전』(2020, 공저)